東大政治学

TODAI POLITICAL STUDIES

東京大学法学部「現代と政治」委員会 編

東京大学出版会

Todai Political Studies

Politics and Today's World Project of the University of Tokyo Faculty of Law, Editor

University of Tokyo Press, 2024
ISBN978-4-13-033111-1

目次 contents

第1講 日本の有権者と政治家
序論にかえて
谷口将紀 …………………………………………………………………… 1

［1］開講にあたって　1
［2］代表とはなにか　2
［3］日本の代表制民主政治　7
［4］まとめ　12
学びを進めていくために　15

第2講 政治とは，国際政治とは
戦争と平和の問題を中心に
遠藤　乾 …………………………………………………………………… 17

［1］はじめに　17
［2］政治とは何か，なぜ政治が必要か　18
［3］国際政治とは？　20
［4］紛争と平和　22
［5］戦争の緩和・解決　27
［6］おわりに　32
学びを進めていくために　34

第3講 「冷戦の終わり方」を問い直す
ドイツ統一をめぐる国際政治史研究を題材に
板橋拓己 …………………………………………………………………… 35

［1］はじめに──「ポスト冷戦」の終わり　35
［2］国際政治史研究の対象としてのドイツ統一　38

［3］「ポスト冷戦」のヨーロッパ安全保障問題　47
［4］おわりに　53
学びを進めていくために　55

第4講 「利益誘導」の条件
日仏の政治史を比較すると何が見えるか？
中山洋平 ·· 56

［1］「利益誘導」と日仏近代政治史　56
［2］レオン・ブルムの利益誘導　59
［3］20世紀フランスの口利きが戦後日本の利益誘導に
　　　当てる光　68
［4］利益誘導が長期支配を生む条件とは？　72
学びを進めていくために　78

第5講 現代アメリカの政治
「分断」の由来と大統領の挑戦
梅川　健 ·· 81

［1］かがみとしてのアメリカ　81
［2］アメリカ政治の基本構造　82
［3］現代の「分断」と大統領　89
［4］おわりに　99
学びを進めていくために　101

第6講 「中国化」の中国政治
習近平のアイデンティティ政治を読み解く
平野　聡 ·· 102

［1］ウクライナの悲劇は東アジアの悲劇
　　　――中露両国の「多極化世界」とは？　102
［2］なぜ中国は西側からの価値観を拒むのか
　　　――中国近現代史を覆う暗さ　104

［3］西側が仕掛けた（？）「和平演変」への怨念　105
　　［4］「愛国主義教育」とは何か　108
　　［5］実力で世界を変えようとする2008年以後の中国　109
　　［6］習近平新時代の「中国の夢」と「人権」　111
　　［7］新疆ウイグル自治区　「発展・開放」のための恐怖政治　112
　　［8］香港での自由・民主の闘いと弾圧　114
　　［9］米中関係の激変とパンデミック，そして今後　115
　　学びを進めていくために　118

第7講　自由をめぐる政治思想
川出良枝 ………………………………………………………… 119

　　［1］西洋社会における「自由」のイメージ　119
　　［2］モンテスキューの謎かけ
　　　　　――自由と「法の支配」　123
　　［3］ミルの提案――自由と強制の関係　125
　　［4］バーリンの挑戦――自由の「安全」な定義　129
　　［5］平等と自由　133
　　学びを進めていくために　137

第8講　「公共」と政治学のあいだ
日本政治思想史の視角から
苅部　直 ………………………………………………………… 139

　　［1］政治の言葉を考える　139
　　［2］「デモクラシーの危機」と「間接民主制」への幻滅　144
　　［3］儒学・公論・議会　150
　　学びを進めていくために　157

第9講 戦前の政党内閣期が示唆すること
五百旗頭薫 …… 159

[1] 内務大臣官邸の風景　159
[2] 緊張の時代　162
[3] 生命・国体の反撃　167
[4] 戦前の政党内閣が示唆すること　172
学びを進めていくために　174

第10講 現代日本の官僚制と自治制
行政研究の焦点
金井利之 …… 176

[1] 官僚制　176
[2] 政治と行政の関係　180
[3] 自治制　185
[4] 政治体制のなかの官僚制・自治制　187
[5] おわりに　192
学びを進めていくために　194

第11講 ジェンダーと政治
前田健太郎 …… 196

[1] はじめに　196
[2] 政治と法　199
[3] 社会規範とジェンダー規範　204
[4] ジェンダー規範と政治　209
[5] おわりに　214
学びを進めていくために　217

第12講 憲法をめぐる政治学
境家史郎 …………………………………………………………… 219

[1] はじめに　219
[2] 「外れ値」としての日本国憲法　220
[3] 有権者の意識面から　222
[4] 憲法典の構造面から　226
[5] 再び，有権者の意識面から　230
[6] おわりに　237
学びを進めていくために　239

第13講 租税政策をめぐる福祉国家の政治
比較の中の日本
加藤淳子 …………………………………………………………… 241

[1] 租税と福祉国家　241
[2] 国際比較　247
[3] 各国の事例と日本　252
[4] 結びに代えて　256
学びを進めていくために　260

あとがき　263
索引（人名・事項）　265
執筆者一覧　270

本文デザイン——デザインフォリオ

第1講 日本の有権者と政治家
序論にかえて

谷口将紀

[1] 開講にあたって

こんにちは。本書は，2023 年度の A セメスター（後期）に東京大学教養学部前期課程[1]，主に 1 年生向けに開講した総合科目「現代と政治」の講義録を基に，実況中継風に原稿を書き起こしたものです。

東京大学法学部[2]には，現在（2024 年 4 月）広い意味での政治学を専門とする教授・准教授が 20 名います。このうち 13 名が，1 人 1 コマずつ，いま関心を持って取り組んでいる具体的課題を紹介した授業が「現代と政治」です。各教員には，政治学を学んだ経験のない学生も数多く履修すること，法学部以外に進学する人も大勢いることは伝えましたが，その上で基礎的な事項を分かりやすく説明するのか，あるいはアップ・トゥ・デイトなトピックスを専門的な観点から解説するのか，はたまた敢えてそれぞれの専門分野における最先端の議論を紹介するのかは，各自の判断に委ねました。

ですから，本書は大学 1 年生向け講義を基にしているとはいえ，中学校の公民，高等学校の公共や政治・経済の授業から大学における政治学の学修に向けて橋を架ける教科書[3]というよりも，顔見世興行やガラ・コンサートに近いものになりました。専門分野の近さを考慮して出講順（＝本書の順番）を決めましたが，前から順に読まないと後ろが理解できないことはなく，ご関心のある講義からページを開いていただいて構いません。

第1講　日本の有権者と政治家

　「現代と政治」は,教養学部前期課程のSセメスター（前期）に開講されている法学部教員によるオムニバス講義・総合科目「現代と法」の姉妹科目です。そして本書は,同授業を基に出版された東京大学法学部「現代と法」委員会編『まだ,法学を知らない君へ──未来をひらく13講』『いま,法学を知りたい君へ──世界をひろげる13講』（有斐閣）の兄弟本に当たります。このように申し上げると「なんだ,二番煎じか。」という厳しい読者の声が聞こえてきそうです。確かに,私達自身が二匹目のドジョウを勧められて開講,編集,出版しているのですから,そのような第一印象を持たれても仕方ありません。ただ,本書を読み終えられた後にはそうしたイメージが一新され,政治学の幅広さと奥深さに富んだ魅力がお伝えできていることを望みます。

[2] 代表とはなにか

■ 四つの代表観

　次講以降の準備体操を兼ねて,以下,少しだけ私の専門に関わるお話しをいたしましょう[4]。

　古代ギリシアにおける直接民主主義とは異なり,今日の民主政治は代表制（代議制）民主政治を基本にしています。代表制民主政治の仕組みに議院内閣制と大統領制などがあることは,中学や高校で学習したでしょう。日本は議院内閣制を採っており,有権者は国会議員を選挙し,国会議員が内閣総理大臣を指名し,内閣総理大臣は大臣を任命し,大臣は行政各部を指揮監督する,という経路を通じて,国民は間接的に行政までを統制します。

　ここに経済学のプリンシパル・エージェント理論を応用して,有権者と国会議員,国会議員と首相,首相と大臣,そして大臣と官僚

は，それぞれ本人（プリンシパル）と代理人（エージェント）の関係にある，すなわち，本人は自らの権限の行使を代理人に委ねる一方，代理人は本人に対して責任を負う（委任と責任の連鎖）という説明がなされることもあります。

ただ，代理というのは，本人以外の人による意思表示に，本人がしたのと同じ効果を持たせることです。例えば，ロサンゼルス・ドジャースと契約する人は大谷翔平選手ですが，大谷選手の代わりにエージェントのネズ・バレロ氏が球団と交渉し，最終的にこの内容で契約しましょうという意思表示を行います。これとパラレルに首相を国会議員の代理人とみなすと，国会議員がもっている行政権を首相が代わりに行使するという説明になってしまいますから，違和感を覚えざるをえません。プリンシパル・エージェント理論で政治を説明するのは，詳しい法律的側面を捨象した「たとえ」と言えるでしょう。

そのようにお断りした上で，国会議員，首相，大臣，官僚は，自分たちを選任し，あるいは指揮監督する人から何を受任または代理しているのでしょうか。もっと平たい言葉で言えば，代表とは何でしょうか。

ハーヴァード大学のジェーン・マンスブリッジ教授は，代表を四つの類型に区分しました。

第一の約束的代表は，前述の本人と代理人の関係に即した，有権者と国会議員の関係で言えば，国会議員は有権者の代理人として，現在の有権者の選好または指示に忠実に行動すべきという考え方です。このため，国会議員が有権者の選好からかけ離れた政治を行うのは良くないことになります。

2番目は予測的代表です。代表は有権者の現在の選好を反映しなくても，将来の選好を予測して，それを実現する。次回の選挙のとき，有権者から「前回の選挙で代表が言っていたことは，当時の自

分の考えとは違っていた。しかし，今にして思えば自分の利益を先回りしてかなえてくれた」と評価してもらえるように行動する，という代表の在り方です。

3番目のタイプは独楽的代表。独楽が回り続けるためには，軸がぶれてはいけません。これと同じで，代表は自らの信念や所属政党の拠って立つ原理原則から揺れ動かないことが肝心で，人びとは自分の選好をかなえるためにはどの代表に政権を担わせるのが良いのかを選ぶ，という考え方です。有権者に合わせて政治家が政策を変えるのではなく，政治家によって提示された価値体系の中から有権者が近いものを選ぶことになります。

そして，最後の類型は代用的代表です。例えばLGBTQあるいはエスニック・マイノリティの代表であることを標榜する議員がいるように，自分の選挙区から選ばれた議員でなくても，利益が代表されうる。突き詰めると，多種多様な立場や選好が，個別の選挙区よりも議会全体として議席分布に反映されることが大事，という考え方です。

今申し上げたように，約束的代表は本人・代理人関係に立脚した，人びとと議員の選好は近いほうが良いという考え方であるのに対して，予測的代表，独楽的代表，代用的代表は少なくとも現在，そして当該選挙区において，代表の選好が人びとから乖離することが正当化される可能性を示したものと言えます。

■ 政治家の選好を計測する

それでは日本の代表制民主政治は，どの代表観に当てはまるのでしょうか。この問いに答えるためには，人びとと政治家それぞれの選好を測らなければなりません。このうち，人びとの政策選好は，世論調査をすれば分かります。しかし，政治家一人ひとりの立ち位置をどう計測するか。これは，日本に限らず，世界各国の政治学に

とって長年の課題でした。

　もっとも直接的な方法は，政治家にアンケート調査をすることです。しかし，政治家は忙しく，アンケート調査にはなかなか答えてくれません。政治家調査の回収率は非常に低く，得られたデータには信頼性がないことが多いのです。

　有権者に対して「この争点についてあの政治家はどう考えていると思いますか」と評価してもらうやり方もあります。しかし，自民党の政策はどうですか，立憲民主党はどのような立場をとっていますか，日本維新の会はどうでしょうなどと政党単位で聞くならまだしも，この問題を自民党のA議員はどう考えていますか，B議員も同じだと思いますか，などと政治家単位で質問しても，一般の人には分からないでしょう。私も完璧に答えられる自信はありません。

　この点，アメリカでは，議会での投票行動，例えばC議員はα法案には賛成し，β法案には反対したなどという記録を基に，議員相互の距離感をデータ化する方法があります。しかし，これは政党規律（同じ政党の議員が一致結束して行動すること）が弱いアメリカだからこそ可能な方法です。他国，特に日本では党議拘束が大変強く，ひとたび「わが党はこの法案に賛成（反対）する」と決めたら，その党に所属する議員は100％賛成（反対）票を投じます。党の決定に反抗したときはもちろん，病気や出張などのやむを得ない理由がなく採決を棄権しただけでも問題視されます。これでは，同じ政党内のA議員とB議員の選好の違いは分かりません。

　逆に日本がユニークなのは，選挙のときに，候補者ごとに政見を記した選挙公報が作成，配布されることです。選挙公報を利用して，候補者単位で政策選好を数値化する試みも行われています。D候補はγ政策に肯定的に言及する一方，E候補はγ政策については何も述べずにε政策への反対に紙幅を割いている，といった具合です。ただ，選挙公報はスペースが限られており，それぞれの候補者は自

分にとって都合の良いことしか書かないという難点があります。例えば，昨年（2023年）末から政治資金をめぐる問題がクローズアップされていますが，政治資金の規制強化に賛成の候補者はそのことを選挙公報でもアピールする一方，規制強化に消極的な候補者は選挙公報で反対と書くよりもその問題に触れるのを避けるでしょう。

　学者やジャーナリストのような専門家に，政治家の政策選好を評価してもらう方法もあります。しかし，専門家調査の回収率も低いですし，専門家であっても，個別の政治家の細かな立ち位置までは評価できません。政党の数が多くなると，それぞれの政党に差を付けようとして，政党間の違いが過大に評価されやすいという問題も指摘されています。

　最近では，FacebookやX（Twitter）のような新しいデータを，しかも，従来とは桁違いの規模で用いることにより，政党や政治家，さらにはオピニオンリーダーなどの位置関係を計測しようとする研究もあります。ただ，すべての政治家がSNSを活発に利用しているわけではありませんし，FacebookやXがいつまで使われ続けるのだろう，という不安もあります。XがAPIを制限し，データ収集が難しくなってしまった，という新たな問題も生じました。

■ 東大・朝日調査

　そこで私達が採ったのが，政治家調査の基本に立ち戻って，回収率を上げる方法を工夫する戦略でした。選挙のとき候補者は，一人でも多くの有権者に自分の声を伝えたいと考えます。そこに候補者と我々がwin-win関係になる可能性があると見て，新聞社と協力して政治家調査を行いました。日本の全国紙は数百万部という大きな発行部数を誇っていますから，そこに候補者一人ひとりの回答を載せるようにすれば，候補者にとっても調査に回答するインセンティブになり，回収率を上げられると考えたのです。

このようにして,私達,東京大学谷口研究室・朝日新聞共同調査（東大・朝日調査）は9割以上の候補者から回答を得ることに成功しました。現職議員に限らず,候補者も含めてここまで高回収率の政治家調査は,管見の限り外国にはありません。

さらに東大・朝日調査は,政治家調査と並行して有権者調査も行っています。政治家調査と有権者調査には同じ質問が多く含まれているため,例えば防衛力の強化に関して,自民党の候補者の〇％が賛成なのに対し,有権者の賛成派は△％といったように,人びとと政治家の意見を直接比較できます。

今日では,朝日新聞以外の新聞社,通信社,NHKなどのテレビ局も選挙時に政治家調査を行うようになりましたが,元祖は東大・朝日調査で,2003年以来20年以上の歴史があります。この議員は小泉純一郎内閣のときにはあの政策に賛成していたのに,岸田文雄内閣では反対へ態度を変えたというように,過去からの変化も追跡できるのです。しかも,我々のデータは全て無料で公開されていますから,学術目的であれば,誰でも自由にダウンロードして分析できます[5]。

[3] 日本の代表制民主政治

■ 有権者と政治家

それでは,実際のデータ分析結果を見てみましょう。まず,図1-1は,2017年の調査で質問した30個の政策争点に関する賛成,反対といった回答を基に,項目反応理論の段階反応モデルという統計分析手法を用いて,有権者と当選した候補者の左右イデオロギーの分布を表したものです。破線は調査に回答した有権者,実線は衆議院議員,そして垂直の点線は安倍晋三首相（このときは安倍氏も調

査に回答しました）のイデオロギーです。詳しい方法に関心がある方は，参考書をご覧ください。

図 1-1 からは，二つのポイントを読み取れます。まず，衆議院議員の分布は，有権者よりもかなり右側に偏っていることが分かります。衆議院では小選挙区制を中心にした選挙制度が採られており，小選挙区制には相対第一党が得票率を大きく上回る議席率を獲得しやすい特徴があります。この調査が行われた 2017 年衆院選においても，自由民主党は小選挙区で 48％，比例代表では 33％の票を得て，465 議席中 284 議席，61％の議席を獲得しました。こうした選挙制度の特徴が，政治家のイデオロギー分布にも表れています。

第二に，こうした衆議院議員と比べて，安倍首相の立ち位置はさらに右に寄っています。衆議院議員の分布には野党の議員も含まれているのだから当たり前ではないか，と思われるかもしれませんが，

図 1-1　有権者と政治家のイデオロギー

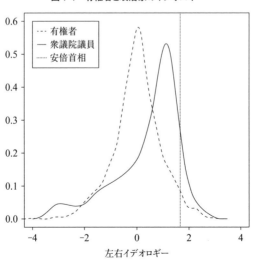

自民党議員だけを取り出した場合でも，安倍氏のイデオロギーはかなり右寄りでした。

■ **時系列比較**

図1-1は，2017年という一時点のグラフでしたが，これを時系列比較にしたものが，図1-2です。等化という手法を用いて，各年のイデオロギーを測る物差しを揃えてあります[6]。

破線で表された中位投票者，有権者のイデオロギーは2020年までほとんど変化していないことがわかります。2022年に右寄り（グラフでは上方）に変化したのは，ロシアによるウクライナ侵攻を受けて，日本も防衛力を強化すべきだという意見が増えたことなどの影響と思われます。人びとのイデオロギーは長らく安定していたとこ

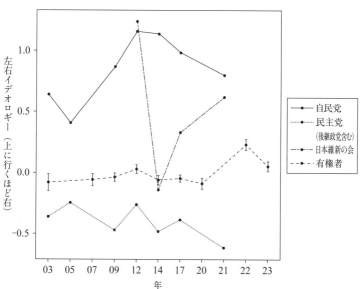

図1-2　イデオロギーの時系列比較

ろ,過去20年で初めて保守化したのはニュースで,これが一過性の揺らぎなのか,継続的な傾向なのかは今後の調査結果を注視する必要があります。

実線は,自民党議員の中央値です。2005年以降大きく右方向(グラフ上方)にシフトしました。有権者のイデオロギーは同時期ほとんど変わらなかった一方,自民党だけが右傾化したのです。ここからは,自民党は有権者との距離を広げたのに,2012年から現在まで政権を維持できているのはなぜだろう,という疑問が浮かんできます。

ちなみに,民主党とその後継政党も,2012年に政権を失ってから左(グラフでは下方)に寄ったことが分かります。日本維新の会は,選挙ごとに大きく立ち位置が変わっています。2014年までは政党再編[7]のせい,それ以降はいわゆる大阪系の議員グループ内での政策変更の影響と思われます。

■ 自民党政権継続の理由

上述の疑問,自民党は右傾化して中位投票者との距離を拡大したのに,どうして2012年末から現在まで政権を維持しているのかの理由を考えてみましょう。

一つめのカギは,長期的党派性です。支持政党と言い換えてもよいのですが,どの政党を支持しますかという質問には,どの政党に投票しますかというニュアンスが多分に含まれているので,こうした短期的な考慮を取り除いた「長い目で見ると何党寄りであるか」を見たものが,ここで言う長期的党派性です。自民党を例にとると,心理的に自民党寄りの有権者は,現在自民党が掲げている政策が多少自分の意見と違ってはいても,大目に見て自民党に投票し続けると考えられます。こうした長期的党派性を測ってみると,実は,2009年から12年までの民主党政権の期間を含めて,相対第一党はずっ

と自民党でした。党派性では自民党一党優位がずっと続いているのです。

これとも関連して，二つめのカギは信用度（valence）です。簡単に言うと，自分にとって最優先の政治課題に関して，もっともうまく対処できそうな政党はどこか，という評価です。自分の意見に最も近いのはX党だけれども，この政策をもっとも上手に処理できそうなのはY党と考えているとき，その有権者は最近接のX党ではなく，立ち位置では離れているY党に投票するかもしれません。

2022年の調査データで左右イデオロギー尺度値が0と推定された有権者，すなわち中位投票者付近を例にとってシミュレーションしてみましょう。もし，この人が自民党支持でもなく，自民党の政策処理能力も信頼していない（＝もっとも上手に対処できそうな政党として自民党を挙げなかった）としたら，選挙で自民党に投票した確率は11％に過ぎません。一方，この人が自民党支持者ではないけれども，重視する政策は自民党が一番よくやると思っていたなら，自民党に投票する確率は29％に上がります。さらに，この人が自民党支持者であって，かつ，同党の政策処理能力を信用していたら，自民党投票確率は72％に達します。

最新（2023年）の有権者調査まで，信用度において，自民党は他の政党を引き離しています。一番シェアが大きな年金・医療・介護政策を重視する人びとの間でも，2番目の景気・雇用政策に取り組んでもらいたいと考えている人びとでも，これらに一番上手に対処できそうと信用を集めているのは，圧倒的に自民党です。憲法，外交・安全保障，エネルギーといったもともと自民党が得意としてきた分野ではもちろんのこと，人びとの関心が高い経済政策においても，自民党に対する信用は，他の政党を大きく引き離しているのです。

[4] まとめ

ここまでの議論をまとめましょう。自民党の政治家のイデオロギーは，中位投票者のそれから大きく離れています。ただ，欧米とくに西欧先進国では，左か右かというイデオロギーは主に経済政策をめぐる大きな政府と小さな政府，社会民主主義か新自由主義かという原理原則をめぐる対立であるのに対し，日本では憲法（中でも9条）を改正すべきか否か，防衛力を強化すべきか，日米安保体制を強化すべきか，原発を維持すべきかといったハイ・ポリティクスにおける考え方によって規定される部分が大きくなっています。これらの政策分野に強い関心をもつ有権者はそれほど多くありません。

大半の人びとが重視しているのは経済政策です。そこでは，大きな政府対小さな政府といった原理原則はいずれにしても，人びとはとにかくうまく経済を回してほしい，社会保障制度を維持拡充してほしいと考えています。2012年に政権に復帰した安倍首相は，異次元の金融緩和を促し，財政政策を拡張することで経済を「ふかし」ました。本来，こうした金融政策や財政出動は，短期的に景気を上向かせて，その間に持続的な経済成長を可能にする経済構造に作り替えるというシナリオでした。しかし，実際には，アベノミクスで経済をテコ入れしておいて，特定秘密保護法，集団的自衛権，共謀罪など一時的に内閣支持率を下げかねない政策を断行するための「あそび」にした形です。アベノミクスで得られた「政治的貯金」を，イデオロギー的色彩の強い政策を実現したときの補填のために使った。これが，自民党が右傾化しながらも，これまで政権を維持できた最大の要因です。

このような日本の代表制民主政治の在り方は，民主主義理論から正当化できるでしょうか。第2節で，人びとと代表の選好の一致を求める約束的代表以外にも，政治家の選好が有権者から離れること

が正当化されうる代表のタイプがあることを紹介しました。日本は，これらの類型に当てはまるでしょうか。

　自民党のイデオロギーは 10 年以上中位投票者から大きく離れたままですから，予測的代表が成り立っているとは言えません。かといって，2000 年代後半のように大きく立ち位置を変えることもあるわけで，ぶれない軸がある独楽的代表といえるかどうかも微妙です。イデオロギーのレベルでも，個別争点のレベルでも，人びとの選好分布が国会全体として反映される代用的代表が成立していないことは，女性議員の少なさが象徴しています。

　要するに，現在の日本政治の有り様は，民主主義理論上正当化しにくいのです。正当化しにくいということは，ひとたび政治的貯金・補塡モデルが崩れたときには，自民党だけでなく政治全体に対する不信感が噴出する恐れがある，危うい状態とも言えるでしょう。

　それを防ぐにはどうすればよいのでしょうか。

　ひとつは――誤解のないように付言しておきますが，以下は，現在の自民党政権がだめとか，立憲民主党や日本維新の会などが良いという趣旨ではなく，あくまで一般論に過ぎません――，政権交代の可能性を保っておくことです。もし，政権与党が人びとの選好から大きく外れ，あるいは政策遂行における信用度を失ったならば，政権交代によって，政治をあるべき軌道に引き戻すことができます。政権交代には，世間でよく言われている政治に緊張感を持たせることに加えて，政治が人びとから乖離し過ぎるのを防ぐという効果もあるのです。

　そしてもうひとつは，直接民主制の要素を組み合わせて，代表制民主政治を補完していくことが考えられます。例えば，ドイツの政治哲学者，ユルゲン・ハーバーマスは，民主政治の公式な回路である議会制を，市民が直接参加する熟議という第 2 の回路を以て補強する二回路制民主政治を提唱しており，様々な学者によって社会的

第1講　日本の有権者と政治家

実装が試みられています。

　このように政治哲学や政治史の研究とも対話をしながら，現実政治の全体像に関わる大きなテーマについて，データを用いて実証的に考察すること，言いっ放しではなく，客観的なエビデンス，言わば動かぬ証拠を突き付けながら議論をすることが，私の政治学です。

　もちろん，これが唯一絶対の政治学の在り方と言うつもりは毛頭ありません。十人十色，政治学者が10人いれば10通りの政治学があります。人文・社会科学，さらには自然科学をも含めた諸学問が交錯する中で輝きを増すのが政治学です。本書では，13人の教員が，それぞれの信じる学問の在り方をご紹介します。「東大政治学」とは，特定の見解や方法を意味するのではなく，東京大学に所属している数十の政治学者達が織り成す星団のようなものなのです。本書を通じて政治学の多彩な魅力に触れ，また，色々な国や地域の政治を考えるきっかけとしていただければ幸いです。

[注]
1) 東京大学では，学士課程1・2年生全員が教養学部前期課程で学び，3年生から法学部などに進学します。
2) 東京大学では大学院重点化が行われており，厳密には大学院法学政治学研究科または公共政策大学院に所属して法学部担当を兼ねる教員となりますが，以下では「法学部」と略記します。
3) このような意味での教科書が必要な方は，例えば，川出良枝・谷口将紀編『政治学』第2版（東京大学出版会，2022年）をご参照ください。
4) 実際の授業では，この間に法学部の紹介，授業の進め方，履修上の注意，成績評価方法などの説明や学生との質疑応答がありました。第2講以下と比べて本講の分量が少ないのは，このためです。
5) https://www.masaki.j.u-tokyo.ac.jp/utas/utasindex.html
6) もう少し詳しく言うと，2009年有権者調査の尺度に，他の調査も揃えてあります。

7) 2012年には右派の石原慎太郎が率いるグループと共に行動していたところ，2014年に袂を分かって（後に民主党と合流することになる）結いの党グループと合併したためと推測されます。

[参考文献]

谷口将紀『政党支持の理論』（岩波書店，2012年）

谷口将紀『現代日本の代表制民主政治』（東京大学出版会，2020年）

ユルゲン・ハーバーマス『事実性と妥当性』上・下，河上倫逸・耳野健二訳（未來社，2002・2003年）

Jane Mansbridge, "Rethinking Representation," *American Political Science Review*, vol. 97, no. 4 (2003).

●● 学びを進めていくために ●● ………………

　政治学者の数が最も多いと思われるアメリカでは——よって，自然科学の多くと同じように被引用度数を重視するアプローチを採るならば，学問のスタイルもアメリカ的たらざるを得ません。それを是とするかどうかは人それぞれです——政治学の下位分野を，アメリカ政治・比較政治・国際関係・政治哲学（・政治学方法論）の四（五）つに区分することが一般的です。この分類法を直輸入するならば，日本政治・比較政治・国際関係・政治哲学（・政治学方法論）となります。

　法学部や政治経済学部で政治学を専攻する学生は，どの大学でも概ね，政治学全般の導入講義に始まり，それぞれの分野の授業を積み上げ式に学ぶカリキュラムになっているはずです。東京大学法学部のカリキュラムも，教養学部前期課程での学びを受けて，法学専攻の学生を含む全員必修の専門科目としての政治学に続き，日本政治・ヨーロッパ政治史・国際政治・現代政治理論という各分野の先頭科目が配置されています。

　さらに政治学の研究者を志される方には，哲学・歴史・外国語・統計分析などあらかじめ身に着けておくべき素養が専門分野によって異

なりますから、早目に教員と相談されることをお勧めします。

　一方，民主政治は誰でも治者になりうる政治の仕組みである以上，政治の学びもあらゆる人びとに開かれています。特に，筆者が専門としている現代日本政治論の書物は汗牛充棟の趣があります。どれでも関心を引かれたものから手に取られれば良いのですが，その際には「……であるべきこと」を論じる本と「……であること」を述べる本，さらに後者はルポルタージュのように現場に近い立場から情報を提供する本とアカデミックな分析を加える本のいずれであるかを──これらは相互排他的な分類ではありませんし，まして優劣を含意しません──意識してお読みになると，自身の立ち位置を見失わずにいられるかと思います。

第2講 政治とは，国際政治とは
戦争と平和の問題を中心に

遠藤　乾

[1] はじめに

　国際政治ということばで何を思い浮かべるでしょうか。ニュースで流れる戦争かもしれません。ウクライナ侵攻であれ，ガザでの虐殺であれ，目を覆いたくなる惨状です。同じ否定的なことがらでも，スーダンでの飢餓，地中海でおぼれる難民をイメージするでしょうか。あるいは，逆に，シャンパンを片手に繰り広げられる首脳外交の華やかな舞台が脳裏をよぎるのかもしれません。

　どれも間違いではありません。しかし，国際政治にはどうしてそのような現象が立ち現れるのでしょうか。それを掘り下げようとすると，一筋縄ではいきません。そもそも，政治とは何でしょうか。国際ということばは何を意味するのでしょうか。上で挙げたような紛争や悲劇は不可避でしょうか。それは，政治や国際といった事柄にかならずや付随するのでしょうか。紛争や悲劇をなくしたり，和らげたりする方法をわれわれは手にしているでしょうか。外交や国際法でそれは可能でしょうか。ちょっと考えはじめるだけで，無数の問いが降りかかります。

　多くの大学で国際政治に関する講義やゼミが開かれているのは，そうした問いに答えて理解を深め，少しでもマシな世界をもたらせはしないか，学問的に探っているとも言えましょう。ここでは，そのさわりの考え方を紹介して，本格的な授業への導きの糸としたいと思います。

[2] 政治とは何か，なぜ政治が必要か

これを読んでいる人の中で，「あなたは政治的だねえ」と言われてうれしいと感じる人がどれくらいいるでしょうか。たいがいは，嫌なことを言われたと思うのではないでしょうか。そこでイメージされる政治とは，どこか打算に満ち，純粋さからかけ離れた，できるだけ忌避すべきもの，あるいは，それは合理的な社会や世界のあり方を歪める現象に違いありません。

それほどよろしくない現象なら，政治など消えたほうが良いのではないでしょうか。そして，できれば，政治を勉強せずに済ませられないものでしょうか。

ここでの答えは，残念ながらノーです。なぜなら，どんなに願っても，三つのことがこの世からなくなりはしないからです。一つは，他者です。世界には数十億の人間がいます。自分以外の一人一人が他者であるということは，自分と同一にならないということを意味します。生まれ，年齢，性別，国籍，言葉，教育，性格，夢や希望など，部分的に重複はありえても完全に一致することはありません。たとえ親子であっても，どんなに親しい友人でも，同じではないのです。その異なる存在である他人をこの世から一切合切除去できれば，政治は不要かもしれません。しかし，それはありえません——それを可能にしようとすると，その過程はとてつもなく暴力的な政治そのものとなるでしょう。

もう一つは，人間が神や仏と異なるということに由来します。人間には良い性質も備わっており，それは実際に素晴らしいこともなしうるのですが，ときに邪悪なことを考え，実行してしまう生き物です。全ての人が，「誰かがあなたの右の頬を打つなら，左の頬をも向け」（マタイによる福音書5章38〜42節）られるのなら，もしかすると政治は不要かもしれません。しかし人意は神意ではないので

す。ときに力を持って誇示したい，人よりお金を稼いで高価なものを持ちたい，もっと尊敬されたい，他人が羨ましいなど，なかなか情念から逃れられないものです。多くの人が多かれ少なかれそのような欲を持つとき，一定の争いが生じえます。ルールに則って競争しているうちは良いのかもしれません。しかし，勝ったものが何かを独り占めしたり，負けたものがルールを問題視したり，と紛争に行き着くことがありえるのです。

　しかしそれもまた，もう一つの要素がなければ，紛争にいたらないかもしれません。それは，資源の有限性です。他者が消えず，その他者が欲ばっていても，資源が無限に存在していれば，特に争わず，めいめいが好きなだけ欲しいものを手にすればよい。しかし，そうもいかないのです。ここで資源と言うとき，お金，お米，石油のような目に見えるものは，分かりやすいでしょう。それらは生産高や埋蔵資源，通貨発行量にいたるまで有限です。くわえて，情報やデータのように目に見えないものも，総量には限界があり，それへのアクセスは無限でも平等でもありません。あるいは時間や名誉のような目に見えないものもまた，どこか限りがあるものです。人生は短く，普段みな忙しい。そのなかで，時間というのは貴重な資源となります。さらに，誰かが他の誰かを褒めたとき，とくに損したわけでもないのに，何かを失った気になった経験はないでしょうか。評判，尊敬，威信のたぐいもまた，社会の中で全ての人にひとしく開かれているわけではないのです。

　こうして，他者の存在，人間の邪悪（欲深）さ，資源の有限性の三つが揃ったとき，人びとのあいだに争いは避けられないものとなります。しかも厄介なことに，その争いは人間特有の暴力性を帯びるのです。

　よく「獣のように」と野蛮な行為を指して言いますが，そのような「獣性」は人間にこそ当てはまります。野生動物にも争いはもち

ろんあり，70ほどの種が人間と同じように同種を殺しますが，それは散発的です。血なまぐさい狩りは確かにありますが，それは生存のための行為に過ぎず，概して腹が満ち足りているときに無用な殺傷はしません。しかし，人間は，特に空腹でなくとも，力や金や名誉のために同種を殺します。加えて，点火や投擲の技術を身につけた人間は，多数の人間を殺す能力をも身につけました。それはやがて銃や大砲に，さらに核兵器やミサイルに行きつきます。野生の動物と異なるのは技術だけではありません。人間は組織的に大量の同種を殺します。ようするに，人間こそがもっとも血なまぐさいのです。

ただし，暴力的な争いが常に全面化するわけでもありません。普段観察できる人間社会において，出合頭にののしり合い，盗み合い，殺し合う関係ばかりではないでしょう。政治とは，あやうい人間同士の共存のために「呼び起こされる」営みなのです。もともと人間は，暴力的な紛争を引き起こしうるのと同時に，見も知らぬ人に協力の手を差しのべることのできる珍しい生き物でもあります。非社会性と社会性を同時に備えた人間が，お互いの多様さ，時折の邪悪さ，資源の有限性を前提に，紛争を不可避的に抱えつつ，共存のアートを実践すること——これが政治と言えましょう。

[3] 国際政治とは？

他者，邪悪，有限資源の三つ巴は国際関係にもあります。どんなに強く願っても他国はなくなりはしません。それぞれの国が天使のようにふるまえばよいのかもしれませんが，そうはなりません。ここでもやはり，力，金，威信などを少しでも自国に留保しようとするのです。限りある資源のなかでそれが起きるとき，国際紛争の可能性がつねに意識されることになります。じっさい，領土・覇権争

いから戦争・内戦まで，世界は摩擦や紛争に事欠きません。

しかも，国際関係には，争いを調停・抑制するような中央政府がありません。200 ほどの国家が，おのおの主権的な存在として組織化され，おうおうにして軍事力を独占しています。言ってみれば，最高の権威を自任し，武装する神々が何百といるようなものです。これをアナーキー（無政府）問題と呼び，一般に国内と異なり国際関係に独特な要素と見なされています。

しかし同時に，各国は接触すれば必ず戦争をし，おたがいの領土や資源を取り合い，名誉や威信をめぐり角を突き合わせているわけでもありません。そこにもまた，不可避な国際紛争を抑え，共存を図ろうとする政治が観察されます。それは，無政府ではあっても無秩序というわけでもないのです。

国家と国家の関係は，たとえば外交という回路をつうじて調整されます。あるいは，国際法のような規範をまとい，暴力の規制を試みます。大国が勢力圏を決めたり，勢力を均衡させようとする動きもまた，暴力の回避につながっているのかもしれません。限定的な戦争ですら，はるかに大きな暴力の拡散を防ぐ手段になるかもしれません。国内においてではありますが，ちょうど，警察による合法的な暴力行使が，大きなテロや反乱を防ぐことがあるようにです。

そのような道具立てをうまく使って，紛争（の暴力性）を緩和し，共存を可能にする営みが国際関係にもある。それが国際政治と言われるものです。

ただし，政治学史の系譜では，ながらく「国際政治」という観念は成立しなかったことに留意が必要でしょう。というのも，伝統的に，政治は国家の中でこそ行われるもので，それを超えた国家間の世界で成立するものとは考えられてこなかったからです。近代における政治的思考の源流ともいえるニッコロ・マキャヴェッリは，古代ギリシア・ローマの思潮を受ける形で，市民が徳をもって共同体

に寄与する政治像を懐いていましたが,それは国家の中でしかありえないものでした。言ってみれば,「国際政治」はあってはならないものだったのです。

　その観念がなりたち,流通するには,ずいぶんと時間がかかりました。1648年のウェストファリア条約で内政不干渉にもとづく主権国家システムが成立したとよく言われますが,突如その年を境に何か新しいものが誕生したわけではありません。じっさいにその主権国家システムが形をなしていくのは19世紀を待たねばなりません。そして,国際関係の政治性と暴力性を問題として意識し,それに関する大学の講座や研究所ができてくるのは,第一次世界大戦のあとになります。それは,とりわけ主戦場となり,1600万もの人々がなくなったヨーロッパにとって,民族共同体の枠内で政治を終わらせるわけにはいかなくなり,共存の可能性を探らざるをえないきっかけとなったと言えましょう。

[4] 紛争と平和

　そもそも紛争というものはどの次元で起き,何をめぐるものなのでしょうか。それは,上でも述べたように,個人と個人のあいだでも生起します。親と喧嘩したり,付き合っていた人との関係がこじれたり,といった経験のある人は多いのではないでしょうか。それはときに暴力的ともなりえます。

　個人の力には限界がありますが,紛争が組織的・体系的なものとなったとき,結果はもっとひどいものになりえます。その現象に焦点を合わせるとき,紛争は集団内,集団間,集団外との関係で起きると言うことができましょう。ここでいう集団とは,たまたまそこに集った人びとのかたまり(群衆)ではなく,日常的に組織化され,ルールやアイデンティティを共有する人間の集合体です。

まず，その集団のなかにおいて，まさに組織の運営，ルールの解釈，アイデンティティのあり方などをめぐり紛争は起きえます。強靭な集団は，紛争を解決する回路をもち，争って負けても譲ることのできる共同体意識をもっていますが，そうでなければ分裂してしまうこともありましょう。

　また集団は，他の集団と争うことがあります。宗教，宗派，部族，エスニシティ（民族），企業，職能団体，非政府組織（NGO）と言った集団もまた，力や資源や正しさをめぐり，他の集団と争います――もちろん，そこに国家も含まれます。一般に，国家と国家のあいだで暴力をもってする紛争が戦争とされます。それは，集団間紛争のなかでもっとも激烈な組織的暴力行使になりえます。それが苛酷になるのは，国家が暴力の装置を高度に発展させ，熱烈なアイデンティティの投射の対象となり，動員を可能にする組織だからです。お互いの国家が正義を掲げると，引っ込みがつかなくなり，争いは長期化し，激化します。紛争が国家集団のなかで起きると，それは内戦と呼ばれます。民族，宗教，言語・文化などの集団意識がつのり，お互いに組織的な暴力を行使しあい，主権という最高権威の独占を試みるとき，それは熾烈なものになりえます。

　これらの紛争が人間集団の内／間のものだとすると，もう一つ次元があると考えられます。それは，人間集団とその外，つまりそれがよって立つエコ・システム（生態系）とのあいだです。もちろんエコ・システムは，それ自体意志をもつ主体ではありません。しかし，技術とともに自然を改変する力を高めた人類とのあいだで，紛争（conflict）の原義である相互摩擦・打撃が高まっています。その事例は地球温暖化から海洋プラスチック汚染にいたるまで多岐にわたり，帰結は島や都市の水没から生物多様性の減退，そして食物連鎖の頂点としての人間の身体への悪影響まで，末広がりです[1]。

　これらの諸次元にまたがる紛争は，お互いに交錯しえます。外国

が内戦に介入したり、あるいは逆に内戦が外国勢力と結びつき、国際戦争に発展することがしばしばあります。地球環境の保全に向けた費用負担は、国家と国家のあいだの紛争の種でもあります。近年では、地球温暖化がもたらす干ばつや不作が、難民を生み出し、それが移動先の国家との摩擦に行きつくこともあります。

これらの紛争は、具体的な事例から少し距離を置くと、四つの価値をめぐって争われていると言えましょう。一つは生存です。個人であれば身体の保全、国家であれば主権や独立の維持がそれにあたります。二つ目は効用です。金や物、資源や財産などが分かりやすいでしょうか。三つ目は承認です。人間は社会に自身の価値を認めてほしい動物です。他の誰かより自分が、他国のどこよりも自国が、社会的に承認されたいという欲求がぶつかるのです。最後にアイデンティティです。これは、誰がなんと言おうと自任する属性で、男性とか、日本人とか、Z世代とか、さまざまですが、その価値がしばしば棄損され（たと感じ）、紛争になるのです。

上記のように考えると、紛争や戦争の裏返しである平和は、多重のものとして定義できましょう。それは、第一義的には、戦争の欠如です。国内であれ国際であれ、政治的集団のあいだで組織的な暴力行使が一度起きると、それはおびただしい数の死傷者を出し、破壊と荒廃をもたらし、難民を生みます。

特に、科学技術が発展した現代において、国家が戦争に使用しうる武器は高度なものになり、破壊力も増しています。核兵器とその運搬手段はその典型です。一つの爆弾で大都市が消えてしまうほどの兵器は他になく、真の大量破壊兵器と言えましょう。しかし、そうでなくとも、平和は破壊されえます。1994年に起きたルワンダ虐殺では、3か月ほどのあいだに、鉈や鍬などの原初的な道具で、80万人以上の命が失われました。そうした事態が生起しない状態、それは平和の原像でもあります。

ただ、この側面も、より突っ込んで考えると単純ではなくなります。より大きな悪を抑え込むために暴力行使は許されるかどうか。大量殺戮や破壊に手を染める独裁者を止めるために戦争をすべきか否か。1938年、ミュンヘンにて、ナチス・ドイツの総統アドルフ・ヒットラーに対して妥協的なスタンスで臨んだ英首相ネヴィル・チェンバレンには、宥和政策だという批判が付きまといました。そこで勝ち取った「平和」は、確かに当面の「戦争の欠如」に結びついたのですが、それを平和的だったと言ってよいのかどうか。加えて、ある地で「平和」となったとしても、他の地で紛争や戦争になった場合、それを平和的と言えるのかどうか。ミュンヘンの例を再び用いれば、その「平和」で浮いた英軍が、当時大英帝国として委任統治していたパレスチナでの蜂起を鎮圧するために使われたという事実をどう考えるか。こうして、平和を「戦争の欠如」ととりあえず括ったとしても、多くの問題が残ります。

　第二に、平和には正義の実現という面があります。紛争の種は多くの場合不正義（と当事者たちが見なすもの）です。国家「内」・「間」の秩序が一見平静を保ってはいても、最富裕層が富む一方で、飢餓が蔓延していれば、それはいつかどこかで紛争に行きつく可能性が高いでしょう。その場合、その平静を平和的と言ってよいのかどうか。同様に、どこかの集団が優越し、他の集団を体系的に差別・抑圧している場合、あるいはそのようにしてきた歴史をもみ消そうとする場合も、平和的かどうか怪しいものとなります。

　正義（justice）の原像は、衡平ないし釣り合い（equity）です。紀元前18世紀ごろのハンムラビ法典は「眼には眼を」という規定でよく知られていますが、それは、古代流に罪と罰を釣り合わせようとしたものでしょう。極端な貧富の格差や体系的な差別・抑圧を放置しておくことは「釣り合わない」のです。そうした問題にメスを入れ、正義を試みることは、紛争の芽を取りのぞき、平和な世界を

創ることにつながります。

この100年ほどの歴史において，戦争との関連でも侵略が違法となり，ジェノサイドや民間人の殺戮を戦争犯罪として裁くシステムが整備され始めています。2003年に設立された国際刑事裁判所（ICC）は，まさにそうした権能をもつ常設国際司法機関です。2022年に始まったロシアによる本格的なウクライナ侵攻では，開始後2年のあいだに，ウクライナ側で3万5000の兵士と2万の市民が犠牲になっただけでなく，2万もの子どもが連れ去られました。ICCはこの最後の行為を戦争犯罪として立件し，23年，露大統領ウラジーミル・プーチンに逮捕状を出しました。ロシアは，アメリカや中国とともに，ICCの締約国ではないのですが，締約国にいったん足を踏み入れれば，彼は逮捕される可能性があります。これも，なされた不正に対して「釣り合わせる」営みと見なしえます。それを周知させることで，次の犯罪を抑止することにもつながりうるのです。

ただし，ここでも一筋縄で行きません。普遍的な正義を図る過程が導入されたのは良いのですが，それがゆえに，「犯罪者」とされた国家指導者がかたくなな姿勢をとるようになり，戦争に勝利しないと逮捕される可能性が頭をよぎる分，あくまで勝利を目指して戦争をやめないということもありうるのです。ICCがヨーロッパ主導で創立された経緯もあり，それが「西側」の機関だとして，中露などは反発しているきらいもあります。すなわち，普遍的な正義の試みを追求するなかで，その断罪の対象となる側が自流の正義にしがみつくよう追いこんでいる可能性もあります。正義と正義の戦いになると，政治集団間の組織的な暴力行使である戦争はいつまでたっても終わりません。そうなると，妥協や譲歩による平和が遠のいてしまうこともあるのです。

最後に，平和はエコ・システムの保全を欠いては成立しません。人びとが平和裏に生きるためには，自然と一定程度調和し，温暖化

や海洋汚染などからその逆襲を受けず、生活を持続していくことが肝要です。言ってみれば、エコ・システムは平和的な生存の基盤をなすものです。

また、このシステムが地球を覆う全体的なものであっても、そこへのアクセスは平等とは限りません。どこかの集団がよりエコ・システムを壊し、あるいは独り占めするようなことがあれば、それは紛争になりえます。それを公正な負担にもとづいて、皆で支えていかねばならないのです。

[5] 戦争の緩和・解決

このように、平和は多層にまたがる概念として構成しえます。ただし、その第一の定義、戦争の不在は、長いあいだ特別の意味を持ちつづけました。それには理由があると思われます。先に言うアナーキー問題が戦争と平和の問題として意識されてきた歴史があるからです。

この世界が主権国家によって分割され、それぞれが崇高な存在と自任するようになると、全体をどのように統御するのかという問題が当然に出てきます。のみならず、その国家が、常備軍を備え、官僚制を整え、徴税を行い、組織として他の存在に卓抜するようになると、その戦争遂行能力は誰の目にも否定しえないものとなります。さらに、徐々に科学技術と産業が発展し、戦争の道具立てが破壊的、ひいては破滅的なものになると、戦争自体が市井の人たちに直接の（悪）影響を及ぼすようになります。並行して、その市井の人たちがナショナリズムを介して自ら属する国家への忠誠やアイデンティティを強め、ひろく他国への敵愾心を共有するようになると、戦争がより徹底したものになり、歯止めが効かなくなっていきます。この体系的な暴力の蔓延は、すでに近世初期以降、とりわけ18世紀か

ら意識されてきましたが，二度の世界大戦を経て，人類の切実な問題として浮上することになります。こうして，平和を追究する際に，この戦争の制御・廃絶の問題が中心を占めるようになるのです。

ここでは，①勢力・威嚇，②思想・精神，③経済・利益，④規範・ルール，⑤機構・組織の五つのカテゴリーに分けて，戦争の抑制や廃止にむけた知的・実践的試みを整理してみたいと思います。

まず，戦争を否定せず，力に力で対応したり，相手を脅したりすることで，それを防ごうとする思想があります。いわゆる勢力均衡や抑止の考え方です。前者は，増大するある国の力に対して，他国と連携し，その力を均衡させることで，容易にその力の行使ができないようにする考え方です。後者は，他国が攻撃してきたら耐えがたい打撃を与えると威嚇することで，あらかじめその攻撃を思いとどまらせることを指します。

第二に，そのような考え方と異なり，戦争の存在を前提とせず，思想や精神の次元で，戦争を抑えよう，あるいはなくそうとする系譜があります。国連の教育文化機関ユネスコの憲章が前文で「戦争は人の心の中で生まれるものであるから，人の心の中に平和のとりでを築かなければならない」と謳うのは，その典型でしょう。そもそも暴力を肯定するところから戦争が始まってしまうという心の問題が提起されるわけです。古代ギリシアやローマはとても平和愛好的とは言えませんでしたが，そのころから平和主義（pacifism）が姿を現し，暴力や戦争のない世界が理想とされました。キリストの博愛主義の影響は長く後世に及び，日本ではキリスト者の内村鑑三が日露戦争で世論がロシアに対して激高するなか非戦主義を貫いたのはよく知られています。キリスト教の系譜のみならず，マハトマ・ガンジーもまた，非暴力の地平を切り開いた名高い思想家・実践者です。

関連して，世界市民主義（cosmopolitanism）の思潮は，国によっ

て忠誠心が分断されるのを良しとせず，世界の住民を分け隔てなく一人一人尊重しようとするものです。それは，人権の思想にも連なるものと言えましょう。これもまた，主権国家やナショナリズムで分断された世界における暴力や戦争を精神的な次元において抑制しようとする，普遍主義的な思想と位置づけうるものです。日本でも，「お天道様に顔向けできるか」という言い方が残っていますが，これは忠誠心やアイデンティティがどこにあろうと，誰かが見ていようがいまいが，残虐な行動の抑制を含めて，普遍的に正しいことをするよう促す観念の表れともいえます。

しかし，これらの思想的・精神的な試みにもかかわらず，戦争や暴力は後をたちません。人の心を制御するのはかくも困難で，それは平和とは別の方向に揺り動かす動因にもなりうるのです。

第三の系譜は，人間のもつ利益感覚に訴えるものです。戦争は概してお互いに多くの血を流し，それを始める指導者にとっても国全体にとってもリスクを伴います。そのように費用の高い道を選ぶより，より便益を高めるような選択をしていけるようにすればよいと考えるものです。それは古くは，商業的平和論と呼ばれました。商業は，もともと相互に必要とするものを交換するもので，支払いや配達などにかかわる信用に基づいており，お互いを害するのを避ける傾向にあります。その商業を盛んにし，戦争などという高費用な行為を無用にしてしまう戦略をとるのです。

現代ではそれは相互依存論に高められています。貿易や投資が密な国々は，それを通じて形づくるウィンウィンの関係を台無しにしないよう，戦争を避けるだろうと想定するものです。のみならず，その互恵的な国家間関係を維持・発展させるべく，協調が可能となると見込みます。その構図は，グローバル化の言説にも引き継がれ，環境や情報から犯罪やテロにいたるまで，国境を超える課題に取り組む中で，国家と国家が協力していくことが望ましいし，じゅうぶ

第 2 講　政治とは，国際政治とは

ん可能だろうと考えるわけです。

　ただし，これでもまた，平和を確実に引き寄せるかどうか不明なところがあります。というのも，相互の取引や交通が絶対量で盛んになっても，相対的に赤字になって損をした気になったり，犯罪も比例して増えたりと，肯定的なことばかりとも限らないからです。関係が密になるほど，自分たちの資源や雇用を悪用しながら，相手だけが得をしているのではないかとか，投資が進んでも自国の地価ばかりが上がって生活もできないなど，否定的なことが気になり，不信につながることもないわけではありません。何らかの事情で突然，不可欠なものとして依拠していた相手国の資源や中間財の輸出を止められたりすると，不信は激高に変わります。したがって，相互浸透の深化がそのまま平和につながるとも限らないのです。

　第四に，規範やルールの共有をつうじて，戦争に制限をかける試みがなされてきました。古代ギリシアやローマに起源をもち，キリスト教の中で発展してきた正戦論（just war theory）は，その代表例と言えるでしょう。それは，戦争を廃絶まではできないかもしれませんが，条件を付け，それをクリアしたもののみ「正しい戦争」と見なします。具体的には，たとえば，戦争が（国家のような）正しい権威によってなされ，（侵略など）前もってなされた不正をただすために行われ，その際に使われたものに比例する手段をもってする戦争については正戦と認めるものです。

　国際法は，より明文化された形で国家間の関係を制御するルールとして，発展してきました。戦争の管理はその主たるテーマです。とりわけ第一次世界大戦後，のちに述べる国際機構の枠組みのなかで，自ら戦争に訴えることを控え，まずはモラトリアムの期間を設けて冷静になるよう求めたり，集団安全保障の仕組みにより戦争を抑止したりするルールづくりが本格化しました。戦争を違法化する動きも見られ，1928 年のパリ不戦条約につながりました。

さらに、たとえ自衛のような形で戦争が現実のものとなったとしても、民間人を保護できるよう、ルールが整備されています。1949年のジュネーヴ諸条約、1977年の追加議定書により、戦争中であっても捕虜となった兵士や占領下の市民を拷問やレイプから守り、民間のインフラや居住地を攻撃しないよう合意が取り決められました。ジェノサイドのような重大犯罪に対しては、ICCがそれにかかわった個人を訴追できるところまで来ました。

これらはすべて、暴力を抑え、共存を可能にする国際政治の営みと言えましょう。

しかし、規範やルールの実効性には疑問が伴います。ウクライナ戦争のように、侵略はなくなりません。その戦争中に占領下で起きたブチャでの市民の虐殺や、ガザにおけるパレスチナ人のジェノサイドまがいの殺戮のように、民間人は犠牲になり続けています。その背景には、ジュネーヴ諸条約などの明文化されたルールに、軍事への関与や転用などの際には市民や民間インフラを攻撃しても罪に問われないというたぐいの抜け穴が用意されていることが挙げられます。

最後に、主権国家のあいだに強力な国際機構を作り、あるいはそのあいだの統合を進めることで、平和をもたらそうとする試みもあります。啓蒙主義の時代には、アベ・ド・サン＝ピエール師が、欧州評議会を創って加盟国間の仲裁裁判制度を導入することで、永久平和を打ち立てるという構想を披露しました。世界市民主義に傾くイマヌエル・カントもまた、常備軍をなくし共和制を敷いた国々のあいだで国家連合を形成することで、永久平和を具現化しようと試みました。

主権国家を飼いならす試みは、戦後のヨーロッパで地域的に実現することになります。いま欧州連合（EU）と呼ばれる機関は、もともと石炭鉄鋼という部分的な政策セクターに限定して西欧6か国で

始まったもので,いまや全欧 27 か国のあいだで,執政府,立法府,司法府を整備した一大機構を形成するに至っています。市場や通貨を統一し,外交や安全保障でも行動を共にする EU では,問題はあってもルール内で解決するようになっており,もはやその加盟国間の戦争を想像することは難しくなっています。つい 80 年前までには戦争を繰り返していた大陸でそのような平和が達成できたのは特筆に値します。

ただし,その平和がヨーロッパ内の統合だけで達成したものなのか,疑問なしとしません。それは,起源を見ると,冷戦体制のもと,アメリカを盟主とする北大西洋条約機構(NATO)がドイツを抑え込み,旧ソ連(圏)と対抗する中で,長いあいだ西側に限定されて成就したものだからです。冷戦後,EU は旧東欧諸国を包摂しましたが,それも NATO の加盟国拡大とほぼ軌を一にしてなされたことで,ロシアなどの国を域外に押しやって成立したものと言うこともできます。その域外を含めた平和をどう確立するのか,とりわけロシアによるウクライナ侵攻後,重い問いが残されています。

[6] おわりに

以上,人間,政治,国際,紛争,戦争,そして平和といったキーワードに合わせ,国際政治への導入を図りました。そこから見えてくるのは,人間や国家は御しがたく,紛争はなかなか封じえず,戦争は容易になくならない世界です。それでも,人間や国家のあいだに共存をもたらす営みが呼び出されてくる。そこに政治が不可避的に存在すると言えましょう。

[注]
1) この最後の人間の身体に跳ね返ってくる点に関連して付言しておきましょう。ここでは集団の「内」・「間」・「外」と便宜上括りましたが，人間とエコ・システムとを切断し，後者の「外」に前者があると考えること自体が問題と言えます。後者を人間の外部に措定し，それを利用して開発を進め，高度な文明を享受しているように見えても，人間は実はその内部に位置しているので，じっさいには，いわば自分の肉体の一部を喰らうようなことになるのです。

[参考文献]

マイケル・ウォルツァー『正しい戦争と不正な戦争』萩原能久監訳（風行社，2008年）

遠藤乾『統合の終焉——EUの実像と論理』（岩波書店，2013年）

遠藤乾編『ヨーロッパ統合史』第2版（名古屋大学出版会，2024年）

大沼保昭『国際法——はじめて学ぶ人のための』（東信堂，2005年）

川出良枝『平和の追求——18世紀フランスのコスモポリタニズム』（東京大学出版会，2023年）

坂本義和『坂本義和集』全6巻（岩波書店，2004-05年）

空井護『デモクラシーの整理法』（岩波新書，2020年）

中西寛『国際政治とは何か——地球社会における人間と秩序』（中公新書，2003年）

中西寛・石田淳・田所昌幸『国際政治学』（有斐閣，2013年）

中村研一『ことばと暴力——政治的なものとは何か』（北海道大学出版会，2017年）

中村研一「平和は可能か」宇沢弘文・河合隼雄・藤沢令夫・渡辺慧編『国家とは（岩波講座 転換期における人間5）』（岩波書店，1989年）

ヘドリー・ブル『国際社会論——アナーキカル・ソサイエティ』臼杵英一訳（岩波書店，2000年）

第2講 政治とは,国際政治とは

●● 学びを進めていくために ●● ……………………………

　せっかく大学に来たのです。お金はなくとも,時間とエネルギーはあるのではないでしょうか。それを自分の頭脳や知性への投資に使わずどこに使うのでしょう。

　まず,本くらい読みましょう。得られるものに比して廉価です。良質なものは,けちけちせず買って,思い切り線を引き,書き込んで,自分だけのものにしませんか。それは,先人たちの知的格闘のかたまりです。それと対話すると,知識のみならず,ものの見方まで,たくさんの気づきを得られます。同時に,読みながらなにか違和感を感じたら,それをメモしましょう。頭の片隅に引っかけておき,考えつづけるのです。のちに他のいろいろなこととつながっていくでしょう。

　新聞も読みませんか。だれも見向きもしなくなったこの古めかしいメディアは,日々世界で起きることを毎日30ページくらいの読み物にまとめ,かいつまんで紹介してくれます。自分でそれぞれの事象に当たるのは大変ですから,こんな便利なものはありません。重要なことが起きたら数紙を比べて目を通す。そこにあるのは,個々に起きている現象についての情報です。それらのあいだをつなげるのは,書物で得た概念や視座や理論です。両方があってはじめて,いま起きていることの意味を知ることになります。

　あとは語学でしょう。ごちゃごちゃ言わず,1年くらいで英語は使えるように仕上げてください。それは,窓と同じ。母国語しかなければ,それ以外の窓のない部屋で過ごしているようなものです。できれば二つ三つ,若いうちにモノにしておけば,一生の財産になります。先に述べた新聞と掛けあわせ,海外の新聞と読み比べていくと,しだいに複眼的になります。仲間と持ち寄ってもよいかもしれません。

　しかし,あまりお勉強し過ぎるのもどうでしょう。本をもって,旅をしましょう。自分の生きている世界の狭さを突きつけられます。想像の幅を広げること。それもまた,人生を豊かにするでしょう。

第 3 講 「冷戦の終わり方」を問い直す
ドイツ統一をめぐる国際政治史研究を題材に

| 板橋拓己 |

[1] はじめに——「ポスト冷戦」の終わり

 2022年2月24日に始まったロシアによるウクライナ侵攻は、それまでにも漂っていた「ある時代が終わった感覚」を決定的なものにしました。筆者はまだこの「終わった」時代に的確な名前を見つけられていないのですが(「長い20世紀」とする論者もいれば、後述のように「危機の30年」と名付ける者もいます)、ここでは仮に「ポスト冷戦」と呼びましょう。アメリカを中心とする西側陣営とソ連を中心とする東側陣営がイデオロギーと地政学的な利益をめぐって相争う「冷戦」という時代が終わり、時間がかかるにせよ、いずれ世界は西側が掲げていた自由民主主義と市場経済に覆われ、平和になるであろう——このような期待ないし願望が、少なくとも西側世界を中心に抱かれていた時代が、「ポスト冷戦」という時代だったと言えます。

 とりわけ、本講で対象とするヨーロッパでは、そういった期待が強固でした。冷戦史研究の大家であるO・A・ウェスタッドは、冷戦は「ヨーロッパでは、ソヴィエト型共産主義が敗北し、民主主義的なコンセンサスの一形態——それはヨーロッパ連合［EU］を通じて制度化されるようになった——が勝利していく過程」だったと喝破しています(『冷戦』上巻23頁、一部改訳)。1989年11月9日に東西分断の象徴だった「ベルリンの壁」が崩れ、東欧諸国が体制転換を果たし、90年には分断国家だった東西ドイツが統一、1991年に

ソ連が解体しました。1993年にはマーストリヒト条約が発効して欧州連合（EU）が発足し、やがて中立国や中・東欧の旧社会主義国を包摂していきます。このようにヨーロッパで勝利した「民主的なコンセンサス」がさらにヨーロッパを越えて世界中で勝利していくと想定された時代が、「ポスト冷戦」だったと言えましょう。

この「ポスト冷戦」時代が終わったという感覚は、ロシア・ウクライナ戦争を待つまでもなく、以前から存在していたと言えます。それを象徴していたのは、2019/20年における「ベルリンの壁」崩壊や「東欧革命」、あるいは東西ドイツ統一30周年の想起のされ方でしょう。たとえばドイツ統一については、記念式典やイベントがいくつも開催され、新聞、雑誌、テレビなどでさまざまな特集が組まれ、関連書籍も刊行されました。目を引いたのは、それらのほとんどが、たとえば2009/10年の20周年の際に比べても、明らかに内省的なムードに包まれていたことです。それも無理もありません。この15年ほど、ヨーロッパは度重なる危機に見舞われてきました。たとえばユーロ危機（2009年〜）、ウクライナ危機（第一次ロシア・ウクライナ戦争、2014年〜）、難民危機（2015年〜）、そして右翼ポピュリズムの台頭。これらの「複合危機」（遠藤乾）が、当初は「自由民主主義の勝利」と言祝がれた「1989年」や冷戦終焉の意味の再考を促しているのです。

そのとどめが、此度のロシアによるウクライナ侵攻だったと言えます。安全保障研究者の小泉悠はこれを「第二次ロシア・ウクライナ戦争」と呼びましたが、2014年の第一次とは比べ物にならないほどの衝撃を世界にもたらしました。そして、この衝撃をどう解釈するかをめぐって、たとえば、「ポスト冷戦時代の終焉」だとか、「危機の30年」——E・H・カーの『危機の20年』、つまりユートピアニズムの20年に準えた表現です——だとか、「新冷戦」といった時代の捉え方が各紙誌で提示され、議論されました。あるいは、ロ

シアによるウクライナ侵攻開始から3日後、ドイツのオラフ・ショルツ首相が連邦議会での演説で、2022年2月24日を「時代の転換(Zeitenwende)」と呼びましたが、この表現は人口に膾炙するようになりました。

ここで注目すべきは、冷戦終焉に関する想起であれ、「ポスト冷戦の終焉」や「危機の30年」といった時代認識であれ、冷戦終焉後の30年について、「どこか間違っていたのではないか」という省察が含まれていることです。もちろん、何を「間違い」と考えるかは、論者によってかなり異なります。とはいえ、ロシア・ウクライナ戦争は、問題の始原へ、すなわち冷戦の終焉と「ポスト冷戦」の国際秩序のあり方を根底から問い直す必要を迫っていると言えます。

これまでの歴史叙述は、「1989年」や冷戦終焉について「終わり」という側面を強調し、中・東欧諸国の民主化やドイツ統一を「ゴール」あるいは「ハッピーエンド」と捉えがちでした。しかし、いまや現代世界の諸問題を構成する「始まり」として、冷戦終焉の意味を再考する必要があるのです。実際、近年の(国際)政治学や歴史学の分野でも、「東欧革命」やドイツ統一の歴史的な意味づけは変化しています。そこで本講では、ドイツ統一をめぐる国際政治に関する筆者自身の研究を紹介するかたちで、「冷戦の終わり方」の問い直しが進んでいることを示したいと思います。

以下本講で述べることは、基本的には拙著『分断の克服 1989-1990』に書いてあることです(とくに序章と第4章)。本書の体裁上、残念ながら本講に注はありませんが、歴史研究にとっては史料的な根拠を示す注が最も重要と言っても過言ではありません(注が重要なのは歴史研究に限りませんが)。史料などの出典が気になる方は、ぜひ拙著で確認していただければと思います。

[2] 国際政治史研究の対象としてのドイツ統一

■「始まり」としての東西ドイツ統一

　冷戦の終焉から30年が経ち，この間に冷戦史研究は，米ソ関係・東西関係を扱ったものから，同盟・陣営内関係や第三世界に注目した分析，そして国内の政治・社会・文化への影響に関する研究へと広がりながら，活況を呈してきました。さらに史料の公開状況に応じて対象時期も徐々に下っていき，冷戦終焉についても実証的な研究の対象となっています。

　とりわけ1989/90年の東西ドイツ統一をめぐる国際交渉は，冷戦終焉をめぐる諸問題のなかでも最も研究が進んでいるテーマのひとつと言えます。その大きな理由としては，史資料に恵まれていることが挙げられます。まず，統一直後から関係者の回顧録が——主に自分の功績をアピールするかたちで——大量に刊行されました。また，多くの国は自国の外交史料を作成から30年は非公開にしておくのですが（「30年非公開原則」とか「30年ルール」と呼ばれます），あとで詳述するように，ドイツ統一に関しては関係各国がこの「30年ルール」を度外視して関連史料を解禁してきました。研究者はこうした豊富な史料を基にして研究を進めています。

　ただし，これまでの多くの研究は，1990年10月3日のドイツ統一を「大団円」ないし「ゴール」と見なして，そこにいたるプロセスを追跡しながら，「誰が功労者だったか」を評価する傾向にありました。たとえば，「アメリカのジョージ・H・W・ブッシュ大統領が最大の功労者だった」とか，「東ドイツの民衆の勝利だった」とかです。

　それに対して，最近の研究には，実証面での厚みもさることながら，問題関心自体の変化が看て取れます。つまり，前述のように，

ドイツ統一が,「大団円」や「ゴール」としてではなく,冷戦後のヨーロッパ国際秩序の「スタート」あるいは「形成期」として見なされるようになったのです。こうした研究動向の背景には,ユーロ危機やウクライナ危機をはじめ,近年のヨーロッパに生じたさまざまな危機の淵源をドイツ統一プロセスに見出そうという動機があります。

そのような新たな研究潮流の先駆けとしては,国際関係史家メアリー・E・サロッティの『1989』(初版刊行2009年) が挙げられます。サロッティは,「ベルリンの壁」崩壊後のドイツ統一プロセスを「将来の秩序に関するさまざまなモデルが互いに競い合った建築コンペ」に準えて,最終的に勝利を収めたのは「プレハブ・モデル」だったと主張しました。「プレハブ・モデル」とは,冷戦期からの既存の西側の構造,すなわち北大西洋条約機構 (NATO) や統合ヨーロッパ (欧州共同体 (EC)/EU) を,そのまま東側に拡大したことを指しています。

この「プレハブ・モデル」という譬えは,「ポスト冷戦」のヨーロッパ国際秩序の性格をとてもうまく捉えています。とはいえ,サロッティの本を読んでも,「ポスト冷戦」のヨーロッパ国際秩序がいかにして形成されたかについては,いまだ研究の余地が残っているとわかります。

たとえば,サロッティの研究は多言語の史料を駆使した優れた多国間関係史なのですが,西ドイツの外交については,首相のヘルムート・コール (在任1982-98年) の役割が過度に強調されています。これを「コール中心史観」と呼びましょう。そして,この「コール中心史観」は,サロッティに限らず,ドイツ統一を扱うほとんどの研究が陥っているところでもあります。これは,あとで詳しく述べますが,1998年にいち早く公刊された西ドイツ首相府の文書を中心に多くの研究が議論を組み立てているからです。けれども,筆者

の見るところ、当時の西ドイツ外交のダイナミズムは、コール首相とは異なる政治志向と構想をもったハンス＝ディートリヒ・ゲンシャー外相および西ドイツ外務省というアクターも考慮に入れて検討しないと理解できません。

　以下では、ドイツ統一をめぐる国際政治に関する史料状況と研究動向について紹介したのち、筆者の研究の視角を述べたいと思います。迂遠なようですが、先行研究の動向をおさえ、史料を読み込み、さらに先行研究を批判的に読み返し…といった往還が、国際政治史研究の進め方となります（なお、歴史研究の進め方については、松沢裕作・高嶋修一編『日本近・現代史研究入門』がとても参考になりますし、とりわけ国際政治史研究の手法を学ぶには、マーク・トラクテンバーグ『国際関係史の技法』が有益です）。

■ コール中心史観の形成

　さて、すでに触れたように、ドイツ統一直後から、この出来事に関わった多くの当事者たちが、自らの功績をアピールするように回顧録を刊行してきました。たとえば、コール首相の外交アドバイザーだったホルスト・テルチクは、いち早く1991年に回顧録を刊行しています。また、1996年には、ジャーナリストによるインタビューに基づいたコール首相の回顧録も刊行されました。のちにコールは首相引退後、全3巻、計2600ページに及ぶ回顧録を公刊しますが、ドイツ統一に関わる部分の内容については、ほとんど96年の回顧録に尽きています（ちなみにコールはゴーストライターを使って回顧録を書いていますが、これ自体は珍しいことではありません）。

　これらの回顧録のなかでも、テルチクの著作は臨場感に溢れた日記形式で書かれており、一般にも学界にも多大な影響を及ぼしました。『歴史を変えた329日』というタイトルで、日本語版も1992年に刊行されています。このコールの側近であったテルチクの日記と

コールの回顧録により、ドイツ統一はもっぱらコールが主導したというイメージが広まります。

こうしたイメージをさらに強めたのが、1998年の西ドイツ首相府文書の公刊です。これは大判で1600ページ以上に及ぶ重厚な史料集で、コール首相と各国首脳との会談記録、書簡、電話の通話記録、およびコールの側近による構想、条約草案、報告書、情勢分析などを収録したものですが、当時としての史料的価値は圧倒的でした。

さらに、この首相府文書の刊行とほぼ同時に、全4巻計5000ページ近い「ドイツ統一史」という叢書が刊行されます。いわゆるオフィシャル・ヒストリー（公式史）です。たとえば、外交を扱った第4巻の執筆者ヴェルナー・ヴァイデンフェルト（ミュンヘン大学）は、コールのブレーンのひとりでした。

1998年というタイミングで首相府文書とオフィシャル・ヒストリーが刊行された背景には、支持率を落としながら同年に連邦議会選挙（総選挙）を迎えることになったコールが、いまいちど「統一の父」としての自らの立場を強調しようという政治的な思惑がありました。オフィシャル・ヒストリーの政治性はわかりやすいですが、史料公開の前倒しというのも、往々にして政治的な思惑があることには注意が必要です。

こうして西ドイツについては、コール首相、テルチクら首相府、そしてコールの所属政党であるキリスト教民主同盟（CDU）がドイツ統一に果たした貢献が強調されるようになり、他の省庁や政党の役割は後景に退くことになります。

一方、首相・首相府に加えて、もうひとつの重要な外交の担い手である外相および西ドイツ外務省については、ゲンシャー外相の回顧録（1995年）や、ゲンシャーの側近の外交官フランク・エルベがジャーナリストと組んで執筆した回顧録（1993年、邦訳あり）が刊行

されています。確かにそれらはゲンシャーの統一への貢献を強調してはいるのですが、エルベの回顧録は短く断片的で、ゲンシャーの回顧録は肝心なところをぼかした記述が多いものでした。ゲンシャーの回顧録を書評したヨーゼフ・ヨッフェという研究者は、1000ページを超える同書を読んでも「謎はほとんど解明されない」と嘆いています。それゆえ、これらはコールおよび首相府優位のストーリーを崩すものとはなりませんでした。

■関係各国の史料公開とその意義

そうしたなか、ようやく——といっても通例の30年より10年ほど前倒しなのですが——2009年からドイツ外務省政治文書館（日本の外務省外交史料館にあたります）も、ドイツ統一に関する大量の文書の公開を始めます。当初は一部の特権的な研究者のみが閲覧できましたが（これもよくあることです）、現在は誰でも利用可能な状態にあります。

また、この公開に伴い、書籍のかたちで関連史料集がいくつか公刊されました。さらに、通常の「30年ルール」に基づいて『ドイツ連邦共和国外交文書集』（*Akten zur Auswärtigen Politik der Bundesrepublik Deutschland.* 歴史研究者のあいだでは、ドイツ語の頭文字をとってAAPDと略されます）も順調に刊行され、2023年現在で1992年の巻まで公刊されています。公刊史料集には、公開されている史料のごく一部しか収められていないわけですが、その代わり日本からでも購入できますし、編纂を委託された研究者が選定し（多くの場合は）注釈を付した史料ばかりなので、その点では便利です。なお、上記の公刊史料集に関しては、順次無料でウェブ上に公開されていて、AAPDについて言えば2023年現在で1989年の巻まで無料でダウンロードできるようになっています。

さて、西ドイツの外交を分析するには、西ドイツ側の史料だけで

なく、関係する各国の史料の検討も欠かせません。すでに述べた通り、ドイツ統一をめぐる国際政治については、主だった関係国が「30年ルール」の枠を外して史料の公開を開始しました。なかでも早かったのはポーランドで、すでに2006年にはドイツ統一関連の外交文書集を刊行しています。ただしこれは、言語の障壁もあり、国際的にそれほど反響を呼びませんでした。とはいえ、ポーランド側の文書は、統一ドイツの国境確定問題、すなわちポーランド西部国境（いわゆるオーデル＝ナイセ線）をめぐる問題を分析するにあたって重要な史料が収められています。

　一方、ドイツ統一20周年を機にイギリス外務省がドイツ統一関連史料集を2010年に刊行しますが、こちらは英語ということもあり、先行研究でよく利用されています（イギリスの外交文書集は *Documents on British Policy Overseas* で DBPO とよく呼ばれますが、そのうちの一巻です）。これは――同時代的にも周知のことだったのですが――マーガレット・サッチャー英首相がドイツ統一に対して否定的であったことをあらためて裏付けています。ただ、それに加えて、英外相ダグラス・ハードや、ボン駐在英大使クリストファー・マラビーをはじめとするイギリスの外交官たちが、サッチャーとは異なり、ドイツ統一に関して建設的な姿勢で臨み、妥協的な政策を進めたことも示しています。サッチャーの言動もあり、イギリスはドイツ統一に総じて否定的だったというイメージが強かったのですが、それがいくぶん修正されることになりました。

　もちろん、イギリスの史料公開で明らかになったのは、イギリスの政策だけではありません。なかでも、サッチャーとの会談記録の公開によって、フランスのフランソワ・ミッテラン大統領が、それまでの想定以上にドイツ統一に対して懐疑的だったことが明らかになりました。こうした状況に呼応ないし対抗するかたちで2011年に刊行されたのが、フランス外務省の史料集です。これは、主に東

第3講 「冷戦の終わり方」を問い直す

ベルリンやボンのフランス大使館からの報告,パリ駐在西ドイツ大使との会談メモ,外交官による分析・提言などを収録しています。この史料集はフランス外務省の情勢認識を理解するにはきわめて有益なのですが,ローラン・デュマ仏外相の会談記録の収録は少なく,また大統領文書館にあるミッテランの会談記録が公刊されていない点で,多くの研究者は不満を表明しています。実のところ,特権的に大統領府の史料の閲覧を許可されている研究者はいるので,フランスのドイツ政策に関しては,彼らの研究を参考にする必要があります。

東ドイツについては,1989/90年を対象とする外交史料集が2010年に刊行されています。通例,史料集には編纂者による注釈が付くのですが,この史料集にはそれがないのがやや難点です。なお,東ドイツについては,すでに1990年代半ばから,体制崩壊の最終局面を対象とした史料集が続々と刊行されており,史料的には恵まれた状況にあります。これは,東ドイツという国家自体が消滅して(ドイツ連邦共和国に吸収されて)しまったことが大きいです。

ソ連の史料については,筆者がロシア語に精通していないため,原史料にあたれませんでした。とはいえ,ロシア語を解さない者にも,ソ連側史料へのアクセスは容易になっています。たとえば,ワシントンのナショナル・セキュリティ・アーカイブによる公刊史料(英語)や,オーストリアのルートヴィヒ・ボルツマン研究所が編纂した史料集(ドイツ語)はとても有益です。また,筆者にとって重要だったのは,1986年から91年までのミハイル・ゴルバチョフのドイツ政策に関する史料集(2006年にモスクワで刊行)が,ミュンヘンの現代史研究所によってドイツ語に訳され,2011年に出版されたことです。この史料集によって,モスクワの対ドイツ政策のかなりの部分が明らかになるとともに,西ドイツ側史料とのクロスチェック(たとえば同一の首脳会談や外相会談について西ドイツ側の記録とソ

連側の記録を照らし合わせること）も可能になりました。

アメリカについては，ジョージ・H・W・ブッシュの大統領図書館（各大統領に関連する史料を保存・管理する公文書館で，アメリカ独特の仕組み）である George H. W. Bush Presidential Library and Museum がウェブ上で公開している電話記録などの史料がとても有益です（https://bush41library.tamu.edu/archives/）。

■ 先行研究との関係

筆者の研究は，以上の史料に基づきつつ，西ドイツがいかにしてドイツ統一を達成し，「ポスト冷戦」のヨーロッパ国際秩序の形成に関わったのかを検討するものです。その際，とくに注目するのが，ゲンシャー外相および西ドイツ外務省となります。

ドイツ統一を論じた書物や論文はすでに数多いわけですが，傑出しているのが，先述のサロッティによる国際関係史的研究『1989』と，マインツ大学の現代史家アンドレアス・レダーによる大部の通史です（そのダイジェスト版については筆者による日本語訳があります）。しかし，どちらの研究も，西ドイツ政府の政策についてはコール首相の役割が過度に強調されています。その理由も，すでに上で述べた通りです。

しかし，史料が公開されるにつれ，当時の西ドイツ外交のダイナミズムは，コール首相とは異なる政治志向と構想をもったゲンシャー外相および西ドイツ外務省というアクターを考慮に入れて検討しないと理解できないことがわかります。

そうしたなか，ドイツ統一プロセスにおけるゲンシャー外交の役割を跡付けようとした貴重な研究として，ゲルハルト・A・リッターという歴史家の『ハンス゠ディートリヒ・ゲンシャー，西ドイツ外務省，ドイツ統一』という本が 2013 年に刊行されました。この著作は，西ドイツ外務省の史料を駆使することで，「コール中心史

観」の修正をねらったものです。けれども、リッターの本は、タイトルから受ける印象とは異なり、新たに公開された関係各国の史料に基づくドイツ統一の全般的な通史といった感があり、それ自体優れた成果ではあるものの、ゲンシャー外交の評価に成功しているとは言い難いものです。同書を書評したペルッティ・アホネンという研究者も指摘するように、「合わせて12ページに過ぎないイントロダクションと結論を別にして……本書の本論では、ゲンシャーと彼の役割に分析の焦点が当たっていない」のです（同業者による書評は、対象書籍の研究史上における意義を判断するにあたって、とても大事なものです）。

　同様に西ドイツ外務省の史料を用いて、ゲンシャーの役割をも明らかにしたものとして、クリスティーナ・シュポーアによる論文があります。シュポーアの研究は、筆者ときわめて問題意識が近いのですが、コールとゲンシャーの関係を過度に協調的に捉える点で、解釈を異にしています。

　こうして筆者の研究は、リッターとは異なり、あくまでゲンシャー外交を中心に据え、またシュポーアとは異なり、コール首相とゲンシャー外相の対抗関係、ないしビジョンの相違を重視するものと位置づけることができます。

　ただし、念のために付言すれば、筆者はゲンシャー外交の役割を再評価しますが、ゲンシャーをドイツ統一の「功労者」として褒めそやしたいわけではありません。そうではなく、ゲンシャー外交を考慮に入れないと、ドイツ統一プロセスにおける西ドイツ外交のダイナミズムが精確に理解できないことを主張したいのです。

　なお、ドイツ統一をめぐる国際政治については、日本語でも1999年に刊行された高橋進『歴史としてのドイツ統一』という優れた研究成果があります。同書は、現在から見れば史料的な限界を抱えているものの、さまざまな指導者の回顧録を駆使することでバランス

の取れた叙述に成功しており，当時としては国際的に見ても最高水準の研究だと言えます。また，2021年に刊行された吉留公太『ドイツ統一とアメリカ外交』は，近年の史料公開をふまえつつ，アメリカ外交史研究の立場からドイツ統一および冷戦終結に関して緻密な分析をしたもので，筆者の研究と密接な関係にあります。

　それでは，次節では具体的に筆者の研究の一部をごく簡単に紹介します。題材は，「ポスト冷戦」のヨーロッパ国際秩序のゆくえに重要な意味をもった，統一ドイツのNATO帰属問題（統一後のドイツはいかなる軍事同盟に，いかなるかたちで属するのかという問題）です。

[3]「ポスト冷戦」のヨーロッパ安全保障問題

■NATO東方不拡大の「約束」をめぐって

　2022年2月24日，ウクライナ侵攻直前に放送された国民向け演説の冒頭で，ロシアのウラジーミル・プーチン大統領は，NATOの東方拡大を「根源的な脅威」と呼び，西側は「NATOを1インチたりとも東方に拡大させないという約束」をしたが，「われわれは騙されたのだ」と主張しました。こうした「西側の裏切り」とか「われわれは欺かれた」といった議論は，2007年2月のミュンヘン安全保障会議での激しい非難以来，プーチンが繰り返し述べ立ててきたものです。2014年のクリミア併合に際しても，西側の「嘘」を口実のひとつにしていました。

　いかなる理由があろうとも侵略は許されず，プーチンの主張には一理もありません。とはいえ，NATOの東方不拡大については，それに類する発言を冷戦終結時に西側の指導者たちがしていたことも，また事実です。そもそも「1インチ」発言は，「ベルリンの壁」崩壊後の東西ドイツ統一をめぐる国際交渉から出てきたものです。具

第3講 「冷戦の終わり方」を問い直す

体的には,1990年2月9日,モスクワでのゴルバチョフとの会談で,アメリカの国務長官ジェームズ・ベーカーが,「NATOの管轄および軍事的プレゼンスが1インチたりとも東方に拡大されることはないという保証」について言及しています。ここでベーカーは,ゴルバチョフに対して,東西ドイツ統一(および米軍の西ドイツ領域への駐留継続)を容認してくれるならば,NATOを東方に拡大させないという保証をちらつかせたのです。

この「約束」をめぐっては,ここ10年余り,とりわけアメリカ外交研究の領域で盛んに議論されてきました。1990年2月の交渉を史料に基づいて検討した前出のサロッティやシュポーアといった有力な外交史家たちは,ロシアの不満も無理からぬが,NATO東方不拡大については条文や公式声明の形で文書化されていないがゆえに,「公式の合意 (formal agreement)」は成立していないと主張します。要は,条約や宣言のかたちで「約束」を固めなかったゴルバチョフの外交が拙かったというのです。

一方,「約束」は成立していたと判断する研究者も少なくありません。たとえばジョシュア・R・I・シフリンソンは,この論争で問われているのは,国際政治において「合意」を形成するものは何かという問題だと指摘しています。彼によれば,サロッティたちは文書化の有無に拘るけれども,国際政治における「合意」に関しては,そうした公式の条文だけでなく,口頭での発言も一定の拘束力をもつというのです。確かに冷戦期のキューバ危機などは,そうした口頭での「合意」で乗り越えられてきました。

このようにNATO東方不拡大をめぐる論争は,国際政治における「合意」とは何かという,実践的にも理論的にもきわめて重要な問題を内包しています。それゆえ,プーチンのようにロシアの行動を正当化するような主張は論外として退けつつも,いまいちど歴史的に再検討する価値のあるイシューだと言えるでしょう。

とはいえ、こうした歴史家のあいだの論争を政治的に利用されないように注意する必要もあります。歴史修正主義者や陰謀論者たちは、専門家のあいだにも論争があるという点を利用して、トンデモ論を滑り込ませようとするからです。プーチンも、1990年代のNATO・ロシア関係全体のプロセスを無視して、1990年の交渉だけを文脈を無視して抜き出して、一点突破をねらってきます。実際、ウクライナ侵攻直前の2022年2月21日にクレムリンで開催されたロシア連邦安全保障会議の場で、セルゲイ・ラブロフ外相は、NATO不拡大の約束を「イギリスの公文書によって裏付けられた明白な事実」だと主張しています。こうした歴史の利用に、われわれは警戒しなければなりません。

■「ポスト冷戦」をめぐるビジョンの競合

とはいえ、今次のロシア・ウクライナ戦争が、冷戦終結後のヨーロッパ国際秩序構築の失敗、すなわち「敗者」の包摂の失敗のひとつの帰結であることも、また事実であり、直視する必要があると筆者は考えています。さらに、現在の戦争が終わっても、その後にはロシアをどう国際秩序に位置付けていくかという、きわめて困難かつ長期的な課題が控えています。こうしたなかで歴史研究に求められている課題のひとつは、現在の危機の淵源を見極め、また将来の国際秩序を構想するためにも、「ポスト冷戦」のヨーロッパ国際秩序の成り立ちを批判的に再検討することだと言えるでしょう。

拙著『分断の克服 1989-1990』の第4章で筆者は、ドイツ統一プロセスのなかで、いかにして「ポスト冷戦」のヨーロッパ安全保障秩序が構想されたかについて、NATO（不）拡大をめぐる問題に焦点を絞って検討しました。NATO東方不拡大の「約束」が成立したか否かという上述の論争とはいったん距離をとり、あくまで西ドイツ外交を中心に据え、当時の史料に即して、ドイツ統一プロセスの

なかでNATO不拡大問題について何が語られたかを再構成しました。こうした作業から明らかになったのは、いかにして冷戦を終わらせ、どういった新しい国際秩序を創るかをめぐる、西ドイツ政府内でのビジョンの相違や、それが現実の国際政治に及ぼした影響でした。分析にあたって筆者がとりわけ重視したアクターが、繰り返しになりますが、西ドイツ外相のゲンシャーです。

そもそも1989年11月9日の「ベルリンの壁」崩壊後、西側の安全保障の将来を外交の舞台で最初に取り上げたのがゲンシャーでした。同年11月21日のブッシュ米大統領との会談でゲンシャーは、ソ連への安心供与のために、NATOが（軍事的ではなく）「政治的性格」を強化し、軍縮に取り組まねばならないと強調しています。

また、ゲンシャーは1990年1月31日にトゥツィングの福音主義アカデミーで重要な演説を行います。「たとえワルシャワ条約に何が起ころうとも、ソ連の国境に近づくことを意味する、東方へのNATO領域の拡大は生じないでしょう。……西側は、東欧の転換とドイツ統一プロセスがソ連の安全保障利益を損なうことになってはならないと認識する必要があります」と訴えたのです。

この時期のゲンシャーの演説やインタビュー、会談記録などを分析すると、彼の冷戦終焉後の安全保障秩序構想が明らかになります。それは段階的なものでした。つまり、NATOとワルシャワ条約機構がともに軍事同盟から政治同盟へと転換し、両者が協調的な関係を結びながら、東西を包含する全ヨーロッパ的な枠組み、すなわち機能強化された欧州安全保障協力会議（CSCE）へと収められ、やがて解消されるというシナリオです。そしてその前段階として、ドイツはNATOに留まるものの、ソ連への安心供与のために、NATOの管轄を東方には拡大させないと、ゲンシャーは強調したのです。

上述の1990年2月9日のベーカーの「1インチ」発言も、その前週のゲンシャーとの会談での合意をふまえて出てきたものです。

そして2月10日,モスクワを訪問した西ドイツのコール首相もNATO不拡大を保証し,ドイツ統一はドイツ人自身が決める問題であるとの容認をゴルバチョフから引き出しました。

しかしその後,アメリカのブッシュ政権が方針を転換（正確に言えば政権内の路線対立を解消）し,統一ドイツ全体のNATO帰属（すなわち東ドイツ領域への管轄の拡大）をめざすようになります。そして2月24・25日に開催されたキャンプ・デーヴィッドでの米独首脳会談で,ブッシュ政権とコールは同方針で一致しました。そもそもゲンシャーはこの会談から排除され,ベーカーはこれまでの発言を撤回します。この2月末のキャンプ・デーヴィッド会談で,ゲンシャー構想の命脈は断たれたのです。

「ベルリンの壁」崩壊後,ゲンシャーは,一貫して対ソ和解を重視した「冷戦の終わり方」を構想していたと言えます。それに対してアメリカのブッシュ政権は,何よりもNATOの存続を最重要視しました。とりわけキャンプ・デーヴィッド会談以降,ブッシュ政権とコールは,アメリカないしNATOの優位を前提とした「冷戦の終わり方」を模索するようになります。迅速なドイツ統一に邁進したコールは,安全保障問題に関してはアメリカとの連携を最優先しました。

こうした西ドイツ側の相異なる構想は,従来それほど明らかではありませんでした。たとえば,ゲンシャーの腹心エルベは,キャンプ・デーヴィッドでの合意が「ゲンシャーのトゥツィング・アプローチに沿ったもの」だったと,強引な解釈を回顧録に記しています。またゲンシャー自身,回顧録ではコールとの衝突に言及せず,「ベルリンの壁」崩壊後のコールとの関係について「密な結束,事実に関する完全な一致,そして継続的な意見交換」と説明しています。こうしてゲンシャー外交を検討したリッターも,ドイツ統一プロセスにおけるコールとゲンシャーの役割を「共同分業」と評するに至

第3講 「冷戦の終わり方」を問い直す

っています。しかし、実際に史料に即して検討してみると、コールとゲンシャーの関係はそれほど協調的ではなかったことがわかります。

1990年春以降、コールからの叱責などもあり、ゲンシャーはNATO東方不拡大について語らなくなりますが、東西両同盟の性格転換やCSCEの機能強化といった主張は繰り返すことになります。皮肉なことに、ソ連に統一ドイツのNATO帰属を認めさせる際に効果的だったのは、こうしたゲンシャーの構想でした。紙幅の都合でもはや立ち入ることはできませんが、ソ連に統一ドイツのNATO帰属を容認させるには、金銭的支援だけでは不十分で、CSCEの枠組みやNATOによる安心供与が必要だったからです（この点は拙著の第5章を参照していただければ幸いです）。

もしも本当に東西の同盟が性格転換を遂げ、さらに全ヨーロッパ的な枠組みのなかで解消されていったならば、統一ドイツのNATO帰属もソ連にとって一時的な譲歩に過ぎなかったでしょう。しかし現実には、CSCEはヨーロッパの安全保障において脇役に留まり、ワルシャワ条約機構が解体する一方で、NATOは存続するばかりか、やがて東方に拡大していくことになります。

ソ連・ロシア史家の塩川伸明は、「和解」としての冷戦終焉と「一方の側の全面勝利／他方の側の全面敗北」としての冷戦終焉という「冷戦の二通りの終わり方」という問題を提起し、実際の冷戦終焉が前者から後者に取って代わられる過程だったと指摘しました。この図式で西ドイツ外交を考えるならば、ゲンシャーは「和解」としての冷戦終焉ビジョンを、それが現実味を失って以降もなお唱え続けることによって、皮肉にも「勝敗」型の冷戦終焉に貢献してしまったと言えます。

このように冷戦終結時のドイツ統一プロセスを再検討することは、「ポスト冷戦」のヨーロッパ国際秩序の、あり得たかもしれないも

うひとつの可能性について想起することにつながるのです。

[4] おわりに

　本講では，冷戦終焉期の西ドイツ外交の検討を通して，「ポスト冷戦」のヨーロッパ国際秩序の失われた可能性について論じてきました。ただし筆者は，冷戦終結および東西ドイツ統一から NATO の東方拡大まで，ましてやロシア・ウクライナ戦争までが一直線に結びついていると主張したいわけではありません。1990 年以降も西側とソ連およびロシアとの関係にはさまざまなことがあったし，さまざまな可能性がありました。歴史は可能性の束であり，1989 年から 90 年にかけてすべてが決まったわけではなく，その後も多様な可能性に開かれていたのです。

　現在に至る歴史を必然と捉えず，可能性の束として考えることは，未来をどのように形作っていくかを考える力にもなるはずです。現代史研究の意義のひとつはここにあると思いますし，筆者としては「ポスト冷戦」のヨーロッパ国際秩序構築につき，今後も史料に基づいた歴史研究を進めていきたいと考えています。

※　本講の［3］は，歴史学研究会編『ロシア・ウクライナ戦争と歴史学』（大月書店，2024 年）に収録された拙稿「冷戦後の国際秩序を問い直す」の第 2 節と記述が大きく重なることをお断りしておきます。

[参考文献]

板橋拓己『分断の克服 1989-1990——統一をめぐる西ドイツ外交の挑戦』（中公選書，2022 年）

O. A. ウェスタッド『冷戦——ワールド・ヒストリー』上・下，益田実監訳，山本健・小川浩之訳（岩波書店，2020 年）

遠藤乾『欧州複合危機——苦悶する EU，揺れる世界』（中公新書，2016 年）

第3講 「冷戦の終わり方」を問い直す

リヒャルト・キースラー，フランク・エルベ『ドイツ統一の舞台裏で——六角形の円卓会議』田中謙次訳（中央公論事業出版，2003年）

小泉悠『ウクライナ戦争』（ちくま新書，2022年）

塩川伸明『冷戦終焉20年——何が，どのようにして終わったのか』（勁草書房，2010年）

高橋進『歴史としてのドイツ統一——指導者たちはどう動いたか』（岩波書店，1999年）

ホルスト・テルチク『歴史を変えた329日——ドイツ統一の舞台裏』三輪晴啓・宗宮好和監訳（日本放送出版協会，1992年）

マーク・トラクテンバーグ『国際関係史の技法——歴史研究の組み立て方』村田晃嗣・中谷直司・山口航訳（ミネルヴァ書房，2022年）

細谷雄一編『ウクライナ戦争とヨーロッパ』（東京大学出版会，2023年）

松沢裕作・高嶋修一編『日本近・現代史研究入門』（岩波書店，2022年）

吉留公太『ドイツ統一とアメリカ外交』（晃洋書房，2021年）

歴史学研究会編『ロシア・ウクライナ戦争と歴史学』（大月書店，2024年）

アンドレアス・レダー『ドイツ統一』板橋拓己訳（岩波新書，2020年）

Gerhard A. Ritter, *Hans-Dietrich Genscher, das Auswärtige Amt und die deutsche Vereinigung* (C. H. Beck, 2013).

Andreas Rödder, *Deutschland einig Vaterland: Die Geschichte der Wiedervereinigung* (C. H. Beck, 2009).

Mary Elise Sarotte, *1989: The Struggle to Create Post-Cold War Europe*, new ed. (Princeton University Press, 2014).

Joshua R. Itzkowitz Shifrinson, "Deal or No Deal? The End of the Cold War and the U.S. Offer to Limit NATO Expansion," *International Security*, vol. 40, no. 4 (2016).

Kristina Spohr, "Precluded or Precedent-Setting? The "NATO Enlargement Question" in the Triangular Bonn-Washington-Moscow Diplomacy of 1990-1991," *Journal of Cold War Studies*, vol. 14, no. 4 (2012).

Kristina Spohr, "Germany, America and the Shaping of Post-Cold War Europe: A Story of German International Emancipation through Political Unification, 1989-90," *Cold War History*, vol. 15, no. 2 (2015).

●● 学びを進めていくために ●● ……………………

　筆者が専攻し，かつ授業で主に担当している科目は「国際政治史」です。米中対立やロシア・ウクライナ戦争，はたまた 2023 年 10 月以来のイスラエルとハマスの衝突（ガザ危機）を目撃しているいま，国際政治の歴史を学ぶ意味は半ば自明かもしれません。たとえばロシア・ウクライナ戦争を理解するには，少なくともソ連崩壊にまで遡った歴史をふまえる必要があります（もちろん，それ以前の歴史も重要です）。その意味で，歴史の積み重ねとして現在があること，それゆえ現代世界を理解するために歴史を学ぶことは重要なのだと，ひとまずは言えます。ただ，もう少し考えてみましょう。

　平和は可能か。これこそが政治学，とりわけ国際政治を学ぶ際の原初的な問いと言えます。この容易に答えの出ない問いに，歴史学のアプローチから接近するのが国際政治史という学問です。国際政治史を学ぶとわかってくるのは，戦争や平和の条件は時代とともに変わるということです。それだけでなく，「戦争」や「平和」が意味する内容も時代とともに変わります。この戦争と平和の歴史的文脈を精確に理解するというのが，少なくとも筆者が考える国際政治史の最大の目的です。国際政治の歴史を学べば，過去の国際政治，あるいはそれを構成する国家や社会というものが，現在とは別のものであることがわかるはずです。そして，この違いを理解することが重要なのです。なぜなら，平和が実現する可能性も，時代に応じて変化し，今後も変化することがわかるからです。そうすると，歴史の推移によって戦争が克服される可能性もまた見えてきます。国際政治史を学ぶことは，現在が過去のさまざまな選択の積み重ねであることを知ると同時に，現実もまた動かすことが可能であり，未来はさまざまな可能性に開かれていること——良い方向へも悪い方向へも——を理解することです。少なくともそのようなものとして，筆者は国際政治史を学んでいます。

第4講 「利益誘導」の条件
日仏の政治史を比較すると何が見えるか?

中山洋平

[1]「利益誘導」と日仏近代政治史

政治史分析は戦後日本の政治学の中で大きな比重を占めてきましたが、とりわけヨーロッパ政治史を初めとする外国政治史は、長らく広義の比較政治の主要な研究分野となってきました。政治学が政治に関する理論を磨く作業であるとすれば、その分析対象を現代の日本に限る必要はなく、海外の過去の政治の姿を掘り起こす外国政治史はいわば政治学の素材の宝庫となります。中でも西欧諸国は、かつては日本が倣うべき「先進国」のモデルとして、今日では最も近似した比較事例として、とりわけ重要な役割を果たしてきました。

■「利益誘導」と戦後日本政治

ここでは近現代の日本政治を考える上で避けて通れない「利益誘導」という現象を考える上で、ヨーロッパ政治史がどのような貢献をなしうるか、20世紀のフランスの事例を通して考えてみたいと思います。日本で言う利益誘導とは、国会議員などの政治家や政党が選挙区(「地元」)や支持団体に対して選挙での見返りを目当てに様々な便益をもたらすこと、と定義できます。戦前の議会政治に起源をもち、戦後は1990年代まで、自由民主党の長期政権、いわゆる一党支配を支える柱のひとつになりました。2000年代初めの小泉純一郎政権による郵政・財投改革や地方分権改革以後、急速に表舞台から姿を消したため、今の30代以下の若い人たちには殆ど馴染み

がないと思いますが、もっと上の世代の日本人は、多かれ少なかれ、日本政治、自民党政治といえば利益誘導という状況を生きてきました。

若い世代のために、戦後日本における利益誘導がどんなものだったか、振り返ってみましょう。利益誘導とは、典型的には、公共事業、つまり各省庁が出す補助金や公的融資などを、自民党の有力な国会議員らが地元の選挙区などに優先的に配分させることを指します。具体的には、資金を握っている官庁や公的（政府系）金融機関に対して政治家がいわゆる「口利き」を行い、例えば、公共事業の申請の審査を担当する官僚制に影響力を行使して、地元の市町村などに有利になるように処理させるのです。政治家や政党の側としては、それによって安定した、いわば自分に「忠実な」支持者を生み出すのが狙いです。折々の政権の人気や景気などの短期的要因に左右されにくい固定票、つまり「地盤」が厚い政治家の選挙は安泰となり、再選を確保できる確率が上がるのです。

政治学の概念を使えば、こうした利益誘導はクライエンティリズム（clientelism）の一種と理解することができます。クライエンティリズムの起源は古く、用語としても多義的なのですが、現代の文脈で使う場合、政府のもつ資源や便益と有権者の票を交換する行為を指し、この交換を通じて、政治家と有権者が継続的安定的な協力関係を築く政治手法と理解できます。このように定義を拡げれば、戦後日本の利益誘導もクライエンティリズムの現代的な変種と言ってよいでしょう。

■近代日本政治と利益誘導

既に触れたように、こうした利益誘導は日本では明治の議会の開設と共に始まり、「我田引鉄」（新設の鉄道路線が選挙区を通るようにルートを捻じ曲げること）という言葉が示すように、政党政治が根を張

第4講 「利益誘導」の条件

るにつれて深く日本社会に浸透していきました。戦前は立憲政友会を率いた原敬らがその権化のように言われることもありますが、利益誘導を最も体系化・精緻化したのは戦後1960年代以降の自民党であり、その申し子が「列島改造」で名を馳せた田中角栄元首相でした。彼の地元の旧新潟3区では後援会「越山会」が農村部の小さな集落にまで網の目を張り巡らせ、市町村や地区毎の「陳情」、つまり公共投資の要望・需要を吸い上げて実現してやることで盤石の選挙基盤を構築しました。かつての自民党は（都市部を除けば）こうした利益誘導で地盤を構築した代議士たちの互助会であり、かつての派閥は党や政府の役職の配分などを通じて利益誘導の実現に大きな役割を果たしていました。

しかし、こうした利益誘導は、教科書的な民主主義の図式からすれば、かなりの問題含みでした。有権者がしていることは物質的な恩恵のために政治家にいわば票を売り渡す行為であり、やり方や見方によっては「腐敗」とも指弾されかねません。また、利益誘導に血道を上げる国会議員は、国民全体の代表のはずなのに、選挙区の一部の有権者の利益にばかり奉仕していることになります。そのため、戦後早い時期から、日本の社会や政治の「遅れ」を反映した病弊としてしばしば非難されてきましたが、1980年代末以降、自民党幹部を中心とする大規模な政治家の汚職（リクルート事件、佐川急便事件など）が摘発されて政治不信が強まり、自民党の長期支配を一旦終わらせる契機となりました。加えて利益誘導による公共投資のばら撒きが深刻な財政赤字の一因になったともされて、既に述べたように、2001年以降、小泉政権のいわゆる「構造改革」以降、公共事業予算が大幅に削減され、利益誘導は日本政治の表舞台から姿を消していきます。

このように利益誘導の盛衰こそ、戦後日本政治の構造変動を端的に示しています。なぜ利益誘導が戦後日本で猖獗を極め、かつ一党

支配を支えるほど効果を発揮し，なのになぜ急激に衰退したのか。このメカニズムを理解することは，日本政治の構造変動を的確に理解する入り口になりえます。ここでは，20世紀フランスの類似の事例と突き合わせることで，利益誘導の盛衰をもたらした条件を考えていきたいと思います。

[2] レオン・ブルムの利益誘導

まず紹介するのは，1936～37年，大恐慌の最中のフランスで反ファシズムの「人民戦線」内閣を率いた社会党のレオン・ブルムが，ちょうど首相だった時期に，自分の選挙区があるフランス南西部のオード（Aude）県（図4-1参照）で行っていた利益誘導の事例です。実際の史料を引用しながら見ていきましょう。

■ オード県辺境の村からの口利き依頼

まずは，スペイン国境に近い，県西部にあるエスプゼル（Espezel）という村の村長が1937年5月30日付でブルムの妻テレーズに宛てた口利き依頼の手紙です。

> 拝啓　リムー［郡］選挙区には［社会］党所属の国会議員がおりませんので，今月20日にオード県庁宛に村の下水工事の計画書を送付し認可を求めたことをお知らせさせて頂きます。
> 　［村］議会の同志たちはみな党員であり，私ともども，知事殿がこの計画書を認可しパリに送るのを早めるよう，あなたの大いなる影響力を行使して下さるよう切にお願い申し上げます。
> 　計画書が所管省庁に回ったらすぐに，しかも，できる限り多くの補助金を頂きたく存じております。
> 　私どもの住む小郡は山あいにあり，［村］はこれまで顧みられる

第4講 「利益誘導」の条件

図 4-1 オード県とヴァール県

ことがあまりに少なく，本気の支援を大いに必要としております。

あなたほど，私どもに支援の手を差し伸べることができる方は他におりません。

あなたのご尽力をご信頼申し上げております。

あなたには心からの敬意を，同志首相殿には最大限の忠節をお送り申し上げます。

ブルムは，第一次世界大戦後の党の分裂（共産党の成立）以後，第二次世界大戦での敗戦まで，社会党で国会議員団を率い，実質的に党のトップだった有力政治家です。党内では穏健派の旗頭と目され，マルクス主義よりも，フランスの伝統的な「共和主義」，つまり民主主義や人権擁護・差別反対の徹底を図る立場の延長線上に社会主義を考える流れに属していました。

選挙区は違うものの，県選出の代議士が首相になったというので，辺境の村長はブルムの口利きに期待したのでしょう。当時，首相として公務多忙なブルムに代わって，自らも熱心な社会党員でもある

妻テレーズが、選挙区などから日々大量にやってくる依頼の手紙に対応していました。当時の内務大臣や農業大臣、その妻たちとも昔から同志の仲で、そのコネを活かして無数の口利きをこなしていました。そのことはブルムの選挙区（県東部の港町ナルボンヌ）から遠く離れた小さな村の村長にも知れ渡っていたようです。

■中央集権国家と口利き

しかしなぜ村長はこうした依頼をする必要があったのでしょうか。1982年の分権化改革までのフランスは、21世紀初めまでの日本と同じく、強度の中央集権国家であり、田舎の村の小さな公共事業でも、最終的には首都の中央省庁で申請書を審査し、様々な必要な許認可を出し補助金や公的融資を配分することで初めて実現する仕組みになっていました。この時代のフランスでは、まず省庁の県レベルの出先機関、この場合は内務省の高級官僚である知事（戦前日本の「官選知事」と同じ）が審査して認可されれば、パリの本省に送付されます。かつての日本もそうでしたが、地方からの公共事業の申請は基本的には行政機関が専門的な観点から、つまり技術的な妥当性や事業の必要性や緊急性などを「客観的に」審査して許認可を出し、補助金などを与えるのが本筋でした。しかし、この審査には一定の時間が掛かる上に、全国に無数にある地方自治体（フランスは市町村が断片化しており、その数は当時も今も3万を超えています）から一斉に申請が送られてくるため、順番を待っているといつまで経っても村民の求める公共事業ができないことになります。申請書に問題があったりすればなおさら遅れます。しかも補助金などの予算枠には年度毎に限りがあり、枠を超えた申請があれば、案件を評価して優先順位を付けたりして、配分先を決めますので、自分の村の事業が来年回しや不採択になってしまうことも普通に起こります。

そこで市町村長らは、中央の政府や議会で影響力をもつ有力国会

第4講 「利益誘導」の条件

議員らに口利きを依頼します。案件の審査や補助金配分などを担当する省庁の部局に影響力を行使して、地元の市町村の申請を優遇し、審査の順番を繰り上げたり、見つかった問題の解決を急がせたり、資金配分の優先順位を変えたりさせてほしいと頼むわけです。もし、そのような官僚制への政治的介入（実はフランス語で口利きは intervention と呼ばれます）が期待されたような効果を上げれば、市町村長やその市町村の有権者は公共事業を実現してくれた有力議員に恩義を感じ、次の機会にも同じように役に立ってくれることを期待して、将来にわたって継続的に選挙で支持してくれるようになると期待されます。

ここで注意すべきは、「期待される」だけで、実際にそうなっているのかは別の話だという点です。有力議員の口利きが本当に事業を実現する上で、有利な結果を導く効果を持ったのか、あるいは、口利きをした議員を本当に有権者が継続的に支持し続けるのか、は別途、検証する必要があるのです。この点はあとでコラムでもう一度触れます。

■ ブルムと口利き

さて、村長の手紙を受け取った首相ブルムの妻テレーズは、エスプゼルと同じ郡の別の村長に次のように問い合わせの手紙（1937年6月2日付）を書いています。こちらの村長は社会党所属でテレーズもよく知っている人だったようです。

> 自称 SFIO［社会党］員のエスプゼル村長［氏名・略］と［村］議会から、［村］が出した下水工事の計画書が内務省［を通るよう］面倒を見てほしいとの依頼が来ました。
> 私の手元にあるオード県の社会党系の市町村のリストには、エスプゼルは載っていません。そこで、この［村長氏名・略］をご

存知かどうか,そして,もしこの村長が社会党員でないとしても,口利きをしてやった方がいいかどうか,教えてくれないでしょうか。申し上げておきますが,こちらの味方が提出したのではない事業計画でも,支援してやった方が,たぶん政治的には賢いのではないかと思っているのです。そうしておけば,今は敵方の連中も,我々社会党は,一般利益に関することであれば,尽力を惜しまず,誰の世話でもしてくれるのだ,と気付いてくれると思うのです。

　この手紙はあなた限りとして下さい。受領通知だけ出しておきましたので,あなたからお返事があるまでは何もせず待っています。

　6月1日付のお手紙は確かに受け取りました。［不詳の人名・略］さんの勲章の件はすぐにやります。敬具

　テレーズはエスペルの村長や村議会が本当に社会党所属なのかを疑い,口利き要請に応えるのが社会党の選挙に有利になるのかどうか,思案していたようです。ただ,手紙のやり取りには続きがあり,この後,実際にブルム夫妻は知事や各大臣に働き掛けて事業の実現に向けて尽力しています。ブルムは数週間後に首相を辞任し,テレーズは半年後の1938年1月に病没しますが,ブルムは下水以外にも上水道敷設など,様々な公共事業について,39年の第二次世界大戦開戦までこの村を繰り返し口利きで支援していたことが確認できます。

　実はこのエスペルとのやり取りはほんの一例に過ぎず,ブルムがこの時期に関して残した史料（ナチ,ついでソ連軍に接収され,冷戦終焉後,ロシア政府から返還されたため「モスクワ文書」と呼ばれます）の半分は,この地元オード県の市町村長や国会議員,党関係者からの山のような口利き要請に関する書簡類で占められています。

第 4 講 「利益誘導」の条件

図 4-2　レオン・ブルム

ユニフォトプレス

　これは、ブルムがとりわけ官僚制に影響力が大きかったから、ということではなさそうです。実は当時の社会党は「ブルジョワ政党」首班の政権には入閣しない、という鉄則を自らに課しており、入閣自体が 1936 年総選挙後の人民戦線内閣が初めてだったのです（社会党はこの時初めて第一党になりました）。第一次世界大戦前から中道左派の万年与党として、殆どの政権を牛耳っていた急進党（後述）などと比べれば、口利きの"実力"にはかなり差があったはずです。
　また、ブルム個人が特に口利きに熱心だったという訳でもなさそうです。ブルムはパリの裕福なユダヤ系商家の出身で、指折りの名門高校からパリ大学に進んで法律や文学を修め、最も権威ある行政機関の一つである国務院に高級官僚として勤めながら、文芸評論などを行う文学者としても知られていました。写真（図 4-2）から受けるイメージ通り、繊細なインテリであり、党内や政界でも高潔な人格で通っており、収賄や利権漁りとは無縁と考えられていました。戦後日本の利益誘導の権化たる田中角栄とは対照的な人物だったの

です。

■オード県の急進党支配とブルムの口利き

では，なぜそのブルムが口利きに手を染め，首相として目が回るほどの忙しさの中で，妻の病をも顧みず，地元の市町村長の面倒を見ようとしたのでしょうか。そのきっかけは，1928年の総選挙に際してパリ市内の小選挙区で共産党幹部に敗れ，議席を失ったことでした。議員団を率いるブルムに一刻も早く議会に戻ってきてもらうため，社会党は翌29年，党の現職が死去したナルボンヌ選挙区の補欠選挙にブルムを立候補・当選させます。つまり，ブルムは落下傘候補としてオード県にやってきたのですが，以後，第二次世界大戦の勃発までここで再選を繰り返すことになります。

当時のオードは貧しい農業県であり，ワインを生産する零細なブドウ農家が多数を占めていました。県産のワインは今でこそブランド化（コルビエールやミネルヴォワ）に成功しましたが，当時は低品質で廉価な「テーブル・ワイン」で，殆どの農家は貧しく，長年，病虫害や過剰生産による値崩れに苦しめられていました。こうした貧農の間に左派共和主義のイデオロギーが浸透し，世紀転換期以降，急進党が支持を拡げて行きました。零細なブドウ酒農家は，仲買商などに対抗するための協同組合や，政府から支援策を勝ち取ることを目指す農民組合を結成したため，急進党への支持は組織的な性格を帯びることになります。そのお陰もあって，戦間期のオード県は，サロー（Sarraut）兄弟という南西部の急進党を仕切る大立者の拠点となりました。兄のモーリスは急進党系の有力地域紙『南部急報（*Dépêche du Midi*）』の主筆として左派の有権者に幅広い知的影響力を行使し，弟のアルベールは首相を含む主要閣僚を歴任します。

実は戦間期のオード県では，このサロー兄弟の指揮の下，県の有権者を更に強く急進党支持に固めるべく，市町村当局の公共事業に

第4講 「利益誘導」の条件

関わる口利きを組織的に処理するシステムが全県的に構築されていました。県議会議員が各地区の市町村長を従え、集約された各地区の公共事業に関する要望をサロー兄弟がパリの官僚制に対する絶大な影響力を振るって実現するわけです。集権的かつ体系的に組織されたクライエンティリズムという点で、19世紀末から20世紀初めのアメリカで東部を中心とする大都市で移民系住民を軸に構築された「マシーン」に匹敵するものと言えます。いや、中央の官僚制に影響力を持つ国会議員を頂点に、地方公選職のピラミッドを構築しているところを捉えれば、イデオロギーこそ違いますが、かの旧新潟3区の越山会の方がより近いかもしれません。違うのは、自民党は個々の代議士が自分ひとりの再選を目指して各自の後援会を構築するのに対して、サローやブルムの場合には、有力議員が自分個人のためだけではなく、急進党や社会党という党全体の支持基盤を固めるために、選挙区を越えて利益誘導（フランスには残念ながらこれに当たる言葉は見当たりません）を行い、党の候補者を一人でも多く当選させ、党の勢力を県内に根付かせ拡げようとしている点にあると言えます。

　急進党は「急進社会党」とも称されますが、これは、共和主義の急進派に社会主義の色が僅かについたという程度の気分を表すに過ぎません。一般的な言い方では自由主義左派に分類でき、議会や選挙では社会党の右隣に位置します。その急進党が支配するオード県の中で、商港ナルボンヌを中心とする地域は、社会党が下院議席を持つなど、唯一、社会党が急進党支配に対抗している地域であり、そこへ1928年、党首ブルムが落下傘候補として"降下"してきたことになります。社会党にとって急進党は選挙でも議会でも最大の盟友であり、24年以降、何度も閣外協力で急進党主導の中道左派政権を支えてきました。しかし盟友と言えど、小選挙区制の下では、結局は喰うか喰われるかの関係になります。しかも左派共和主義の

イデオロギーはブルムら社会党にも共通ですので，両党は同じ支持層を喰い合う，直接的な競合関係に陥ることになります。この状況で，公共事業に関する口利きを通じて県内の市町村長らをガッチリ押さえているサロー兄弟に対抗するには，社会党の方でも同じように口利きを行って少しでも多くの市町村に"陣地"を拡げていく他はありません。そこで折よく首相となったブルムら党閣僚がフル回転して，ナルボンヌ以外の地区でも急進党支配に対していわば口利きの大攻勢を掛けることになったというのが，テレーズがエスプゼル村長と手紙をやり取りした当時の実情でした。引用した彼女の手紙の後半に出てくる「敵方」とは言うまでもなく急進党陣営を指しており，今は向こう側についている市町村長でも口利きを通じて自陣に引き入れようと思うがどうだろうか，と現地の事情に通じた信頼できる党員に戦術の相談をしていたのです。

　オード県のように，越山会並みに体系化された口利きマシーンの事例は，フランスではさすがに多くはないのですが，公共事業の口利きを通じて市町村長を軸に構築されたクライエンティリズムのネットワーク自体は，オードに限らず，20世紀のフランスでは各地で広く見ることができました。そのため，当時の国会議員が残した文書は，ブルムのモスクワ文書同様，口利き関連の書簡束が大半を占めることが珍しくありません（遺族が口利き文書なんて場所ばかり取って価値がない，として棄ててしまうことも多いのですが）。後で見るように，オード県のサローやブルムの事例には，貧しいブドウ農家の多い産業構造など，クライエンティリズムの発達を支えた特殊な要因がいくつか見られるものの，条件の全く異なる地域でも口利きを軸に選挙基盤を培養するという政党や国会議員の実践を幅広く確認することができます。

第 4 講 「利益誘導」の条件

[3] 20世紀フランスの口利きが戦後日本の利益誘導に当てる光

　フランスは日本では長らく民主主義の先進国として仰ぎ見られてきただけに，そのフランスで，戦後日本で政治や社会の後進性の象徴と語られてきた利益誘導や口利きがそこら中に蔓延していたという事実は，クライエンティリズムに関する日本メディアなどの伝統的な見方に大きな転換を迫る可能性があります。

■利益誘導は後進性の表れだったのか？

　繰り返しになりますが，戦後の日本では利益誘導は何よりも遅れの表れと理解されてきました。田中角栄の越山会も旧新潟 3 区が豪雪で知られた後進地域であり，市民の政治意識のレベルも低くなりがちなことにまず起源があると考えられてきたのです。社会経済的に発展するにつれて利益誘導は目立たなくなり，大都市部ではほぼ無縁になるので，自民党の得票率が下がって与野党が伯仲すると言われることもありました。

　外国の事例を参照する際にも，戦後イタリアの南部がとりわけ注目されました。イタリア統一以来，南部は北部に比べて社会経済的発展が遅れており，第二次世界大戦後は農民組合（小作農が農地改革で土地を得て結成しました）などに対して中央政府から大量の開発資金を流し込むことで，万年与党のキリスト教民主党が分厚い支持基盤を培養したことで知られます。同党を「自民党の双子の兄弟」と称した政治学者ジョヴァンニ・サルトーリの言葉が日本で人口に膾炙したのも，派閥構造などが共通だっただけではなく，南部の後進性につけこんだクライエンティリズムに基づく支配が例えば越山会のそれと瓜二つだと感じられたからでしょう。こうした戦後日伊の保守一党優位が 1993 年，偶然同じ年に崩壊したことも，やはりクライエンティリズムは除去すべき後進性の残滓だったのだとの印象

を強めました。

　しかし 20 世紀フランスの事例はこうした理解に対して不協和音を奏でます。フランスは世界でも最も早く議会制民主主義を制度化した国の一つであり，日本でも文明開化の時代から中江兆民らによって憲政や民主制のモデルとされてきました。単に制度的な民主主義の確立が早かっただけでなく，政府から自立／自律的な結社（association）が発達するなど，市民社会も成熟しており，だからこそ政府や政党を制御できて民主制が機能しているといった形で描き出されてきたのです。その「先進国」フランスで，オード県のような後進地域だけならともかく，全国各地でクライエンティリズムが蔓延しており，急進党のような政権党が自民党の利益誘導によく似た手法で安定した支持基盤を築いてきたとなると，クライエンティリズム全般に対する見方は変わってこざるを得ないでしょう。

　フランス版の利益誘導のことは日本でも世界でも全く知られていなかったわけではないのですが，メディアなどではあまり注目されてきませんでした。実は日本とよく比べられる戦後イタリアにおいても，1970 年代以降になるとキリスト教民主党は，「先進的」であるはずの北部においても公営企業における雇用の配分（政権党によるコネ人事）などを中心に，分厚いクライエンティリズムのネットワークを築いていきました（カトリックの信仰心に基づく大衆組織が崩れていくのを代替するものだったと言われています）。

　歴史的に見れば，クライエンティリズムが古いタイプの社会のいわゆる「親分子分関係」（タテ型の人間関係）に根差していたことは確かなのですが，この概念を文化人類学的な世界に閉じ込めず，現代の政党政治における集票や支持安定化の手法として理解し直すのであれば，必ずしも後進性と結び付ける必要はない。クライエンティリズム的手法があるからと言って一概に民主主義の質が低いと切り捨てる訳にもいかないのではないか。20 世紀フランスの口利き

■ 中選挙区制は本当に諸悪の根源だったのか？

　政治学の世界ではこうしたクライエンティリズムの普遍性は徐々に認知されるようになったのですが、そうであればなぜ利益誘導の蔓延る国・地域・時代とそうでない場合があるのかが問題になります。とりわけ1980年代末以降の日本の政治学者はそれを中選挙区制という選挙制度に求めました。当時、日本は経済面では先進国の仲間入りをしたにも拘わらず、贈収賄など政治とカネにまつわる疑獄やスキャンダルが絶えなかったのは、社会の「遅れ」よりも、第二次世界大戦前（1928年に導入された）以来、使われてきた中選挙区制に原因があるのでは、という見立てです。なぜ中選挙区制が悪いのかといえば、定数が3以上のため、殆どの選挙区では保守政権党（自民党）から複数の候補が立つことになり、同じ党の候補者の間では、政策やイデオロギーの違いは大きくないため、利益誘導の実績や能力で競い合うことになって、無駄な公共事業のバラ撒きを助長すると考えられたのです。この考え方の背景には当時の学界で、社会や経済のあり方よりも政治に直接に関わる制度の違いによって様々な政治の違いを説明しようとする考え方（新制度論）が台頭しつつあったことがありました。都市部を中心とする世論の政治腐敗（1992年の佐川急便事件や金丸信代議士の脱税事件など）への憤りを背景に、当時のメディアもこの議論を大いに喧伝し、これが1993年の自民党の分裂・下野の翌年に実現した、いわゆる「政治改革」において小選挙区制を軸とする現行の選挙制度へと移行する原動力となりました。

　ほぼ時を同じくして、自民党の「双子」とされたイタリアのキリスト教民主党も、選挙制度を腐敗や利益誘導の元凶とみてその改革を目指す世論のうねりによって政権を追われることになります。戦

後のイタリアでは全国を32に分けた選挙区毎の比例代表制が採られていましたが、同じ党の候補者名簿の中では個人名を書く「選好投票」の票数で当選者を決めるルールになっていたため、これが自民党にとっての中選挙区制に似た形で利益誘導を助長していると槍玉に上げられたのです。この制度の廃止を求める運動が支持を拡げ、結局、憲法に規定された国民投票制度を使って廃止を実現し、議会に選挙制度改革を強いることに成功しました。

しかし、似たような公共事業に関する口利きが蔓延していたフランスでは、ブルムの当時から小選挙区二回投票制が採られていました。小選挙区制と言っても、実際の作動はイギリス型の単純小選挙区制とは大きく違うのですが、中選挙区制のような利益誘導助長効果は考えにくい制度でした。他の選挙制度同様、どう作動するかは、政党制のあり方次第なのですが、20世紀フランスで見られた典型的なパターンからすると、第一回投票では選挙連合を組む左右の陣営それぞれから複数の党が候補者を立て、第二回投票では（下位になった候補が立候補を辞退するなどして）各陣営で首位となった候補に票を集めることになります。そのため、第一回投票は陣営内のいわば予選として機能するため、陣営内の政党同士のイデオロギーや政策が近い場合には、オード県の急進党と社会党のように、口利きで相手に差を付けようとする誘因が生まれる可能性もあります。ただ、自民党一党優位の下の中選挙区制やイタリアの選好投票制との決定的な違いは、あくまで小選挙区制なので同じ選挙区に現職は一人しかおらず、日伊のように同じ（政権）党の現職同士が自らの再選の確率を上げるために利益誘導合戦に血道を上げるという構図には決してならないことです。このように考えると、1990年代の日伊両国で腐敗や利益誘導を選挙制度のせいにしていたのは正しかったのか、という疑問も浮かびます。日伊共に選挙制度改革の後、利益誘導は影を潜めたのですが、それも実はグローバル化やヨーロッパ通

貨統合などに伴う財政緊縮路線の効果ではないかとも考えられます。

[4] 利益誘導が長期支配を生む条件とは？

　このように考えていくと，かつて自民党の長期支配を生み出した利益誘導は社会の後進性や中選挙区制が元凶だった（今はどちらの原因も除去された。よかった！）と考えて済ませるのではなく，利益誘導のようなクライエンティリズムが長期にわたって支持基盤を安定化させるには他にもっと重要な条件がなかったか，検討する必要があると思われます。20世紀フランスの公共事業に関する口利きの事例はこの検討をする際に貴重な知見をもたらします。既に述べたように，フランスの国会議員らによるクライエンティリズムは，サロー兄弟が作った（越山会に似た）「マシーン」のような形にまで体系化され，急進党など与党の長期支配を支えた事例もあれば，もっとアドホックな形に留まり，支持基盤を強化する効果も期待に及ばなかったケースまで，その実態は多様なものでした。とすれば，条件の異なるフランス各地の事例を見比べていくことで，どのような条件が揃えば，自民党の利益誘導のような長期支配をもたらす効果を持ちうるのか，について仮説を立てることができます。これを，他の先進国や世界中のクライエンティリズムの事例の比較分析を通じて得られた理論と突き合わせれば，新たな知見につながる可能性もあります。政治史研究はこのような形でも比較政治の発展に貢献できると考えています。

■フランス式「公共サービス」の起点としての農村電化

　戦間期のフランスでは，このようなクライエンティリズム発達の条件に関する比較分析を行うのにうってつけの事例がありました。それが農村電化事業です。第一次世界大戦後，農村の青年が都市に

流出する傾向が強まりました。当時のフランスは西欧でも産業化が遅れ，まだ農村中心の社会が続いており，農村生活や農業が文明の基盤だという農本主義（agrarisme）の考え方が支配的でした。とりわけ議会では，農村が過大代表されている上院のみならず下院においても，農村が大多数を占める市町村の団体（フランス市町村長会）や農民組合・農業団体が党派を超えて圧倒的な影響力を持っていました。そこで議会は，若者の農村流出を防ぐため，1923年，膨大な国家予算を投じ，補助金と低利融資を市町村などに出すことで，フランス全土津々浦々の農村にできるだけ早く電気を通すための事業，つまり農村電化の推進に踏み切りました。当時のフランスでは政府よりも議会の方が政策決定の主導権を握っていたのです。農村電化といっても耕作機械の導入など，農業生産に電力を使う訳ではなく，どんな僻村の小さな集落にも農家の居間に電灯をともす，それによって都会の文明生活に惹き付けられる若者たちを農村に引き留めようとしたのです。経済的効果はあまり期待できない，極めて政治的な事業だったと言えます。

　日本や他の先進国では農村の電化はあくまで営利の民間事業者が主体となって行われるのが通例だったのに対して，フランスでは地方自治体が事業主となって，中央政府の強力な財政支援の下，しかも全国一斉に事業が進められました。しかもこれは電化だけに留まらず，この後，上水道敷設や下水道整備，更には公共住宅の建設などにおいても踏襲されていくことになります。政府が先導役を果たす20世紀フランスの経済運営方式（「国家指導経済」と呼ばれます）の一例とも言えますが，国土のどこに住んでいても基本的なサービスを同じような価格や条件で利用できるよう中央政府が統制し保証するという，フランス式の「公共サービス」が拡張していく過程の起点でもありました。

第 4 講 「利益誘導」の条件

■農村電化という政治の「実験」

　農村電化事業は，必要な資金の殆どが国（農業省など）の補助金と，公的（政府系）金融機関である農業信用金庫などの公的融資の形で国から配分されたため，中央政府の許認可と補助金などに依存して進められる公共事業の典型と言えます。しかも 1923 年 8 月の法案可決を合図に，国の号令の下，全国一斉に事業の展開が始まったため，隣の地区よりも少しでも早く電化を実現して手柄としたい市町村長の猛烈な働きかけを受けて，国会議員が一斉に中央省庁や公的金融機関への口利きに走り出すことになりました。

　加えて，各県内では，県議会や知事の指揮の下に事業が進められ，事業遂行の形態は県毎に異なるものとなりました。ここでも県政界に影響力を持つ国会議員（その多くは当時の政権党にして優位政党だった急進党所属でした）が大きな影響力を発揮しました。農村電化事業は殆どの県で県議会や県知事が主導して行われたため，多くの県で詳細な史料が残されており，誰のどのような思惑で，県や地区毎の事業遂行の形態が，いかなる経緯で選択されたかをかなり精密に特定していくことができます。多くの場合，県選出の国会議員などの有力な政治家が，自らの支持基盤の拡張・強化や自分の所属政党の勢力拡大を狙って，つまり党派的な思惑をもって農村電化事業の進め方を決めていました。

　しかるに，第二次世界大戦直前の時点で振り返ると，農村電化を通じて国会議員らが展開したクライエンティリズムが急進党の支持基盤に与えたインパクトは事例によって大きく異なっていました。つまり，ほぼ同時に同じ条件で事業の執行が開始されたにも拘わらず，各県の県議会や党組織のあり方，有力な国会議員の指導力など，政治的な条件の違いを反映して，クライエンティリズム的な実践が政権党の選挙での消長に異なる帰結をもたらしたのです。これはい

わば歴史を舞台に展開された実験であり，様々な県の事例を比較することでどのような条件がいかなる帰結を生んだかについて仮説を立てることができます。但し，山地などの地形や，散村か集村か，商業ベースで既に電化されていた集落の割合など，事業遂行の前提となる条件にも県毎に違いがあることは加味しなければなりません。

■ 農村電化を通して見るクライエンティリズムの比較政治学

　戦間期に急進党が支配していた 10 を超える県について，当時の史料の分析を通じて，農村電化の遂行過程とそのインパクトを解明し比較しました（中山洋平「地方公共投資と党派ネットワークの変容――フランス政治における公的資金の「水流」(1920 年代～ 1970 年代)」連載第 4・5 回『国家学会雑誌』123 巻 7・8 号，124 巻 1・2 号（2010-11 年））が，ここではごく簡潔に結論だけを示しておきたいと思います。農村電化などの公共事業を通じた口利きによって急進党などの優位政党が地域の支持基盤を強化するには，県などの単位で事業をできるだけ集権的に執行し，資金配分等を通じて，党所属の市町村長や県会議員などに対する統制力を強化する形で進めていくことが必要だったと考えられます。典型的には，サロー兄弟のオード県の事例もそうであったように，①県議会などで全県の電化計画を作成した上で，事業の主体である市町村に（単独では小さすぎるため）近隣同士で電化組合を結成させ，事業計画を作成・提出させる，②事業に必要な資金を中央から調達すべく有力な国会議員らが中央省庁などに口利きを行う，③山間部など電化事業のコストが高くなる地域にも電化を進め，電気料金が高くなりすぎないよう，県レベルの補助金を県議会の議決で整備する（県毎に市町村間の負担を「平衡化（péréquation）」するための制度と言えます）といった形で遂行された場合，農村電化事業は，口利きを引き受ける有力国会議員を頂点に，党所属の市町村長や地方議員がピラミッド構造にまとめあげられていきます。

第4講 「利益誘導」の条件

　逆に①〜③の条件に欠けるところが増え，電化事業の遂行形態がより分権的・分散的なものになっていくほど，クライエンティリズムが県の党組織に浸透していくにつれて市町村長や地方議員に対する党の規律は弛緩し，事実上，口利きを行う国会議員の個人的な支持グループへと党組織がいわば融解していくことになります。それでも，口利きによる事業遂行が順調に機能している間は，表面上，党の集票に支障は生じません。しかし急進党の場合，公共事業に関する口利きは，それまで左派共和主義のイデオロギーで繋がっていた党の支持層，特に市町村長や県議会議員との紐帯を利益の配分に置き換えていくことを意味します。そのため，口利きを担っていた国会議員の寝返り（対立する政党や陣営への鞍替え）や，大恐慌による中央から配分される資金の激減などのショックが加わってクライエンティリズムが機能しなくなると，既にイデオロギーの紐帯を失っていた党の支持基盤は瓦解し，多くの場合，再建できませんでした。例えば，地中海沿岸東端のヴァール（Var）県（図4-1参照）は，左派共和主義のイデオロギーが農村にも浸透し，ブドウ農家の組織が急進党の基盤になっていた点ではオード県に非常によく似ていましたが，電化事業の遂行形態が分散的だったため，大恐慌期に県の急進党支配は急速に崩壊し，社共に取って代わられました。

　他方，オード県のように集権的執行を通じて統制力の強い党組織を作り出したところでは，大恐慌期の投資資金枯渇の危機を，逆に希少な資源の配分を通じて市町村長らへの統制を強化するテコに換えることができました。ナルボンヌに"降下"してきたブルムが盛んに口利きを行っていたのは，大恐慌期を迎えてまさに統制力を強化したサロー兄弟の県政支配の「マシーン」と対決するためだったのです。事業遂行形態の集権／分権が対照的な帰結をもたらすという図式は，上水道敷設など，後に続く地方インフラ整備事業にも当てはまります。オード県では1930年代を通じて急進党の支配に挑

む社会党との間で陣地戦が続きますが、40年の対独敗戦時に対応を誤って急進党が全国的に信用を失うと、第二次世界大戦後はブルムの後を継いだ社会党の県選出国会議員がサロー兄弟の作った「マシーン」をそっくり引き継ぎました。戦後の県社会党はこの遺産を維持強化することで、1960-70年代、国政が20年以上、保守派に牛耳られていた時期にも県政支配を守り抜くことができました。

■ なぜ自民党の利益誘導は長期支配を支ええたのか？

この仮説を戦後日本に当てはめると、自民党の代議士らの利益誘導がなぜ党の長期支配に繋がったのか、その成否を分ける条件がどこにあったのか、見当を付けることができます。フランスの場合、同じ県から複数の国会議員が選出されている中で、サロー兄弟のように全県的に影響力を行使できた有力政治家は限られており、これが、同じ急進党支配の県であっても、県毎の事業遂行の集権性にバラつきが出る一因となりました。この事情は、県全体では勿論、選挙区からも複数の自民党代議士が選出される中選挙区時代の日本では一層深刻だったはずなのに、なぜ彼らの利益誘導は長期支配に繋がったのか。1970年代の石油危機以降も綻びは広がらなかったため、仮説通りなら公共事業の遂行には一定の集権性が確保されていたはずです。中央の省庁や党機関による枠付けが重要だったと思われますが、地方レベルについても、近年、高度成長期の県議会や自民党県連の内部構造、県知事の役割などについて実証分析が進んでおり、このあたりにも自民党の長期支配を解き明かす鍵がありそうです。

［参考文献］

河田潤一編『汚職・腐敗・クライエンテリズムの政治学』（ミネルヴァ書房、2008年）

第 4 講 「利益誘導」の条件

斉藤淳『自民党長期政権の政治経済学——利益誘導政治の自己矛盾』(勁草書房, 2010 年)

曽我謙悟・待鳥聡史『日本の地方政治——二元代表制政府の政策選択』(名古屋大学出版会, 2007 年)

中山洋平『戦後フランス中央集権国家の変容——下からの分権化への道』(東京大学出版会, 2017 年)

Herbert Kitschelt and Steven I. Wilkinson, eds., *Patrons, Clients, and Policies: Patterns of Democratic Accountability and Political Competition* (Cambridge University Press, 2007).

Simona Piattoni, ed., *Clientelism, Interests, and Democratic Representation: The European Experience in Historical and Comparative Perspective* (Cambridge University Press, 2001).

●● 学びを進めていくために ●●

1990 年代以降, グローバル化と市場の論理が社会の隅々に浸透する中, 日伊やフランスにおいても利益誘導は表舞台から姿を消していきました。しかし世界を見れば, クライエンティリズムが歴史上の存在になってしまったわけではありません。また, 先進国では統治の効率化や透明化の反面, 移民排斥を訴える「ポピュリズム」勢力の台頭など, アイデンティティやイデオロギー, 宗教に基づく対立が激化し, 政治を不安定化させています。クライエンティリズムなど, 利益提供で同意を買い取る統治手法には, こうした非妥協的になりやすい対立を緩和する一種の潤滑油の役割を果たしていた面もあったのです。クライエンティリズムの功罪をバランスよく理解するためには, 自分の住む国や地域の事例を深く知ると同時に, 条件の異なる他の国や地域の事例と比較することが欠かせません。

そもそも, 現代的な統治手法としてのクライエンティリズムはどこにでも成立するわけではありません。本章で取り上げた戦後仏伊の事例と照らし合わせれば, 戦後日本の利益誘導のような公共事業を巡る

クライエンティリズムが機能するには，少なくとも以下の3つの条件が必要だったことが分かります。①中央集権的な統治構造の中で広義の福祉国家が拡大し，公共サービスの提供や，その土台となるインフラ投資に責任を負う地方自治体に対して，莫大な額の公的資金（補助金や公的融資）が継続的に中央政府から流れていくこと。②この中央からの資金配分が機械的にではなく一定の裁量をもって行われ，配分の実務を担う中央省庁などの官僚制に対して，政党や政治家が介入して決定を変えさせる可能性があること。③政治家が公共事業実現のために口利きを行った見返りとして，恩恵を受ける市町村ないし地域の有権者がきちんとその政治家を支持し投票するよう監視をする何らかの組織，いわば有権者のただ乗りを防止し利益誘導の「受け皿」となる組織が選挙区に存在すること。

　①については，福祉国家のサイズやタイプに加え，集権か分権かという中央地方関係のあり方全般，特に中央地方間の財政関係が歴史的にいかに変化したかを押さえておく必要があります。②については，中央政府内の政策決定過程，特に政党や国会議員がどのくらい官僚の決定や人事に干渉できるかが決定的で，いわゆる政官関係の動態をまず理解せねばなりません。口利きに実際どのくらい利益誘導の効果がある（あった）のかは，厳密には計量分析で確認されるべきですが，専門の学者の間でも見解が分かれがちです。

　近年，注目されるようになったのが③です。フランスの場合，市町村が極めて小規模であったことに加え，様々な形態の農民団体（オード県の場合は，ブドウ農家の協同組合など）が「受け皿」の役割を果たしました。戦後日本では，当初，選挙区毎の後援会組織と，農村部の農協や都市部の商店街などが組み合わさることで，かなり徹底した監視を行える態勢になっていました。しかし都市化などが進んで「受け皿」が弱くなると，政党や政治家は投票での見返りが期待できない利益誘導をしなくなり，恩恵を受けられなくなった大都市部住民は利益誘導への非難を強め「改革」を叫ぶようになります。

　21世紀の日本で利益誘導が後景に退いたのも，上の①〜③の条件が失われたからと理解できるでしょう。このように，クライエンティリズムの盛衰を理解するには，選挙や政府の制度だけではなく，政党

第4講 「利益誘導」の条件

組織や有権者の政治社会学的な分析,更にはその背景にある社会経済的な構造変動にも目を配らねばなりません。逆に言えば,クライエンティリズムを比較の視点から考えようとすれば,自ずと政治学の様々な分野を総合的に学ぶことができるのです。

第5講 現代アメリカの政治
「分断」の由来と大統領の挑戦

| 梅川　健 |

[1] かがみとしてのアメリカ

　本講のテーマは現代アメリカ政治です。アメリカ政治についての情報は，日本のメディアで毎日のように報道されています。4年に一度の大統領選挙の報道は，まるで我がことのようです。この理由として，日米が経済，文化，安全保障といった多くの面で深いつながりを有していることが挙げられます。加えて，日本は長く，自らを考える際のかがみとしてアメリカを捉えてきたように思います。すなわち，日本を相対化するための鏡として，あるいはある種のお手本，鑑として。「かがみ」の前には例えば，民主主義の，経済発展の，あるいは多様性包摂の，などいろいろな冠が付けられてきたように思います。

　しかしこの二つのまなざしは，アメリカ理解をゆがめる可能性もあります。前者の視点は，関心のある部分に焦点を当てるため，そのほかの部分はぼやける恐れがあります。後者の視点は，「あるべきアメリカ像」から外れるアメリカを視野から追いやります。アメリカの実像を理解するという営みはなかなか難しいのです。

　本講では，アメリカ政治の基本的な仕組みと，現代の特徴について説明し，アメリカを理解するためのフレームワークをみなさんに提供したいと思います。アメリカでは，1787年に制定された憲法典に基づいて政治が行われてきました。統治の仕組みを定める条文には根本的な修正がなされないながらも，実態としての統治構造は

変化してきました（他方で誰が主権者たる人民なのかについては大きく修正されてきました）。アメリカは同一の憲法典のもとで民主主義体制がいかに維持され，変容するのかを考える格好の対象になるとも言えます。残念ながら本講で長い歴史のお話をする時間はありませんので，ここでは基本構造について説明したいと思います。なお，政治史に興味がある方は法学部で開講されている「アメリカ政治外交史」を受講していただくか，久保文明・岡山裕『アメリカ政治史講義』（東京大学出版会，2022年）をお読み下さい。

[2] アメリカ政治の基本構造

アメリカという国は基本的な統治構造が日本とは異なっています。日本は中央集権かつ議院内閣制という政治制度をとっていますが，アメリカは連邦制かつ大統領制という仕組みです。これから説明するように，アメリカの政治制度は日本に比べて分権的であり，多様なアクターの合意によって政治が動く仕組みになっています。

アメリカの政治制度を規定する合衆国憲法はふたつの権力分立の仕組みを導入しています。ひとつは連邦制，もうひとつは連邦政府内の三権分立制です。前者は権力の垂直的分割，後者は権力の水平的分割です。本節ではまず連邦制と三権分立制について論じた後に，分権的な政治制度をつなぎ合わせてきた政党について説明したいと思います。

■ 連邦制

さて，そもそも分割されることになった権力はどこからきたのでしょうか。合衆国憲法はアメリカの主権は人民にあると定めており（主権在民），権力の究極的な源泉は人民です。合衆国憲法が制定された当時，統治権力の源泉が神や王ではなく，人民にあるという宣

言自体が革新的なものでした。

　合衆国憲法のもとでは,そのような人民由来の主権は,連邦政府と州政府で分担して行使されます。憲法制定前夜,13のイギリス植民地が独立を果たした結果,13の独立国家(これを邦といい,憲法制定後は州と呼びます)が誕生していました。13の独立国家は,取得したばかりの統治権力のすべてを新設する中央政府に委譲することはなく,行使する主権の領域を新しくできる連邦政府と州政府の間で分けることにしました。合衆国憲法によって主権の所在は人民にあることが明示され,主権原理が刷新されたわけですが,邦政府の持っていた権限の一部が新設される中央政府に委譲されたともいえます。

　合衆国憲法では連邦政府が行使することのできる権限が明示的に列挙され,その他の権限は州政府に留保されました。具体的には,連邦政府は軍事・外交・対外通商を独占的に担うとともに州境を越えた商取引などについても管轄を持つ一方で,州政府はそれ以外のすべてについて権限を持つことになりました。

　ただし,憲法上は綺麗に分かれているように見える管轄は,歴史的に変化しており,今日では様々な政策分野において連邦政府と州政府の管轄が重なり合っていることも少なくありません。これは主に,20世紀を通して連邦政府が管轄領域を広げてきたことに由来しています。

　州政府の権限の強さをよく表しているのが,アメリカの州法です。日本に住んでいると,ひとつの国にはひとそろいの憲法,民法,刑法があることを当たり前に思いますが,アメリカには合衆国憲法と50の州憲法,連邦民法・刑法と50の州民法・州刑法が存在します(他の法分野も基本的には同様)。そのため,ある州で合法な行為が別の州では法律違反になるということもありえますし,ある州では認められる権利が別の州では認められないこともあります。2022年

のドブス判決以降,アメリカでは中絶が権利として認められる州と認められない州が混在しています。日本の地方自治体と比べると,アメリカの州政府は強い権限を持っていると言えます。

中絶の権利の現状からもわかるように,連邦制という仕組みは,州政府に管轄のある政策分野においては,連邦政府の政策が及ぶ範囲には限界があるということを意味しています。すなわち,連邦政府が決めたいと思っても,州政府が管轄を持つ場合には,容易には影響力を及ぼすことはできません。このことは,連邦政府の決める力,ひいては大統領の決める力にも限界をもたらしています。

■三権分立制

合衆国憲法は権力を連邦政府と州政府との間で垂直的に分割した後に,連邦政府内で水平的に分割しています。いわゆる三権分立制です。なお,それぞれの州政府でも連邦政府と同様に三権に分割されており,その様態は各州憲法が規定しています。ここでは連邦政府における三権分立制についてお話したいと思いますが,その前に考えておきたいことがあります。

そもそもどうして,三権が分割されているのでしょうか。誰かひとりが大きな権力を行使した方が早く物事が決まってよいかもしれません。もちろん,それでは権力の濫用が生まれるから駄目なのだ,という考え方をみなさんご存知でしょう。しかし,権力を分割し,それぞれの権力の担い手に相互抑制させれば権力の濫用を防ぐことができるという考えも,合衆国憲法制定時には革新的なものでした。

合衆国憲法の制定者たちは,相反する必要性に迫られていました。イギリスから独立するにあたって国王ジョージ3世の圧政を問題としたのですから,新しい国に,国王のような強い権力者を生み出すわけにはいきません。他方で,イギリスから独立した13邦の多くでは議会の力を強く設定しすぎたことにより,様々な弊害に直面し

ていました(例えば独立戦争中の負債を帳消しにする徳政令のような法律の乱立など)。強すぎる議会も問題だったのです。

そこで、憲法制定者たちは新しく憲法を定めるにあたり、強すぎない大統領と強すぎない議会のあり方を模索する中で、権力の担い手が権力を濫用できないような仕組み、すなわち権力の担い手同士による相互抑制という仕組みへと行き着きました。憲法制定者のひとりであるジェイムズ・マディソンは「野望には野望をもって対抗させなければならない」と『ザ・フェデラリスト』第51篇で述べています。今はよく知られている三権による抑制と均衡という仕組みは、憲法制定者たちにとっては眼前の必要に応えるものだったのです。

さて、統治権力が三つに分割され、異なる主体に与えられているという点では、日本もアメリカも三権分立制をとっています。そのため、アメリカ政治を日本政治の類推で理解できるような気がしてきます。しかしながら、三権分立制といっても、日米では相当違う仕組みとなっています。

まず、「三権」の内容(と名称)が異なっています。日本の三権は、立法権・司法権・行政権ですが、アメリカ連邦政府の三権は、立法権・司法権・執行権です。日本では内閣に与えられている行政権と、アメリカ大統領ひとりに与えられている執行権は同じではありません。日本の行政権の範囲は、国家の統治権力から立法権と司法権を除いたものと定義されます(いわゆる行政権控除説)。他方で、アメリカ大統領の権限は合衆国憲法第2条において明示的かつ限定的に規定されており、性質が異なります。もっとも条文には曖昧さがあり、大統領はその曖昧さを梃子に、執行権を解釈によって拡大してきました。その結果、日本の内閣が持つ行政権とアメリカ大統領の執行権が似通ってきているという事情はあります。

次に「三権」の関係性が違います。日本では立法権と行政権が融

合しているのに対し,アメリカでは立法権と執行権が厳格に分立しています。日本では国会が立法権を,内閣が行政権を持ちますので,異なる機関がそれぞれ異なった権限を掌握していますが,選ばれ方に注目するとつながりが見えてきます。まず有権者が国会議員を選び,次に国会議員が首相を選び(内閣総理大臣指名選挙,衆参両院で過半数が必要),最後に首相が内閣を組織します。有権者が直接国会議員を選挙し,間接的に首相を選んでいるという点で一元代表制と呼ぶこともあります。選出の場面だけでなく,罷免においても国会と首相は緊密な関係にあります。国会のうち衆議院は,首相の働きぶりに不満があるときには内閣不信任決議案を出し,出席議員の過半数の賛成によって内閣に総辞職を迫ることができます。対して内閣は,国会を解散することができます。すなわち日本では,国会(とくに衆議院)と内閣の関係性が良好であることが,両者の存続の条件となっています。これが,日本の三権分立制において立法権と行政権が融合しているという所以です。

　他方アメリカでは,有権者は連邦議会議員とは別に大統領を選びます。4年に一度の大統領選挙投票日には,連邦議会議員選挙も実施されているのでわかりにくいかもしれませんが,連邦議会議員選挙と大統領選挙は同日に開催されているに過ぎない別の選挙です。立法権を担う議会と,執行権を担う大統領には異なる経路で民意が反映されていますので,この点を強調する場合には二元代表制とも呼ばれます。この代表形式は,日本の地方自治体の首長と議会の関係でも採用されています。

　別の経路で選出された議会と大統領は,互いに責任を負いません。議会は大統領の政策に反対だからといって大統領を罷免することはできませんし,大統領は議会が思い通りに動かなくとも解散することはできません。議会による大統領罷免の方法として弾劾という手続きがありますが,これは大統領が法律違反をした場合に使われる

もので，政治的理由で用いられることは憲法上想定されていません（ただし近年は議会多数派が，対立政党の大統領を攻撃するための政治的手段として使う傾向が生まれつつある点は注意を要します）。なお，仮に大統領が罷免された場合には副大統領が大統領に昇格しますので，政権交代が起きることもありません。

　日米間の権力分立制の差異は，立法過程の違いになって表れます。日本では内閣が提出した法案が審議される法案の大半を占め，ほとんどが法律として成立します。他方，アメリカでは法案提出権を持つのは連邦議会議員のみで，大統領は法案を提出することができません。大統領が既存の法律の改正や，新しい法律の制定を望む場合には，立場の近い議員に法案提出を依頼します。その後の審議過程は議会で進行し，大統領が議会に張り付くようなことはありません。上下両院を通過した法案が大統領のオフィスに届けられると，大統領は署名もしくは拒否をするという形でしか，立法に関与することはできません。立法にかかわる権限において，アメリカ大統領は日本の首相に比べてはるかに弱いのです。もっとも，この弱い権限を打開するために，近年の大統領は署名時に法案の一部を拒否する署名時声明（signing statement）という憲法外の対応方法を編み出しています。ただそのような対応も権限の弱さがもたらしているということを強調しておきたいと思います。

　アメリカ大統領が権限の弱さに苦労していると聞いて，意外に思われるでしょうか。国際政治における大国アメリカの指導者として大統領を見ると，陰に隠れてしまう部分かもしれません。しかしながらアメリカ大統領は常に，弱い権限で国内政治を切り盛りしてきたのです。それはなぜ可能だったのでしょうか。そこには，憲法には定められていない組織，すなわち政党の存在がありました。

第5講　現代アメリカの政治

■ 二大政党制

　アメリカは二大政党制の国として知られています。しかし，二大政党制は憲法が定めるものではなく，政党は憲法上の組織でもありません。そもそも政党とは，公職の獲得を通じて政策を実現しようとする集団をいいますが，アメリカでは歴史的に，ひとつの大統領職をねらうがゆえに，力を持つ政党がふたつに集約されてきました。現在の二大政党である民主党は1830年前後に，共和党は1850年代に生まれていますが，建国期から二つの大きな政党が政治の中心となってきました。

　大きな政党が二つといっても，いつも政権交代を繰り返してきたわけではありません。建国から1960年代までは，二大政党のうちどちらかの政党が勢力の上で優位な状況にあり，同じ政党が優位な状態はおおよそ30年程度続いた後，優位政党と劣位政党の組み合わせが変わるということが繰り返されてきました。このような変化を政党再編成と呼びます。優位政党の存在は，一定期間の安定した統治をもたらしていました。観察できる最後の優位政党は1930年代から60年代にかけての民主党で，ニューディール連合を支持基盤とし，大きな政府が指針でした。この時代には「リベラル・コンセンサス」があったとも言われます。

　政党は議会と大統領を結びつける存在でもありました。政党，とくに政党指導部は大統領候補を選出しており，議会と大統領の鎹（かすがい）となってきました。支持者が政党の大統領候補者を選ぶという現在の仕組みは，近年になって定着したものにすぎません。1960年代までは政党指導部が実質的に大統領候補者を選んできたのです。現在だと全国党大会の場で各州の予備選挙や党員集会を経て選出される代議員の投票により大統領候補者が選ばれますが，かつては政党指導部が持つ票の割合が高く設定されていました。アメリカ各地の

様々な利害を代表する政党ボスたちにとって、皆が納得できる候補者を選ぶことが、党大会の目的だったのです。すなわち、議会と大統領は別の選挙で選ばれるものの、大統領候補になるためには政党指導部の支持が必要だったといえます。大統領候補は政党指導部に頭が上がらなかったのです。

このような仕組みは、大統領に常に政党指導部の顔色をうかがわせるという点で、自由なリーダーシップに足かせをはめるものでしたが、同時に、連邦議会に議席を持つ自党の政党指導部との間の緊密な関係性を保証するものでもありました。誰を候補者とするかという候補者選定については憲法上の規定はなく、そこではやはり憲法外の組織である政党が重要な役割を担ってきたことで、分権的な制度がつなぎあわされてきたと言えます。

[3] 現代の「分断」と大統領

ここまで、合衆国憲法が規定する連邦制と三権分立制について論じ、それらが生み出す分権的政治制度を作動させる役割を持つ政党という、アメリカ政治の基本的な仕組みについて説明してきました。他方で、現在のアメリカについては「分断」や政治の機能不全が言われています。何が起きたのでしょうか。

現代アメリカ政治の特徴は、政党と大統領の関係性の希薄化と、政党間対立の激しさにあります。いずれの変化も 1960 年代末から 70 年代初頭にかけて生じています。これまで「現代」という言葉を定義することなしに使ってきましたが、アメリカ政治における「現代」の始まりはここにあります。「現代」は時代区分の一つですので、同じような傾向の続く、最も新しい時間的区分を意味するものだとしますと、アメリカの場合は 1960 年代末以降になります。まず大統領と政党の関係を、次に政党間関係の変化を説明します。

第5講　現代アメリカの政治

■ 政党から自立する大統領の登場

　大統領と政党は、政党指導部が大統領候補者公認権を握っていたことにより安定的な関係を構築していましたが、長らく続いたこの慣行は、民主党に生じた政治的混乱をきっかけに改められることになりました。

　1968年の大統領選挙では、民主党の現職であったリンドン・ジョンソン大統領がベトナム戦争などを理由に再選を断念しました。その結果、民主党指導部が推す候補（ヒューバート・ハンフリー副大統領）と、既に行われていた予備選挙でリードしていた候補（ユージーン・マッカーシー）が食い違う事態が生じました。従来通り、政党指導部が実質的に候補者を選定したのですが、一般の民主党支持者の声を指導部が無視しているとして激烈な反対運動が起きました。1968年は、日本も含めて学生運動が世界中で吹き荒れた年で、民主党大会が開かれたシカゴにも学生団体が押しかけました。大統領選挙では結局、民主党指導部の立てたハンフリーが共和党候補リチャード・ニクソンに敗北しました。

　民主党は改革のための委員会を設置し、1972年以降、各州の予備選挙・党員集会で積み上げられた代議員の数を党大会で重視するよう規則を変更しました。共和党側でも同様の方式が採用されていき、各党の大統領候補の決定権は、党指導部ではなく、一般有権者に委ねられるようになりました。大統領候補者選定プロセスが民主化されたのです。

　この変化は当然のことながら、大統領と政党の関係を変えることになりました。もはや、大統領候補になるために政党指導部の後ろ盾を必要としなくなったのです。大統領候補は、自らはワシントン政治のしがらみの中にいる政党指導部とは違うのだと有権者にアピールするようにさえなりました。新方式が採用された1972年以降

の大統領を思い浮かべると，ワシントン政治を刷新するアウトサイダーというスタンスを取って選挙を戦った候補者が多いことに気づきます。ジミー・カーター，ロナルド・レーガン，ビル・クリントン，ジョージ・W・ブッシュ，バラク・オバマ，ドナルド・トランプはいずれもそのような戦略をとりました。「なぜトランプのような人が大統領になれたのですか」としばしば尋ねられますが，ひとつの理由は，政党指導部による歯止めの効かない大統領候補者選定プロセスにあります。なおジョー・バイデンは例外的で，上院議員36年，副大統領8年という経歴を持つインサイダーでした。

政党指導部との関係性が希薄な大統領は，ワシントンの政治で苦労することになりました。大統領が立法による政策実現を望む場合，議会を説得する必要がありますが，むしろそういったしがらみがないことを有権者にアピールしてきたのですから。ただし，大統領と政党指導部の関係性の希薄化が，ただちに政治的停滞をもたらすわけではありません。大統領との関係性が希薄であったとしても，議会と大統領が同じ政策を志向し，議会が一丸となって立法できれば政治的停滞は避けられるはずです。しかしながら1960年代末以降の議会は，それまでのようなまとまりを失うことになりました。

■ イデオロギー的分極化

ここで再び重要になるのは1968年です。この年の大統領選挙では，先ほども述べたように共和党候補のニクソンが勝利しています。ニクソンは「南部戦略」と呼ばれる方法で，従来は民主党を支持していた南部白人有権者の票を新しく獲得しました。南部戦略は，長く続いたニューディール連合と呼ばれる民主党の支持基盤を崩壊させたのです。この連合はよく知られているように，ニューディール政策がもたらした利益にあずかった，白人労働者，北部黒人労働者，農民などからなる集団です。共通した理念を持っていたわけではな

第5講　現代アメリカの政治

く、白人労働者層の中には、南部の人種差別体制を是とする人々も含まれていました。アメリカの南部諸州は建国から南北戦争まで奴隷制を維持し、憲法修正第13条によって奴隷制が禁止された後には、黒人を対象とする人種差別的法制度・政治制度を作り上げていました。ニューディール連合には人種政策をめぐる潜在的分断がありましたが、ニューディール政策が人種政策を棚上げすることで、民主党は広範な支持基盤を作ることができました。

1950年代に始まる公民権運動は、南部の人種差別体制への挑戦であり、その成果となる1964年公民権法に署名したのは民主党大統領のジョンソンでした。これが、ニューディール連合の一翼を担う南部白人が、理念を理由に民主党から離反するきっかけになりました。この兆しにめざとく反応したのがニクソンであり、公民権運動への反感や都市暴動への恐怖感が広がる中で、「法と秩序」というスローガンをかかげ、それらに対処できるリーダーとして自らを選挙戦で売り込んだのです。ニクソンは長年にわたり民主党支持であった南部の白人票をとることで大統領選挙に勝利しました。その後南部は、共和党の強固な支持基盤へと変わっていきます。南部白人の民主党離反、共和党接近が生じ、民主党はリベラルな政党へ、共和党は保守の政党へと整序されていきました。民主党と共和党が激しく対立する今日のアメリカ政治の基調はこのように作られました。

二大政党が相反する方向に乖離していく現象を、イデオロギー的分極化と呼びます。この現象は、数値からも確認することができます。アメリカ連邦議会では政党指導部は投票にあたって党議拘束をかけません。そのため、議事録には議員たちの自由な投票が記録されます。この投票記録を使って、議員たちの投票傾向の近さ、遠さを判別することが可能です。アメリカ政治研究では1980年代から、議員の投票記録をもとに、その人がどれほどリベラルか、保守かを

図 5-1 連邦議会におけるイデオロギー的分極化

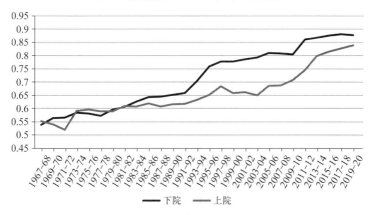

出典：Voteview.com, "Polarization in Congress" (https://voteview.com/articles/party_polarization) より作成

示すスコア（一般的なものは DW-Nominate Score）が作られ研究に用いられてきました。

このスコアを用いて，上院と下院それぞれで，民主党議員の平均値と共和党議員の平均値の差の経年変化を示したものが図 5-1 になります。この図から明らかなように，1960 年代末から今日にかけて，民主党議員集団と共和議員集団のイデオロギーが乖離する傾向にあります。民主党と共和党は明確に異なる政策を志向する政党となり，両党の間での合意，すなわち超党派合意が難しくなったということを，この図はよく示しています。

ただし，イデオロギー的分極化はただちに政治の機能不全につながるわけではありません。どちらかの政党が圧倒的に優位であるならば，言い換えれば少数党の協力がなくとも法案を通すことができるのであれば，分極化はさほど問題にはなりません。分極化の傍らでは，次に論じる拮抗化という現象が生じていたのです。

第5講　現代アメリカの政治

■二大政党の拮抗化

アメリカ二大政党制の歴史は，どちらかの政党の優位な時期が30年ほど続き，その後，優位政党と劣位政党の組み合わせが変わるという政党再編の繰り返しでした。1968年選挙は，ニューディール以来の民主党優位体制の終わりでもありました。それでは1970年代以降，共和党優位の時代に入ったのでしょうか。図5-2は，連邦議会上院と下院のそれぞれについて，民主党と共和党のどちらにどれだけの議席上の優位があるのかを示したものです。会期ごとに，上下両院について，民主党の議席数から共和党の議席数を引き，それを定員で割っています。数値が正の値をとっている場合は民主党が共和党を議席数で上回り，負の値の場合はその逆を意味しています。また，数値の大きさが政党の優位の度合いを示しています。

1968年以降，両院で民主党の優位が失われ，80年代になると民主党が上院で少数党に転落します。1994年の中間選挙は共和党優位の時代の始まりにも見えますが，その優位は限定的であり，わずか10年で民主党に両院を奪還されています。さらに，2007年以降は僅差で議会の多数派が入れ替わっています。つまり，1960年代までのような一党優位の体制は生まれず，両党が拮抗するという新しい状況にアメリカ政治は直面するようになりました。この現象は二大政党の拮抗化と呼ばれています。

アメリカ連邦議会で法案を通すためには上下両院の本会議で過半数による可決を必要としますので，過半数を占める政党があれば問題ないようにも思えますが，それは党議拘束がある場合です。党議拘束がない場合，例えば民主党議員の提出した法案であっても民主党議員が賛成しないということがありえます。極左の議員による法案に左派の議員が反対する場合などが想定しやすいでしょう。過半数に足りない分を相手政党の切り崩しによって補うという戦略も，

現代アメリカの政治　第5講

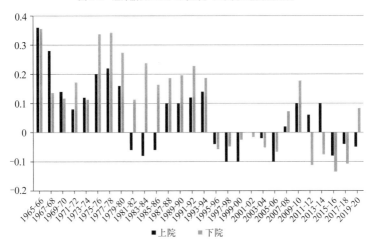

図5-2　連邦議会における民主党・共和党の議席差割合

出典：United States Senate, "Party Division" (https://www.senate.gov/history/partydiv.htm), United States House of Representatives, "Party Division of the House of Representatives" (https://history.house.gov/Institution/Party-Divisions/Party-Divisions/) より作成

イデオロギー的分極化により難しくなっています。

　上院にはさらに難しい問題があります。票決を阻む議事妨害（フィリバスター，1名で可能）と議事妨害を打開する討論打切という仕組みがあり，そのために過半数を超える60票（上院の定数は100議席）が必要なのですが，上院多数党が60議席を超えたのは1979年が最後でした。上院では基本的には少数党の議員の協力なくして法案可決はありえないのですが，両党のイデオロギーが乖離するにつれ，そのような協力を求めることは難しくなっているのです。

　イデオロギー的分極化と拮抗化の進展は，連邦議会に機能不全をもたらしました。図5-3は会期毎に成立した法律の数を示しています。1970年代から今日にかけて，一貫して成立する法律数が減少していることがわかります。もっとも，法律数の減少を補うかのように，ひとつあたりの法律が長くなっている，ということも指摘さ

第5講 現代アメリカの政治

図5-3 成立立法数（会期毎）

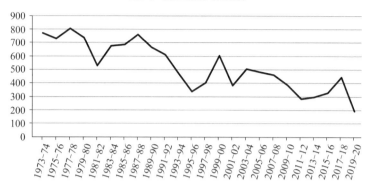

出典：The Brookings Institutions, "Vital Statistics on Congress"（https://www.brookings.edu/multi-chapter-report/vital-statistics-on-congress/）より作成

れています。

■ 単独で政策を実現しようとする大統領

　ここまで政策形成の手段として法律の制定に主眼を置いて話をすすめてきました。合衆国憲法においても、立法が人々の権利・義務関係の変更に必要だと定められており、政策形成の基本的な手段だとされています。ただし、立法には議会による法案可決と大統領による署名が必要で、議会内での合意形成と、議会と大統領の間の合意形成が必要になります。多くのアクターによる合意があってはじめて政策をつくることができる、というのが憲法制定者たちの意図でしたが、今日では連邦議会におけるイデオロギー的分極化と拮抗化の進展により、「決められない政治」が生まれています。

　この政治的危機に対応しようとしてきたのが、大統領です。現代のアメリカ大統領は政党の候補者になるにあたって、アウトサイダー戦略をとる傾向にあることをお話しました。このとき、候補者たちは既存の政治の変化・刷新をアピールします。オバマの「革新

(Change)」,トランプの「アメリカを再び偉大に（Make America Great Again)」などがすぐに思い出されるのではいでしょうか（なお「アメリカを再び偉大に」というスローガンは1980年のレーガンの選挙戦でも使われています）。大統領候補は壮大な約束を有権者とすることによって,選挙に勝利してきました。

　大統領たちは任期中,この約束によって自縄自縛になります。権力基盤が政党ではなく,自らが選挙時に構築した岩盤支持層にあるため,約束を簡単に破ることはできません。たとえ議会が機能不全になっていようが,政策を実現しなければなりません。立法にあたって議会内の合意と,議会と大統領の合意が必要だというところがネックだとしたら,議会を迂回して政策決定できれば「決められない政治」を打開できるのではないでしょうか。

　大統領は合衆国憲法上,執行権を与えられ,法律が誠実に執行されるよう監督する義務を負います。大統領は立法においては議会に対して従属的な立場ですが,法執行においては主導的立場になります。法律はあらゆる事態に対して詳細に定めることはできず,運用にあたって条文解釈が必要になります。また,議会が柔軟な法執行を可能にするために裁量を認めていることもあります。もちろん,法律の趣旨から逸脱する解釈や,裁量を越えた決定はできませんが,ここに,大統領が独自に,すなわち議会を迂回して政策決定する余地があるのです。

　大統領単独の政策形成の主要な手段は大統領令です。大統領令とは大統領が行政組織に対して法律の解釈方法や裁量に基づいた政策決定について指示を与える文書の総称です。具体的には行政命令（executive order）や大統領覚書（presidential memorandum）などの形態があります。前者は命令の根拠となる法律を明示しなければならないのに対し,後者ではその必要はないとされています。

　行政命令において,事前に議会が認めた範囲での政策執行を大統

領が行政組織に命じているわけですが、これが大きな政策変更になりえます。2017年にトランプ政権が誕生してすぐに、大統領令が話題となりました。イスラーム教徒の多い特定7か国からの入国を一時的に禁止するという措置は、行政命令によってなされたものです。この内容は1952年移民国籍法の条文に基づいており、特定の外国人の入国がアメリカの国益に有害であると大統領が認める場合には、大統領が必要だと判断する期間において、入国を禁止することができるという規定に則っています。「アメリカの国益にとって有害」であるかどうかの認定は大統領の判断に委ねられており、議会が定めた法律の執行といっても、実質的には大統領単独の決定に基づいた政策変更でした。

　過去に制定された法律が広範な裁量を大統領に認めている場合、大統領が政策決定に及ぼす力は強くなります。歴史を振り返ると、ニューディールから始まる民主党優位の時代には多くの立法で大統領に権限を委ねてきました。この時期は議会が一致して大統領を支えていた時期であり、大統領に権限を授与することは、むしろ議会による詳細な決定を省略できるという点で合理的でさえありました。この時期に蓄積された広範な権限を、現代の大統領は活用しているのです。

　大統領令の別の類型である大統領覚書の利点は、根拠法を示さなくともよいというところにあります。オバマ大統領は議会を迂回することを割り切っていて、2010年中間選挙で民主党が下院多数党の地位を失うと、2011年には「議会が動かないならば、私がやろう」と宣言し、覚書を多用しました。立法を必要とするような政策変更に、大統領覚書を使用することさえありました。

　ただし、大統領令が万能の道具であるわけではありません。大統領による命令なので、次の大統領による修正や撤回が可能です。現に、近年の大統領の初年度の大統領令の多くは、前任者の命令の修

正と撤回に費やされています。立法が議会内の合意，大統領の同意を必要とし，制定しにくいが変えにくいものであるのに対して，大統領単独で決められるという大統領令の利点は，政策的安定性に乏しいという欠点の裏返しにすぎません。

　また，大統領令は三権分立制の抑制と均衡から自由なわけでもありません。議会には大統領令の根拠となっている法律の修正という対抗手段があります（もっとも，議会の立法能力が低下していることが現代の特徴ですので難しいものがあります）。他にも，大統領が望む予算法を成立させない，という対抗手段もとりえます。連邦裁判所も重要なアクターです。大統領による命令が既存の法律の認める裁量を逸脱しているのかどうかは，訴訟への判決という形で，最終的には裁判所が決定するからです。大統領による単独の政策形成は，合衆国憲法の想定する決め方，すなわち複数機関による合意から逸脱するために，脆弱性を持つといえます。

[4] おわりに

　本講ではアメリカの政治制度の基本構造と現代的特徴についてお話をしてきました。日本に比べて分権的な政治制度をもつアメリカでは，政党がバラバラな政治制度をつなぎ合わせてきたのですが，大統領候補者選定方式の民主化により従来の政党と大統領の関係は失われました。議会ではイデオロギー的分極化と拮抗化が生じており，満足に立法することができません。この「決められない政治」状況を打開すべく行動するアクターが大統領なのですが，単独での政策形成には政策的安定性における脆さと，権力濫用という危うさがあります。三権の相互協力によって統治を成り立たせようとしたアメリカにおいて，大統領が政治の中心であるかのように振る舞い，しかし無理をしているように見える現在のアメリカの政治状況は，

第5講 現代アメリカの政治

建国期に作られた基層の上に,現代という層が重ねられたことによって生じているのです。

[参考文献]

阿川尚之『憲法で読むアメリカ現代史』(NTT出版, 2017年)

梅川健『大統領が変えるアメリカの三権分立制——署名時声明をめぐる議会との攻防』(東京大学出版会, 2015年)

梅川葉菜『アメリカ大統領と政策革新——連邦制と三権分立制の間で』(東京大学出版会, 2018年)

岡山裕・西山隆行編『アメリカの政治』第2版(弘文堂, 2024年)

久保文明・岡山裕『アメリカ政治史講義』(東京大学出版会, 2022年)

久保文明・中山俊宏・山岸敬和・梅川健編『アメリカ政治の地殻変動——分極化の行方』(東京大学出版会, 2021年)

久保文明・21世紀政策研究所編『50州が動かすアメリカ政治』(勁草書房, 2021年)

斎藤眞『アメリカとは何か』(平凡社ライブラリー, 1995年)

東京財団政策研究所監修, 久保文明編『トランプ政権の分析——分極化と政策的収斂の間で』(日本評論社, 2021年)

東京財団政策研究所監修, 久保文明・阿川尚之・梅川健編『アメリカ大統領の権限とその限界——トランプ大統領はどこまでできるか』(日本評論社, 2018年)

トクヴィル『アメリカのデモクラシー』第1巻上・下, 松本礼二訳(岩波文庫, 2005年)

トクヴィル『アメリカのデモクラシー』第2巻上・下, 松本礼二訳(岩波文庫, 2008年)

A. ハミルトン, J. ジェイ, J. マディソン『ザ・フェデラリスト』斎藤眞・中野勝郎訳(岩波文庫, 1999年)

古矢旬『グローバル時代のアメリカ——冷戦時代から21世紀(シリーズアメリカ合衆国史④)』(岩波新書, 2020年)

Frances E. Lee, *Insecure Majorities: Congress and the Perpetual Campaign* (University of Chicago Press, 2016).

Keith T. Poole and Howard Rosenthal, *Ideology and Congress: A Political Economic History of Roll Call Voting*, 2nd ed.（Routledge, 2007）.

●● 学びを進めていくために ●●

　皆さんは日常生活の中で，テレビや新聞などの従来メディア，もしくは SNS などの新しいメディアを通じて，アメリカの情報に触れていると思います。新しい出来事を追うことはもちろん大事ですが，その「新しいこと」（すなわちニュース）は常に，これまでの仕組みの上に生じています。今起きている現象がどう新しいのかは，当然，これまでの仕組みを知らないと理解できません。また，現在の現象の重要性の判断にも，これまでの仕組みの理解は必須です。既存の仕組みの上に起きている新しい事象と，既存の仕組みを変えるような新しい現象では，重要性が違うからです。

　基本的な仕組みの理解はとても重要なのですが，基本的ゆえに変わらない（かつ，説明すると長くなる）ので，ニュース（新規性と短さが大事）にはなりえず，皆さんの手元には届きにくいのです。ただ幸いなことに，アメリカ政治の入門書は，手に取りやすい形で存在しています。まずは，岡山裕・西山隆行編『アメリカの政治』第2版（弘文堂，2024年）をおすすめします。その後の発展的学習には，久保文明・中山俊宏・山岸敬和・梅川健編『アメリカ政治の地殻変動——分極化の行方』（東京大学出版会，2021年）がよいでしょう。古典も重要です。合衆国憲法によってどのような仕組みが作られるのかを，憲法制定者自身が論じた『ザ・フェデラリスト』，1820年代のアメリカを旅し，外国人の目から仕組みを捉えたアレクシ・ド・トクヴィルの『アメリカのデモクラシー』は今でも変わらず必読書です。

　アメリカの歴史について学びたいという方は，本文で挙げた久保文明・岡山裕『アメリカ政治史講義』（東京大学出版会，2022年）の他に，西崎文子『アメリカ外交史』（東京大学出版会，2022年），『シリーズアメリカ合衆国史』①〜④（岩波新書，2019-20年）を是非お読み下さい。

第6講　「中国化」の中国政治
習近平のアイデンティティ政治を読み解く

|平野　聡|

[1] ウクライナの悲劇は東アジアの悲劇
——中露両国の「多極化世界」とは？

　2020年からの感染症問題に世界中が翻弄された中，2022年2月24日にはロシアがウクライナを侵略しました。これに対し，かつて日本の侵略に抵抗した歴史を誇る中国の反応が注目を集めました。しかし結論からいえば，中国が西側諸国と歩調を合わせてロシアを制裁する可能性は絶対にありません。しかも中国は開戦間もない頃から，「独立と領土の一体性は保たれるべき」としながらも，それは暗に「ロシアの新たな領土の一体性」を認めるものであり，少なくとも侵略されたウクライナの側に立つと明確に表明したことはありません。中国は総じて，ロシアによるウクライナからの西側影響力排除を「黙認」した方が，中国の戦略的利益に寄与すると見ています。

　このような問題の背景にある中国自身の世界観・国際関係観を正確に認識し，適切に対応しなければ，開かれた自由な国際秩序は，力が跋扈する国際秩序に置き換わるでしょう。

　中国は長年，経済的にみれば，西側諸国が中心となって構築された開かれた自由な秩序に依存し，その恩恵を最大限に享受してきました。しかし中国は，その忠実で積極的なプレーヤーに相応しいように自らの社会を開かれたものにする努力をせず，むしろ思想的には中国中心主義と閉鎖性を強め，対外的には「多極化世界」なる概

念を提唱してきました。

　中国は,グローバルな秩序における経済と政治を切り離します。何故なら,それぞれの国が自らの「国情」に基づいて選び取った体制や秩序を他国も尊重すべきで,内政不干渉こそが国際関係の安定の基礎だからだというのです。そこで中国はグローバル秩序のあり方について,まず独自の政治・社会的秩序のもとで発展し強大化した国が,各地域の「極」としてその地域の発展と安定を担保し,弱小な周辺国も「極」たる大国の立場やガバナンスを尊重すれば良く,さらに複数の「極」が互いに干渉せず認め合うことで,地域とグローバル双方の秩序が担保されると説きます。

　このような世界観のもとでは,ウクライナは「極」であるロシアに従うのが当然となります。また,日本・韓国・台湾・東南アジア諸国は,衰退するアメリカの代わりに西太平洋を包容する新たな「極」となった中国に従うのは当然となります。実際中国は,台湾に「偉大な祖国中華の懐に戻れ」と繰り返し圧力をかけるのみならず,日本や韓国に対しても,アメリカとの同盟関係から離れ,中国との積極的な関係を選択し中国の体制を賛美すれば,日韓両国を心から抱擁し恩恵を与え,アジアの真の平和を実現できると主張し続けています。

　したがって中国が,中国への批判を一切受け入れず,独自の共産党一党支配にこだわり,異論を持つ人々を弾圧することと,日韓台に圧力を加えること,そしてロシアとともに「多極化世界」を掲げてウクライナに対して冷酷な態度をとることは,全て連続・一体です。

　では,中国の人々はこのような「多極化世界」観や秩序の中で幸せなのでしょうか？

[2] なぜ中国は西側からの価値観を拒むのか
——中国近現代史を覆う暗さ

とりあえず中国の「多極化世界」観は，中国なりに近現代の歴史を経てきた中での，挫折や葛藤の産物であることはおさえておく必要があります。

グローバルで一体な世界史像は，西洋近世・近代史から発したものであることは否めません。これに対し，世界の他の地域からたびたび西洋中心主義批判が起こってきました。

しかし一方で，世界中に共通する道徳心や規範意識をいち早く洗練させ一般化したのはたまたま西洋であり，その成果を普遍的なものとして取り入れるのは良いことだ，という考え方もありえます。その結果，世界各地の近代○○社会・文化が，西洋由来のグローバリズムと互いにつながる中で成熟しました。近現代中国で隠然として続く自由主義思想や（残念ながら紙幅の都合で省きます），コモン・ローに立脚した香港の自由な経済と社会，あるいは自由で民主化された台湾社会はその一例です。

しかし，今日の中華人民共和国で主流をなしている中国ナショナリズム思想の立場は，必ずしもそう考えません。彼らは，人類史・世界史を通じて，より優れた文明・文化の成果が，他の文明・文化にも共有されてゆくという考え方には同意します。しかし，その中心にあるのは，数千年前に始まり今も続く自らの文明であることが望ましく，西洋文明の側が表向き開かれた価値観を掲げながら，その裏で中国を含む他の文明・文化や弱小国家に対して圧迫を加えたという表裏ある歴史と性格を信じられないのです。

とはいえ今日の中国ナショナリズムは，西洋近代の一側面であるマルクス・レーニン主義については，これを主体的に採り入れて中国の思想・文化と結びつけ「中国の特色ある社会主義現代文明」を

構築していると強調します。西洋、そして「外部勢力」を激しく嫌う習近平政権が、なぜこのような二面的態度を取るのでしょうか？ 1921年に発足した中国共産党からみて、労働者こそモノを作り世界を変える原動力であるという発想のもと、労働者の上に君臨する既存の国家、とりわけ帝国主義国を打倒し、世界に真の平等をもたらすためにまずエリートが労働者を導くよう説いたマルクス・レーニン主義の主張は、西洋や日本の圧迫、そして国内の様々な矛盾に苦しむ中国の現実に合致するように見えたからです。

中国共産党の指導者となった毛沢東のもと、1949年に中華人民共和国が建国され、この考えに基づいて中国の内外を作り変えようとした結果、列強に対する独立と、全世界で既存の秩序に抵抗する途上国の旗手となるというプライドは満たされました。しかし、毛沢東が掲げた社会改造の道は、中国の現実に照らして著しい落差があり、激しい政治闘争と飢餓の中で中国社会は疲弊しました。

そこで中国共産党は、経済発展を促して生産力を高めてこそ中国に《富強》がもたらされ、西側やソ連に従属しない自主・自立を実現できると考え、1970年代の末から改革・開放政策に転じました。その中でも彼らは、あくまで一党支配体制があるからこそ、これほど急速な経済発展と豊かさが実現したのだと考え続けました。別にアメリカや西側諸国の近代に見習わなくとも、中国の「国情」に照らして取捨選択し国家を建設すれば、それで自ずと成功しうるだけでなく、同じように西洋近代に対し強い不満を抱く国々の参考になる発展モデルを提供できると考えています。

[3] 西側が仕掛けた（？）「和平演変」への怨念

しかし、そんな中国が大きく揺さぶられ、このような主張の正当性が揺らいだのが、1989年の民主化運動と、その後のソ連・東欧

の激動です。当時の中国では，急速な経済発展が始まったにもかかわらず，物資の供給・輸送体制が十分に整わないことによる深刻なインフレで人々が苦しむ中，一部の官僚は業者から賄賂を受け取って物資を融通し利益を得ていました（官倒＝官僚ブローカーと呼ばれました）。そこで人々は，結局共産党体制が掲げる「人民を救い平等で豊かな社会をつくる。西側的な自由主義・資本主義社会の欺瞞とは異なる新しい社会をつくる」といった宣伝こそ欺瞞であると感じ，むしろ今こそ中国を自由化・民主化して，グローバリズムの真の一員になろうと声を上げたのでした。

これと前後して，1980年代後半の中国ではチベット独立運動が起こりましたが，1989年3月のラサ戒厳令で潰されました。この出来事は当時ほとんど注目を集めなかったのですが，北京で民主化運動が始まる前のタイミングで，中国共産党が自由な声を押し潰したという点で，極めて示唆的な出来事でした。

中国の民主化運動は果たせるかな，戦車が参加者を蹂躙した六四天安門事件で潰えましたが，その後東欧の社会主義諸国では，西側へ越境しようとする人波の中で体制が自壊したほか，1991年にはソ連の連邦制をより緩やかな枠組みへ移行することに反対するクーデタが発生し，それが逆に自由・民主勢力によって押し返されると，年末までにソ連は崩壊したのみならず，国境線の引き直しをめぐる問題や，更なる民族自決の主張に伴う様々な混乱が現れました。また，バルカン半島の多民族社会主義国家ユーゴスラヴィアは，チトー大統領のカリスマのもと，一時は民族の違いを超えた「われわれユーゴスラヴィア人」という意識を共有したといわれますが，チトー氏の死後，「各民族国家の境界線をどこに引くのか」をめぐる混乱とともに瓦解しました。

後に残された数少ない社会主義国家・中国は，これら一連の動きに対して極めて強い危機感を抱き，それを「和平演変」と呼ぶよう

になりました。本来社会主義国は、反帝・反封建の名において主体的に社会主義体制を選び取ったはずが、西側の圧迫のせいで長年経済的に低迷したのみならず、今度は社会主義国が門戸を開くと、西側諸国はこぞって「不純で腐敗した」西側の思想や大衆文化を持ち込んで社会主義国の人々を幻惑し、社会主義体制や多民族国家への愛や信念を削いだというのです。

そこで、同じく多民族な社会主義国である中国は、西側諸国による幻惑から自国を守るためにも、経済発展を通じて人々に社会主義体制と自国への愛を抱かせ、西側諸国のような自由と民主、開かれた体制は決して採り入れないという強い決意を抱きました。とはいえ、そのためにも経済的には西側主導のグローバリズムに飛び込み優等生として振る舞うという、何とも裏表のある態度をとったのです。

そして一時、アメリカや日本を含む多くの西側諸国では、このような中国の意図を全く理解せず、「中国もようやく門戸を開き、力強い経済発展を始めた以上、やがて制度・社会・文化的にも西側社会との融合が進むだろう、だからこそ中国との協力を進め、投資しよう」という認識が広まりました。

この結果、やがて日本は、東アジアの国際秩序を自国中心に作り変えて「極」の座を固めようとする中国に足をすくわれるようになりました。尖閣諸島をめぐる中国の現状変更の試みはその最たるものでしょう。また2008年のリーマン・ショックや新型コロナウイルス問題など、米欧諸国が混乱する都度、中国は「今や没落した西側諸国に代わって、中国が世界を主導し、真に平和的な国際秩序を実現する」と宣伝を強め、「一帯一路」など彼らなりのグローバル戦略を大々的に展開するようになりました。

[4]「愛国主義教育」とは何か

そして中国共産党は自国内を，決して西側諸国や諸々の世界宗教といった「外部勢力」に幻惑されず，終始一貫・徹頭徹尾中国への愛を抱く人々で満たそうとしてきました。1995年以後に「愛国主義教育」が強まると，「中国共産党こそ最も愛国的で，中国のために何が必要かを最も理解し，グローバリズムの時代にも引き続き中国に発展をもたらして貧困を解決して《富強》を実現する。そして中国人民は，多民族でありながらあたかも『中華』という名の単一民族として団結し，二度と西側諸国からの侮りを受けず，むしろ中華が世界を真に導くような《中華民族の偉大な復興》を実現する」と強調し続けています。この論法に即して言えば，中国における「愛国」とは，まず「共産党を愛する」こととされたのです。

しかしこのような発想には危うさを感じませんか？　そこで中国は当初，対外的にはこのような本音を隠しつつ，西側諸国に笑顔で接近し，外資が積極的に中国に投資すればするほどWin-Winの関係を構築しうると説きました。このような外交姿勢を「韜光養晦」(とうこうようかい)（能ある鷹は爪を隠す）と呼びます。

そこで西側諸国は，毛沢東時代の暗さ，体制の腐敗，そして民主化運動や少数民族・異論への弾圧といった共産党支配の負の側面に対して目を瞑り，ますます経済的な利益に基づいて中国を見る態度を取り，「経済発展で中産層が増えれば，中国でも自由化・民主化する」という，根拠なき「民主化論」を掲げて関与し続けました。当時の「民主化論」は，1970-80年代のアジア新興国や南欧・南米で進んだ民主化の実例を踏まえ，体制から自立した中間層が増えれば自ずと多元的な社会へと移行し，権威主義体制との平和裏の取引で民主化が図られると説きました。しかし「和平演変」という名の陰謀論で武装した中国共産党は，自国の中間層が西側諸国に取り込

まれることを強く警戒し，むしろ中間層を積極的に党員として取り込み利益を享受させるという姿勢を取りました。この結果，今や中国共産党は貧しい労働者や農民のための党という以上に，愛国的な大卒中間層・エリート層の利益を代表する，党員数9000万人を超える世界最大の政党となっています。

[5] 実力で世界を変えようとする2008年以後の中国

「本音を隠して西側諸国に微笑む」中国の姿は，2008年を境に変わりました。

この年の早春，世界はチベット独立運動に釘付けとなりました。これはチベットの人々が，北京五輪の聖火リレーが世界中を巡るタイミングで，仏教と人権を抑圧し続ける中国が五輪を開催することに疑義を示すものだったからです。しかし中国は単に鎮圧したばかりか，チベット独立運動に共感を示した国の企業が中国市場で利益を上げることを許さないという態度を取りました（フランスの商業施設カルフールに対する不買運動）。この結果，中国との経済的相互依存関係を重んじていた西側諸国はたちまち萎縮して対中批判を控え，北京五輪は成功裡に開催されました。直後，リーマン・ショックによる世界経済の混乱の中，中国は党・政府主導の巨大な財政出動で高速鉄道や高速道路を一気に建設するという景気浮揚策に成功した結果，「世界の工場」「21世紀は中国の世紀」の呼び声を不動のものとしました。

以来，中国は経済的な関係を盾にして西側諸国を従属させうると判断し，外交方針における「韜光養晦」を止め，強硬な「有所作為」（やることはやる）外交に転じました。

そして2009年，新疆ウイグル自治区の区都ウルムチでは，ウイグル族の出稼ぎ者が冷遇されたことへの抗議行動に端を発した大規

第6講 「中国化」の中国政治

模な衝突があり，これも鎮圧されました。このとき，長年にわたり漢族と少数民族の真摯な対話を訴えてきたイリハム・トフティ中央民族大学副教授が,「国家と社会の安定を害した」とレッテルを貼られ重罪となりましたが，西側諸国は深刻な問題とは捉えませんでした。

2010年と2012年，尖閣諸島をめぐる緊張が起こり，とりわけ2012年に中国は「釣魚島白書」なる文書を発表して尖閣諸島への侵略の姿勢を強めましたが，米欧諸国の間では当時依然として，中国による国際秩序の現状変更への危機感は薄かったといえます。

2012年に習近平政権が成立しますと，中国はリーマン・ショック克服の中で肥大化したインフラ建設部門の維持と拡大を狙って，「中国を中心とした巨大な経済圏を建設し，中国の経済的恩恵で世界を包み込む」ことをうたう「一帯一路」を提唱しました。これに対し欧州連合（EU）諸国を含め多くの国々が参加を表明したことで，中国はますます自国の台頭と恩恵を強調するようになりました。

一方，南シナ海島嶼の領有をめぐって中国がベトナム・フィリピンといった国々を圧迫する中，2016年になされた国際仲裁裁判の裁定は，中国の主張に根拠がないという判断を示しました。すると中国は「一片の紙屑」として切り捨てるなど，既存の様々な規範や枠組みが自国に不利であると見るや無視し冒瀆する態度を露わにしました。そしてアメリカに対しては，米中両国が超大国，あるいは「極」として国際秩序を分割しつつ共存する「新型大国関係」を要求し，西太平洋は「中国の海・勢力圏」とするよう主張します。これは，日本を含むアジア太平洋諸国とアメリカの安全保障協力を取り消せ，という主張です。

[6] 習近平新時代の「中国の夢」と「人権」

　このように習近平政権は，今や中国こそが没落する西側諸国に代わってグローバル社会を主導するという方針を明確にし，台湾を西側の影響下から「解放」して「祖国統一」を成し遂げ，西側に侮られた近現代史を完全に過去のものとする「中華民族の偉大な復興」の実現を目指しています。

　この中で，個々の中国の人々はどのように振る舞うべきなのでしょうか。習近平政権は，全ての中国国民が一律に共産党の領導（＝強い導き）のもと，中国の生産力の向上と発展に貢献すれば，中国が再び世界を導く「夢」を実現できることから，その中で初めて個々人の美しい生活も実現すると主張します。これを「中国夢」（「中国の夢」）と呼びます。中国では，これ以外の選択は認められていません。

　したがって中国では，自由権を中心とした基本的人権はありません。中国共産党曰く，「中国の人権」とは，帝国主義・西側に圧迫され貧困にあえぐ人々が立ち上がり，自立と繁栄を求める権利なのであって，このような中国の「国情」を踏まえた「生存権」「発展権」なのです。マルクス主義によれば，あらゆる価値観念も経済と社会の現実の産物である以上，西側諸国のいう人権も西側の特殊な環境の中から現れたものに過ぎず，中国はそれを共有するいわれは全くないと断じます。

　しかも最近の中国はそれだけでは飽き足らず，「西側の自由と民主は虚偽」という大宣伝をしています。曰く，アメリカや西側の民主と自由は選挙の時のみで，一般庶民は捨て置かれることは，感染症下での膨大な死者数から明らかであるため，そんな「自由」と「民主」は普遍的ではないというのです。これに対して，中国では誰もが党の「領導」に従って政治と社会に「参加」することから，

中国こそ人民の名における「民主」を実現しており、最も成功した「全過程民主」だというのです。

しかしこのような中国の主張は、常に矛盾に直面しています。

本来、あらゆる社会と文化は、他者からの刺激で多様に変化し活力を得るものです。世界史は、そのようではない硬直化した社会は必ず没落することを教えています。

ところが、発展を通じて中国国内に多様性が生じると、「万民が党とともに心を一つにして中国式の発展を追求する」という「中国の夢」の世界観と合致しなくなります。そこで習近平政権は、僅かでも政権と価値観を異にする人々を「毒」扱いして排除し、残された人々の頭の中を徹底的に「中国化」あるいは「党を愛することこそ愛国である」という観念で満たそうとしています。それが端的に現れているのが、2017年以後の新疆ウイグル自治区における弾圧、2019年以後の香港の激変です。

[7] 新疆ウイグル自治区 「発展・開放」のための恐怖政治

新疆ウイグル自治区という固有名詞は、今から十数年以上前の日本ではほとんど無名でした。しかし、中国の発展戦略がユーラシア全体を見据えたグローバルなものになり、新疆が西の最前線と位置付けられる中、習近平政権は「発展」に必要な「社会の安定」を担保しようとするあまり、新疆を個別文化・社会の多様性を強く抑圧する残酷な政治の実験場とし、世界に衝撃を与えています。

この地はかつて、ウイグル・カザフなどトルコ系の人々が暮らす地でしたが、18世紀半ばに清朝が領有して「新疆」と名づけ、さらに1884年に新疆省という「内地」と同じ行政区画になって以来、漢人が次第に増加しました。とりわけ共産党政権の成立以来、「新疆生産建設兵団」という屯田兵組織が圧倒的存在感を持ち、さらに

高度成長の中で資源基地としての重要性が高まったことで，漢族と少数民族の格差は決定的となりました。2000年から始まった「西部大開発」は，少数民族地域も高度成長に巻き込むことで貧富の格差を緩和するという意図もありましたが，対立の構造そのものは変わりませんでした。

一方，ソ連崩壊で独立した中央アジア諸国は，ウイグル・カザフなど中国側のトルコ系民族と文化を共有していますので，中国自身も当初は，彼らの紐帯を生かすことで新疆の発展を促すことも考えていました。しかし2009年の騒乱以来，中国はイリハム・トフティ氏などトルコ系民族のオピニオン・リーダーを厳しく弾圧したほか，次第に髭やベールなどの文化的表象を敵視し始めました。そして習近平政権は，さまざまな不満による事件の続発を見てとるや，2014年5月末の「第二次中央新疆工作座談会」の場で，「分裂主義・恐怖主義（テロリズム）・及びその温床である宗教極端主義＝三毒分子」を根絶やしにするという目標を掲げました。

2016年8月，チベット自治区での独立運動弾圧と厳格な支配を進めた陳全国という人物が新疆ウイグル自治区の党委員会書記（＝新疆における最高権力者）に転じると，習近平の意を受けた恐怖政治が横行し，2017年に入ると極端な監視社会化と悲惨な人権弾圧の実情が伝わるようになりました。これは，党・政府が管理するあらゆる個人情報に照らしてAIが「三毒分子」を判断する「一体化聯合作戦平台（プラットフォーム）」と呼ばれるシステムのもと，「基準を超えた」人を「職業技能教育培養転化中心（センター）」に収容し，徹底的な華語（中国語）と職業訓練を通じて「真の中国人」に生まれ変わらせようとするものです。また，「三毒」の程度が重いとされた人は，「国家安全に反する」として厳しく断罪され，死刑または刑務所送りとなりました。

では，どのような人々が強制収容され，処罰されたのでしょう

か？

　習近平政権のみるところ「三毒」の根源は，中国・「中華民族」の価値観に馴染まず，「外部勢力」であるイスラーム，外国とつながり，「中華」的な文脈に必ずしも合致しない各民族固有の文化にこだわることであるといいます。したがって，敬虔なムスリム，自らの民族文化に誇りを持つ人，中央アジアをはじめ外国と往来する人，外国の著作物や映像作品を所有する人，当局が内容を改変する前のコーランを所有する人は全て「三毒」とされ弾圧されています。

　また，党・政府の幹部や公務員も，「三毒」に甘い態度をとり見逃してきた人物は，信用出来ない裏切り者＝「両面人」とされました。ゆえに，自治区の指導的立場にあるトルコ系民族の党員も大量に断罪されましたし，中国社会と個々の少数民族を結ぶ真面目なエリートほど弾圧の対象となったのです。

　こうして，少数民族の社会と文化を代表するエリートを根こそぎ取り除きつつ，習近平政権は「宗教の中国化」なる概念を強要しました。これは，イスラームすら中国文明・中国社会との関係性を通じてのみ存在しうるものへと改変し，「愛党・愛国」のスローガンに完全に従属させるもので，アッラーではなく習近平を礼賛させるものです。また，そもそもイスラームや少数民族文化が，それ自体かけがえなく誇るべきものであるという発想自体，極めてシステマティックに破却されています。

[8] 香港での自由・民主の闘いと弾圧

　2019年の衝突以来，自由で開かれた社会と文化が急速に失われた香港の混乱も，根にあるのは新疆の問題と同じで，多様な価値観を許容できない習近平政権による惨事です。

　1997年，香港は英国から中国に返還されましたが，長年自由貿

易で繁栄した港湾都市を統制された社会主義体制に突然組み込むことは無理があるため,「一国二制度」が認められました。そして香港では, 経済発展する中国本土との関係で繁栄を享受する中,「中国人」意識も緩やかに共有されていました。

しかし行政長官直接選挙などを求める民主化の声は北京に無視され,「一国二制度」への疑念が強まる中, 粤語(広東語)文化防衛論と「香港人」意識も高まりました。

そして 2019 年, 大陸側で犯罪者とされた人を大陸に送ることを認める「逃亡犯条例」への反対を契機に(自由な言論が北京に敵視され, 人権と「一国二制度」を失うことへの危惧によります), 大規模デモが発生しました。これに対する警察の過剰な弾圧は,「光復香港(香港を取り戻せ)」を叫ぶさらなる抵抗運動につながりました。しかし 2020 年になると習近平政権は,「香港人意識を掲げる人々と外国勢力が結託し社会の安定を乱すこと」を厳しく弾圧する香港国家安全維持法を導入し, 香港における自由・司法の独立・三権分立は失われました。その代わりに香港では「中華民族意識」徹底のための圧政が厳しさを増しています。

[9] 米中関係の激変とパンデミック, そして今後

事ここに至り, アメリカも対中戦略を大幅に変え, 米中, さらには西側諸国と中国との「デカップリング」あるいは「デリスキング」が急速に進み始めました。人権抑圧的な中国で生産した商品を通じて利益を受けることの道義的責任を, 企業は株主や一般社会に説明できないという問題が生じたためです。

そのタイミングで発生したのが, 2020 年以後の感染症問題です。中国は「人民至上・生命至上」というスローガンのもと, 国家総動員的手法で「清零(ゼロ・コロナ)」を目指し, ワクチンのグローバ

ル提供による「健康シルクロード」「人類運命共同体」の実現を掲げ，保健衛生「先進国」を実現した共産党体制の優越性を主張したほか，「アメリカ・西側の没落」という宣伝を強めました。

いっぽう台湾は，2019年末の時点でいち早く異変を察知し，開かれた社会を維持しながら対策を徹底しました。中台関係には，ただでさえ「祖国統一」か，それとも台湾に中華民国という国家が事実上存在する現状を維持するのかをめぐる対立がありますが，そこに香港問題や半導体供給網問題の影響，さらには「一体どのような政治・社会体制が防疫に資するのか」という争点も加わったことで，台湾に対する西側諸国からの評価が高まりました。台湾は今や，中国の途上国に対する外交攻勢のため，主権国家としての正式な外交関係を大幅に減らしましたが，主権国家の関係とは称しない実質的な友好・パートナーシップ関係を大幅に増やしています。

そのことが一層，「台湾解放・祖国統一」を掲げる習近平政権を苛立たせています。台湾が米国や西側を一層惹きつける中，単にますます「両岸分断」が固定化されているだけでなく，中国への西側諸国の投資と技術供与は減りました。いっぽう，2022年以後明らかになった過酷なロックダウンと「ゼロ・コロナ」政策大失敗で，それまでは新疆ウイグル自治区や香港をめぐる状況を他人事のように見なし，「発展権」を満たすために奮闘する共産党になぜ従わないのかと本気で思っていた多くの人々は，今や新疆や香港における過酷な政治が自分にも及んできたと思い，将来を見通せなくなりました。とりわけ若年層の失業率が急激に高まり，結婚・住居・子育てなど全てにかつてなく費用がかかることがしばしば伝えられる中，習近平の導き通りに「中華民族の偉大な復興」のために奮闘すれば未来は必ず明るいという言説が信じられなくなり，競争社会から離脱し個人的な満足を求める「寝そべり族（躺平族）」が急増しています。習近平が思い描くような「中国の夢」は実現に黄信号が灯って

いるのです。

　焦った習近平は一層のイデオロギー統制に走り，ここ1～2年ほどは，何が何でも全中国の人々の脳裏から「外部勢力」の影響を取り去り，徹頭徹尾共産党が描いた「中国の道」に染め上げようとする動きを強めています。営利的な塾を禁止して教育を平均主義化し，余った時間は徳育＝愛国主義教育を集中的に行うよう仕向けているほか（戦前の日本人もびっくりするほどの子どもへの軍事訓練・忠誠心の強要が一般化しています），幼稚園も非営利性の公設とされ，幼児期から愛国主義を徹底させることにしました。そして，「中華民族の感情を害する」服装（主に和服を指す）を禁止する「治安管理処罰法」の改正や，外国人による「国家安全への危害」の可能性や自国民の「外部勢力との結託」をどこまでも根絶やしにせずにはいられない反スパイ法の強化なども進み，中国に一歩でも足を踏み入れた外国人も含め，誰も習近平思想と「愛国」の縛りから逃れられないのが現実です。

　AI・ITで水も漏らさぬほどの監視手段を得た，一君万民・自国崇拝・外国嫌いの巨大強権国家が，今後果たして本当に「発展」を持続できるのでしょうか。かつてなく息詰まった政治社会的雰囲気の中でどのような紆余曲折を見せるのでしょうか。世界史上かつてない体制の来し方行く末を読み解くことは，単に日本と世界の安全保障に関わるのみならず，文明論的次元の重大な課題なのです。

[参考文献]

阿古智子『香港　あなたはどこへ向かうのか』（出版舎ジグ，2020年）
熊倉潤『新疆ウイグル自治区　中国共産党支配の70年』（中公新書，2022年）
平野聡『「反日」中国の文明史』（ちくま新書，2014年）

第6講 「中国化」の中国政治

●● 学びを進めていくために ●● ・・・・・・・・・・・・・・・・・・・・・・・・・・・・

　近年の中国から伝わる話，あるいは中国がからむ話は，安全保障・愛国主義教育・人権抑圧などなど，日本の国益や日本で一般的な価値観念と合致しないものが少なくなく，しかも外国と外国人を強く疑う「国家安全」体制も急速に強まっています。そこで，そもそも中国に興味関心を抱くこと自体が時間や労力の無駄ではないか，という雰囲気が広がりつつあるのは残念なことです。

　しかし，このような局面だからこそ，中国という国がなぜこうなったのかという問題は，世界史一般の高みから多面的に明らかにされるべきでしょう。

　また，ナショナリズムあるいは文明の衝突といった重いテーマをさておけば，中国という国は実に多様で奥が深く，その中から現れる様々な技術・文化的産物は，今も昔も大いに参考にし，学ぶ価値があります。しかも，それなりに日本人と通じ合う発想・感性もあります。ゆえに，今や非常に多くの中国の人々が日本を訪れ，さらには定着していますし，昔から多くの日本人が中国の文化に親しむ（そして刺激される）中で近現代の日本を創ったのです。

　さらに，もとは中華文明世界の一端でありながら，他の文明・文化からの刺激を通じて，全く独自の開かれた社会と文化を創り上げた台湾・香港もあります（香港は危機に瀕していますが，いっぽう台湾は様々な面で，アジアで最も開かれた社会の一つとなりました）。

　したがって，「ある文明・文化は必ず悪い・問題がある」ということは全くないのです。むしろ様々な文明・文化は，それがたどった歴史によって性格を変えます。そのことを知る上でも，「中華」に関わる諸国・諸地域を学ぶことは，知的刺激に満ち溢れた営為なのであり，中国・「中華」に関連したあらゆる書物はとても興味深く読めるはずです。

第7講 自由をめぐる政治思想

| 川出良枝 |

[1] 西洋社会における「自由」のイメージ

 この講義では，政治思想の中でもしばしば言及される「自由」という概念に，様々な角度から光を当てることにしたいと思います。ここでいう自由とは，基本的には西洋社会における自由，すなわち，liberty あるいは freedom と呼ばれるものです。この二つの概念を区別する試みもありますが，ここではそこまで細かな話はせず，両者を互換的に用います。

 以下においては，自由とは何か，という根源的な問いかけに直接取り組むというよりは，自由について論じる際にしばしば問われる四つの問題に光を当てるというやり方を取ります。すなわち，第一に自由と「法の支配」とはどういう関係に立つのか，第二に自由と強制との関係はいかなるものか，第三に自由の「安全な」定義とは何か，第四に自由と平等との関係はどうなっているのか，という問題です。

 ところで，こうした理論的な話に入る前に，まずは西洋社会における自由をイメージとして捉えることにしましょう。西洋社会では，自由をローマ風の女神として表す慣行があることを，何となくご存じの方も多いのではないでしょうか。皆さんが，真っ先に思いつくものは何でしょう。おそらく，ニューヨークのリバティ島にそそり立つ「自由の女神」像（statue of liberty）ではないでしょうか。これは，アメリカ合衆国独立100周年を記念してフランスから贈呈され

第7講 自由をめぐる政治思想

た影像で,1887年に建立されました。自由の女神のもともとの起源は古代ローマの女神リベルタス(「自由」の意)です。リベルタスに限らず,ユスティティア(「正義」の意)やフォルトゥーナ(「運命」の意)など,古代ローマの神話に登場する神々は,ヨーロッパにおいてはとりわけルネサンス以降,アレゴリー(寓意)として確立し,文章の中で,あるいは図版や影像といった視覚表現において,盛んに用いられてきました。概念を視覚化することで表現の幅は広げられ,さらには,政治的な運動において効果的で強力な武器ともなりました。

寓意としての自由について,もう少し細かく見ていくことにしましょう。ルネサンス期には,自由に限らず,様々な寓意を一冊にまとめ上げた便利な書物が刊行され,以後,絶大な影響を与えることになります。チェーザレ・リーパによる『イコノロジーア(*Iconologia*)』という著作がそれです。初版は1593年に刊行され,1603年には豊富な挿画を追加した第2版が刊行され,その後何度も版を重ね,英語やフランス語にも翻訳されました。この著作における自由の女神が図7-1です。ここで女神は暴政と戦う政治的な存在とみなされ,自由が統治していることを示すために王権の支配の象徴である笏を手にもつ姿で描かれています。また,抑圧との闘いを象徴するものとして,解放された奴隷がかぶるフリジア帽を手にしています(ただし,画家はフリジア帽がどのようなものか知らなかったとみえ,形状は不正確)。隷従から脱却し,自由人として生きることが自由である,というメッセージが読み取れます。同時に,女神の足下に猫がいることにも注意を向けてください。猫は気まぐれを象徴し,上で述べた二つのような政治的な意味のみならず,自由気ままに生きるという意味も「自由」の意味内容であることを示しています。

18世紀フランスで活躍したジャン゠ジャック・ルソーの『社会契約論』は自由で平等な市民が契約によって国家を設立し,市民は

自由をめぐる政治思想　第 7 講

図 7-1　ルネサンス期の自由の女神

出典：Cesare Ripa, *Iconologia*, 1603. BnF Gallica（フランス国立図書館ガリカ）

直接参加による立法を行うべきだと説いた重要な作品ですが、刊行された当時の本——正確に言うと『政治法原理』という別のタイトルで出版された——に付けられた扉絵にも自由の女神が描かれています（図 7-2）。戦う女神というよりは、柔和でロココ的優美さに富む若い女性像となっているのが特徴で、笏、フリジア帽（こちらは正確な形状で描かれています）、猫に加えて、籠から逃げる鳥などが描かれています。このデザインは出版社側が提案したもので、ルソーがこれに難色を示した経緯を示す書簡も残っています。最終的にはルソーはしぶしぶ提案を受け入れます。ルソーの読者には貴族の女性が多く、彼女たちに好まれるであろう、というのが出版社の判断だったのでしょう。ところが、フランス革命期になると、与える印象が大きく異なる図版が登場します（図 7-3）。ルソーの扉絵とほぼ同じポーズをとりながら、峻厳な顔つきの女神は、自由を象徴する

121

第 7 講　自由をめぐる政治思想

図 7-2　ルソーの著作の中の自由の女神

出典：J.-J. Rousseau, *Principes du droit politique*, 1762. BnF banque d'images（フランス国立図書館イメージ・バンク）

フリジア帽と力の象徴である棍棒を手に持っています。注目すべきはその足下であり，そこにはもはや気まぐれを表す猫は描かれず，代わって打倒すべき敵（王と特権身分）を象徴するグロテスクなヒドラが描かれています。

ちなみに，ニューヨークの自由の女神像が笏とフリジア帽ではなく松明と本のようなものを手にしているのはなぜなのでしょうか。ニューヨークの自由の女神は，前述のように 19 世紀末に建立されたもので，かなりデザインが変化しています。彫像は，正確には「世界を照らし出す（＝啓蒙する）自由（Liberty Enlightening the World）」と名付けられ，全世界に自由の光を放つという意味の松明（移民や亡命者たちに自由の地を指し示すという意味もある）とアメリカの独立宣言の日付が入っている銘板（文字を記す古代ローマの板）を手に持っています。古代のシンボルにアメリカ史に即した独自のシンボルが付加された，というわけです。

このようにローマの女神として描かれる自由には，その時々の自由のイメージが加えられ，見るものに強力なメッセージを投じてきたと言えるでしょう。

図7-3 フランス革命期の自由の女神

出典：*Liberté*, Jean-Francois Janinet, d'après Jean Gillaume Moitte, 1792. BnF banque d'images（フランス国立図書館イメージ・バンク）

[2] モンテスキューの謎かけ──自由と「法の支配」

それではいよいよ本題に入ることにします。まず，18世紀フランスの思想家モンテスキューの『法の精神』における謎めいた一節を引用することから始めます。彼はそこで，自由とは法律が許すすべてのことができることである，と主張します。

　民主制の国々においては，確かに人民が望むことを行っているようにみえる。しかし，政治的自由とは人が望むことを行うことではない。国家，すなわち，法律が存在する社会においては，自由とは人が望むべきことをなしうること，そして，望むべきでないことをなすべく強制されないことにのみ存しうる。自由とは法

律の許すすべてをなす権利である。(『法の精神』第 11 編第 3 章)

　各人が望むことを行うことができるのは自由とは言えない,ということですが,なぜなのでしょうか? 彼の説明によれば,一人が,法律が禁じているにもかかわらず,望むことを行えば,他の者も同様に行動し,その結果完全な無法地帯となり,それぞれは自由を失う,ということになります。確かに,他人の命や財産を奪う「自由」を認めてしまえば,自分もまた命や財産をいつでも侵害されるリスクを負うでしょう。「国家,すなわち法律が存在する社会」というのは,各人がいかなることでも望むように行う自然的自由に一定の制約を課す存在です。同じくモンテスキューの文章を紹介しましょう。

　中国の哲学者の賛嘆すべき考えによると,神の正義とは大きな網のようなもので,魚はその中に捕らえられているのに,自分たちは自由だと考えている。魚と同様,罪人たちは,神により裁かれることはないと考えているが,網に捕らえられているのだ。(Pensées, N. 434)

　この文章は彼の私的な覚書の中の一節で,「中国の哲学者」とは誰かは記されていないのですが,おそらくこれは,『老子』の有名な一節である「天網恢々疎にして洩らさず(天のはる網は大きく,目が粗いようだが,罪人を決して見逃すことはない)」のことだと推察できます。老子を標準的に解釈すれば,この文章の含意は天の精妙なメカニズムの賛美なのですが,モンテスキューの関心は,人間の自由とは何か,というところに収斂します。最初に挙げた文章と同様,ここでもまた,自由とは,何らの制限もなく自由であることではなく,ルールの制約下における自由となっています。しかも,その際,

ルールによって無理やり行動を制約されているという感覚をもつことが少なければ少ないほど,あたかも何の束縛もなく自由であると感じることができればできるほど,社会はうまく機能するというわけです。

このように,モンテスキューにおいては,「法の支配」と「自由」は裏表の関係に立ちます。複数の人間が共存して社会を構成する以上,個人の自由は当該社会が許容できる範囲を定める明確で公正な法によって制約されます。ここには,法に対する強い信頼があることは確かです。しかしながら,自由が法による制約を受けることを前提とするなら,法によって自由が侵食される危険性についても考えざるを得ないでしょう。分かりやすい例を挙げれば,専制君主や独裁者の恣意的な法に支配される場合,個人の自由は著しく制約されてしまうでしょう。したがって,どのような法によって支配されるのか,が個人の自由にとって中核的な問題として浮上します。また,たとえ手続き的にみて正当な手順を踏んで制定された法律であっても,人間の基本的自由をどこまで制約しうるのかは,たびたび論争となります。たとえば,日本国憲法においても,第12条などに登場する「公共の福祉」の観点からの個人の自由の制約が一定程度認められていますが,個別の争点については,時に大きな論争をまきおこしてきました。

[3] ミルの提案——自由と強制の関係

法律による自由の一定程度の制約の必要を認めながらも,個人になるべく大きな自由の余地を与えるために,制約できるものとできないものとを分ける明確な基準を設けようではないか,という提案を行ったのが,19世紀イギリスで活動したジョン・スチュアート・ミルでした。彼は1859年に『自由論』を刊行し,「世論の暴政(テ

第7講　自由をめぐる政治思想

ィラニー)」「習慣の専制（デスポティズム）」といった厳しい言葉を用いて，一般国民に広くまん延する知的道徳的停滞を批判しました。多数を占める国民は，伝統・習慣・自己の帰属する集団（「階級」）から自由であることの本質的価値を理解できず，こうした存在に安易に依存しがちだというのです。ミルによれば，個人の利益の最大の判断者は自分自身です。彼は，既存の権威からも，また，「世論」という新種の権威からも独立した個人の自発性を断固として擁護します。人間は，「個性（individuality）」をもった存在であり，自分の考えを正直に表明し，行動に移す自由は最大限に尊重されるべきだというのです。ミルは，二つの根拠を示して自由の価値を説きます。第一の根拠は，人間とは，自分が思うように生きるとき最も幸福を感じる存在だというものです。第二のものは，個性は多様性を生み，多様性を通して人間の知的道徳的能力は発展し，真理の発見とともにすぐれた人格形成にも成功する，というものです。ここから，彼は，以下のようなルールを導出します。すなわち，自分自身にのみ関わる行為については，完全な自由を与え，ただ，他者に関わる行為にのみ，一定の制限を課すべきだというのです。彼の言葉を引用しましょう。

　誰の行為の自由に対してであれ，個人あるいは集団として干渉する場合，その唯一正当な目的は自己防衛だということである。文明社会のどの成員に対してであれ，本人の意向に反して権力を行使しても正当でありうるのは，他の人々への危害を防止するという目的のためだけである。（『自由論』序論）

個人の自由に干渉を加えるのが正当化されるのは，ただ，その行為が他の人々に危害を加える場合のみである，というこの明快なルールは，後世において「危害原理」と名付けられました。このルー

ルの眼目は，たとえ第三者から見て，本人自身に悪い影響を与えるような行為であっても，他人に迷惑がかからない限りでは，本人に自由を認めるべきである，というところにあります。例えば，浪費，飲酒，賭博，売春などが例に挙げられ，ミルは慎重に検討しつつも，こうした行為においても個人の選択を尊重すべきだと主張します。というのも，ミルによれば，「自分自身に対しては，すなわち自分の肉体と精神に関しては，個人は主権者である」からです。

さらに，本人が自覚的に他者を傷つける意図なく，結果として他者に害悪をもたらすような行為もまた，人間の自由というより大きな善のため社会はこれを我慢しなくてはいけないというのがミルの立場でした。警察官が市民を守る義務をきちんと果たせるように職務中の飲酒の禁止を設けるのは許されても，職務遂行に関係のない状況で警察官が酔いつぶれようと，借金をしようと問題はない，というのです。また，法的制裁のみならず，道徳的制裁に関しても，危害原理が適用されます。浪費家の親がいたとしても，親が子に対する養育の義務を果たさなければ，その点については，道徳的に批判されるべきだが，浪費そのものは本人の自由だというのです。浪費をしなくても，親の義務を果たさないケースと何ら変わりはない，というのがミルの立場でした。

危害原理は個人に適用されるのみならず，社会のあり方に対する指針ともなります。ミルは，ある社会の多数派が奉じる宗教や習俗におけるタブーをそれを共有しない者に強制できるか，という問いを立てます。具体的には，イスラーム圏における豚肉食の禁忌が例として挙げられます。異教徒に豚肉を食べるなと強制しても，多くの場合（豚肉を食べるべき，という教義をもつ宗教でないかぎり），それは信仰の自由には牴触しません。それゆえ，一見すると，マジョリティのルールを少数者に強制することに問題はないようにもみえます。しかし，危害原理からみると，本人が何を食べるかは私的領域，

すなわち個人の完全な自由の領域に属するのであって、その者が豚肉を食べたからといって、豚肉を食べたくない者に直接危害を与えるわけではない。したがって、こうした宗教的タブーの強制は許されない、というのがミルの結論です。現代日本に置き換えて、たとえば選択的夫婦別姓を求める声に対し、危害原理を適用してみるのも一考です。

　もっとも、ミルは危害原理の適用において、微妙なケースがあることも理解していました。彼が完全な選択の自由を求めるのはあくまでも成人に限られ、未成年者に親や教師が教育的指導を行うことまで批判していたわけではありません。成人になってからも、他人の助言に一切耳を傾けず、自分の世界に閉じこもることを推奨していたわけではなく、むしろ、お互い堂々と自分の意見を述べる討論の自由が大切であるというのがミルの立場です。また、上で挙げた例の中でも、賭博や売春の場合、それが広く社会の福祉に及ぼす悪影響も考慮に入れて、個人は処罰すべきではないが、業者を規制することには合理性があるという立場を表明しています。とはいえ、彼は常に当該社会の少数派の意見の尊重に意を払い、自分の個性と自由を発揮することの価値を繰り返し訴えます。

　この節を閉じる前に、日本の若者についての面白い調査結果を参照しましょう。内閣府が2021年8月に刊行した令和元年度版『子ども・若者白書』において、日本・韓国・アメリカ・イギリス・ドイツ・フランス・スウェーデンの7か国の若者の意識調査が行われ（調査年は2019年）、その中に「他人に迷惑をかけなければ、何をしようと個人の自由だ」という設問がありました。アメリカ、イギリスは約8割、韓国でも約7割と、圧倒的に肯定的な回答を示す若者が多いという結果となりました（図7-4）。ミルがこれら諸国の若者の反応を見たらさぞ喜んだことでしょう。ところが、日本の若者の場合、肯定的な答えを出した者は約4割にとどまり、否定的な答え

自由をめぐる政治思想 第7講

図7-4 他人に迷惑をかけなければ，何をしようと個人の自由だ

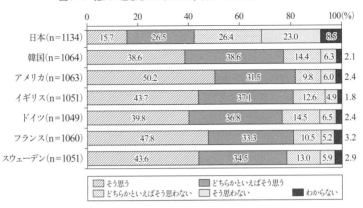

出典：『令和元年度版子ども・若者白書』図表10

を出した者の割合とほぼ拮抗する数字となりました。この結果を皆さんならどう分析しますか。また，皆さんならどう答えたでしょうか。ミルの議論をふまえて，色々と考えてみてください。

[4] バーリンの挑戦——自由の「安全」な定義

モンテスキューは自由とは法の許すことをすべて行うことであると主張し，ミルは，個性と自由の尊重という観点から法が自由を制約する際に満たすべき基準は何かを明らかにしました。こうした議論のリレーの最後に，20世紀の政治理論家であるアイザィア・バーリンに登場してもらうことにしましょう。バーリンは，ロシア帝国領であったラトヴィアのユダヤ系の家庭の出身で，ロシア革命後，両親がイギリスに亡命したことにより，以後，そこで活躍しました。オクスフォード大学教授就任記念講演である「二つの自由概念」（1958年）において，彼は，自由には「消極的自由」と「積極的自由」という二つの概念があると主張しました。これは，それ以降，

自由を定義しようとする際、必ず参照されるほど有名な論文となりました。

　バーリンによれば、これまで自由という概念は、大別して二つのやり方で定義されてきました。一つは、自由を消極的に定義する試みです。それによれば、自由とは、外部からの干渉を受けずに自分のしたいことをなすことであり、障害や干渉からの自由とされます。もう一つが自由を積極的に定義する試みで、それによれば、自由とは自分が自分の主人であり、自分の意志に基づいて選択し行為することです。別の言い方をすれば、「自己支配（self-mastery）」としての自由がこれにあたります。結論を先に述べるなら、バーリンは、前者、すなわち消極的自由が自由の定義として適格だ、と結論づけます。

　消極的自由を擁護するために、バーリンは、モンテスキューとミルの自由論に挑戦します。政治的立場という点では自分と近い二人の先達に敬意を払いながらも、その議論の欠陥を批判したのです。まず、先に挙げた『法の精神』の一節をふまえ（ただし、バーリンのモンテスキューからの引用はやや不正確）、モンテスキューが「自由とはわれわれが意志すべきであることを行う力」と結論づけたことは、自由主義者にあるまじき誤った考えだと述べます。バーリンが批判するのは、法律とは理性の命令であり、これに従うことこそが自由であるという考え方です。この誤った考えは、モンテスキュー以外にもジョン・ロックやルソー、またイマヌエル・カントにみられるというのです。これに対して、バーリンのお気に入りは功利主義を打ち立てたイギリスの理論家ジェレミー・ベンサムです。というのも、ベンサムは、「あらゆる法律は自由の侵害である」「あらゆる法律は自由に反する」と明言したからです。バーリンの主張とは要するに、理性的な命令であろうがなかろうが、人間の行動が法律によって制約されている状況を自由と呼ぶのは間違いだ、ということで

す。バーリンの消極的自由とは、外部からの干渉を受けない状態を指すものであり、この立場からすると自由と「法の支配」を結びつける議論は受け入れがたいということになります。この点は、彼の積極的自由に関する議論と連動するので後述します。

では、ミルに対してはどうでしょう。バーリンは、ミルが決して侵害されてはならない個人の自由の領域を断固として守ろうとしたことを高く評価し、消極的自由観念の神髄をミルの作品に読み取ります。とはいえ、バーリンはミルの議論がやや過剰に自由の利点を擁護しすぎている点に不満を表明します。たとえば、上で見たような、真理の発見や人格形成にとって個人の自由は不可欠であるというミルの議論はバーリンにとって受け入れがたく、不寛容で抑圧的な社会が天才を生み出し、道徳的に優れた人物を輩出してきた事例はいくらでもある、と述べるのです。バーリンは、本音では消極的自由を大切に思っているのですが、同時に、自由という価値を共有しない社会でも多くの者が幸福に生活を営んできたことを認めます。そもそも自由は無制限なものではなく、自由以外の他の重要な価値（平等、正義、幸福、安全、社会秩序など）とときに対立し、お互いの間で妥協、あるいは調停しなければならない局面もあり得ます。要するに、バーリンのミル批判は、後者が自由という価値を絶対視しないまでも、他の価値より明らかに優位に立つかのように論じたという点に集中するのです。このように、自由という価値の相対性を自覚しながら、それを擁護することに情熱を注ぐ、というのが、いささか屈折しているように見えますが、バーリンの立場だったと言えるでしょう。

バーリンとミルの自由観の相違という問題はこのぐらいにして、積極的自由の問題に戻りましょう。バーリンの自由論の中心的主張は、自由をどう定義するか、という問題に関わります。すなわち、自由を外部から干渉されたり、邪魔されたりしない、という否定

的・消極的側面で定義するのか，自由を自分の意志に基づいて選択し行為する，という肯定的・積極的側面で定義するのか，という問題です。「自由とは，他人に干渉されないで，自分の意志に基づいて選択することである」，という風に，消極的定義と積極的定義の両者を合体させれば何の問題もないではないか，と思う方もいるかもしれません。ただ，バーリンが着目したのは，純粋な定義の問題というよりは，歴史的経験の問題です。簡単に述べれば，消極的自由の概念は誤解の余地のない安全な定義であるのに対し，自由を積極的に定義づけた場合，それは思わぬ方向へと引きずり寄せられ，結果として自由そのものを抑圧する結果をもたらしてしまった，ということです。

なぜそのような結果が生じてしまうのでしょうか。自分の意志に従うということに注目すると，往々にして，激しい情念に負けて愚かな選択を行うことは真の自由ではない，理性的な意志によって自分の心の弱さを制御することこそが自由である，といった類いの議論が入り込んでしまう。入り込んだとしても，それが自分の心の問題に止まっていれば良かったのだが，実際には，個人より大きなもの，すなわち，国家，民族，社会といった共同の自己が登場し，それが未熟な個人に代わって正しい理性的意志を示す，というすりかわりがおきてしまった。たとえば，法律がそうした理性的意志を反映していると考える者であれば，法律に従うことこそが自由だ，と主張するでしょう。また，メンバー全員の利益を追求する共同体の理性（法）への服従は，決して個人の自由を損ねるものではないということにもなります。こうした論理の典型例として，バーリンはルソーの『社会契約論』の一節「自分を全体に与えるなら，自分を誰にも与えていない」（第1編第6章）を挙げます。このように自由の積極的な定義は，思わぬ方向へと展開し，フランス革命後のジャコバン独裁や権威主義・マルクス主義・ナショナリズムの勃興，ま

た最悪の形態として20世紀の全体主義を生み出してしまったというわけです。そこまで極端ではないにしろ，自由の積極的定義は，理性的か否かという基準をもち込むことで個人の自由の領域を無造作に侵害しかねない，とバーリンは主張します。

かくしてバーリンが自由を論じる際に用いる定義は自由の消極的定義です。政治はあくまでも消極的自由を擁護するものでなければならず，その役割は権威をなるべく小さくして，不干渉の領域をなるべく大きく確定することです。他方，政治が積極的自由の論理を取り込み，権威を自らの手中におく事態に警鐘をならしたということです。

[5] 平等と自由

最後に，平等と自由の関係について考えてみましょう。

上で示唆したように，バーリンは他の政治的な価値に対し自由が特権的優位性をもつわけではないと考えていました。そこで挙げられる価値の一つが平等であったことに注目しましょう。平等と自由は密接な協調関係におかれることが多いものの，ときに鋭く対立してきました。

この点で明快な図式を示しているのがイタリアの政治学者ノルベルト・ボッビオの議論です。ボッビオは，現代の政治イデオロギーを分析するにあたり，「右」と「左」というよく用いられる指標を平等の観念で整理します。すなわち，左と呼ばれる運動の共通点はより大きな平等を求めるという点に見出されるというわけです。ただし，全員が完全に同じになるという絶対的平等を求めるわけではなく，合理性のない不平等を可能な限り除去するというのが左の立場の特徴です。何らかの基準を設け，そこにおいて対等なものには対等な扱いをするというのが平等の基本条件となります。

例を挙げましょう。選挙権は，歴史的にみて，まずは生まれによる差別があり，次に収入による差別，性差による差別があり，それが順々に克服されてきました。しかし，現在でも年齢による差別や国籍の有無による差別は残存しています。所得の再分配については，所得は労働の成果である以上，再分配は無用の政策であるという立場から，偶然性（自然的な才能や運や社会条件）に起因する経済的格差は是正すべきであるという立場，さらには，各人の必要に応じて分配すべきだという立場があります。つまり，より大きな平等を求めるといっても実際には，どこまでが合理的な平等であり，どこからが合理的な不平等かの位置を決めるところで違いが発生するというわけです。

平等・不平等の問題のみを考えればよいわけではありません。そこに，統制・自由（国家権力による統制と個人の自由）の問題が加わります。イメージとしては，横軸に前者，縦軸に後者をおいて想像してみてください。平等を実現するために，統制が必要になる局面もある一方，自由を実現するために不平等が再生産されたり，拡大される局面もあるということになります。このように両者がトレードオフの形になるなら，政策立案者はどうしても，両者の間で微妙なバランスをとるよう強いられるわけです。

例を挙げましょう。所得の再分配のために，累進課税を強化する。中小の小売店を保護するため，大型店舗の出店を規制する。マイノリティや女性のための入学枠，採用枠を設ける。こういった施策が，平等の実現のため自由を抑制する例となります。この場合，どうしても所得の高い者，マジョリティに属する者が，こうした政策に不満を抱きがちです。累進課税を導入した場合，実際には，低所得階層の潜在的な自由も制限しているのですが，そうした階層は経済的条件にはばまれて選択の自由（好きなように支出する自由）を実際には享受できていないため，もてる者の自由のみが制約されているか

に見える,ということも付言しておきましょう。

とはいえ,自由と平等が常にトレードオフの関係にあると考えるのは一面的です。これまで男性のみに参政権を与えていた国が女性に参政権を付与することになった場合,男性の権利を制限することになったでしょうか? 女性が男性の利害と一貫して異なる投票行動をとるというのでなければ,そうした事態にはならないでしょう。同性婚を認めた場合,男性と女性のカップルの権利がそれによって大きく制約されることはないでしょう。ただし,同性愛を宗教的禁忌とする文化圏などでは,これに強く反対する主張もあり,複雑な側面もありますが,少なくともこの問題が平等と自由のトレードオフという関係を示すものではないとは言えるでしょう。先に取り上げたミルの主張も加えれば,直接的な危害が加えられるのでなければ,好きな相手と結婚するという自分の自由と同様に,他人の同じ願望も平等に尊重すべきであるということになるでしょう。

自由と平等の関係は,両者は常に一致するとも言えないし,逆に常に相反するとも言えないものであることを強調しておきたいと思います。

自由と平等との関係を考える上で,最後にもう一点確認すべきことがあります。それは,自由とは一部の者の権利として保障されるべきではなく,全員に,また対等に保障すべきだという考え方です。すべての人間は,平等の自由をもつ。すなわち,他者に同等の自由を認める限りにおいて,その自由を享受することができるという意味で万人は平等であるという原則です。この考え方は,自由主義(正確に述べるなら,おおむね17世紀から19世紀にかけて確立した思想としての自由主義)の根幹をなすものです。フランス革命期に発布された「人権宣言」の第1条の文言である「人は,自由,かつ権利において平等なものとして生まれ,生存する」はこの精神を雄弁に物語ります。これは,「世界人権宣言」(1948年)の第1条にも継承され

第 7 講　自由をめぐる政治思想

ています。

　自由と権利に関して人間はすべて平等であるという原理を確立するまでの間，自由を求める運動と平等を求める運動は幸福な協力関係にありました。あるいは両者の違いはほとんど認識されていなかったと言えるでしょう。しかし，この原理がひとたび確立した後に，自由と平等の間にある緊張関係にも目が向くようになります。自由主義が奉じる平等は，法律上の，いわば形式的平等，最小限の平等にすぎず，実際の社会で生活する際の不平等（典型的には経済的格差）は放置されているという批判が台頭します。かくして，自由と平等の関係は上で述べたように複雑なものになっていくのですが，とはいえ，出発点において自由と平等は固く結び合わされていたということは，自由をめぐる政治思想を考える上で忘れてはならないポイントです。

　自由とは何か，平等をはじめとする，自由と並び立つ他の政治的理念と自由とのあるべき関係はいかなるものなのか。こうした問題をぜひさらに掘り下げて考えてみてください。

［参考文献］

ポール・ケリー『リベラリズム――リベラルな平等主義を擁護して』佐藤正志ほか訳（新評論，2023 年）

アイザィア・バーリン『自由論』新装版，生松敬三ほか訳（みすず書房，2018 年）

ノルベルト・ボッビオ『右と左――政治的区別の理由と意味』片桐薫・片桐圭子訳（御茶の水書房，1998 年）

J. S. ミル『自由論』関口正司訳（岩波文庫，2020 年）

モンテスキュー『法の精神』全 3 巻，野田良之ほか訳（岩波文庫，1989 年）

チェーザレ・リーパ『イコノロジーア』伊藤博明訳（ありな書房，2017 年）

若松良樹『醜い自由――ミル『自由論』を読む』（成文堂，2021 年）

Yoshie Kawade, "Liberty and the Rule of Law," in Michael Mosher and Anna

Plassart, eds., *A Cultural History of Democracy*, vol. 4 (The Age of Enlightenment) (Bloomsbury Academic, 2021).

Montesquieu, Pensées, https://www.unicaen.fr/services/puc/sources/Montesquieu/

●● 学びを進めていくために ●● ・・・・・・・・・・・・・・・・・・・・・・・・・・・・・・・

　講義を通して（西洋）政治思想に関心をもたれた方には，川出良枝・山岡龍一『西洋政治思想史――視座と論点』（岩波書店，2012年）をまず手に取ってほしいと思います。自由の他，正義，富，権力，性，公共性など，政治における16の重要テーマについて，時代横断的に諸思想を概観しています。巻末の参考文献を活用して，興味を引かれた思想家については，ぜひ思想家自身の作品（の邦訳）を直接読んでください。政治学の体系全体の中において政治思想や政治哲学・政治理論がどのような位置にあるかを知りたい方には，川出良枝・谷口将紀編『政治学』第2版（東京大学出版会，2022年）をお勧めします。

　自由をめぐる政治思想について，もう少し掘り下げたいという方もおられるかもしれません。講義では，バーリンの二つの自由概念を取り上げましたが，この図式に挑戦し，近代の自由主義が成立する以前の，古典古代（特に古代ローマ）に由来する自由概念を発掘し，大きな反響をまきおこしたものが，クェンティン・スキナー『自由主義に先立つ自由』梅津順一訳（聖学院大学出版会，2001年）です。政治参加や法の支配の原則の確立等によって，恣意的権力に支配される可能性を構造的に排除することが自由であると考える「非支配」としての自由（共和主義的自由概念）が第三の自由として論じられています。

　本講義では十分取り上げられなかった現代的課題に，「言論の自由」の制限は許されるか，というものがあります。極端な誹謗中傷や偽情報の氾濫に対しどう対処すべきか，という問いを耳にすることも多いと思います。ミルの『自由論』は，この問題を考える上でも重要な作

品です。言論の自由に対しても一定の制限は可能である，という立場とはいえ，反対論にも目配りのきいたジェレミー・ウォルドロン『ヘイト・スピーチという危害』谷澤正嗣・川岸令和訳（みすず書房，2015年）も挙げておきます。

第8講 「公共」と政治学のあいだ
日本政治思想史の視角から

| 苅部 直 |

[1] 政治の言葉を考える

　いまや多様性の時代です。1, 2年次の学生として大学の教室にいるのは、日本語を母語として日本国籍をもち、日本の高等学校で教育を受けた人ばかりとは限りません。海外で中等教育を受けて進学した人たちも学んでいます。また、職業人として長く活躍したのちに、再入学して学び直しを始めた方もいるでしょうね。しかし大半の学生は、ごく近年に（何年前のことであるかは、人によって異なるでしょうが）日本の高校で必修科目の「公共」、あるいはその前身の「現代社会」を勉強してきたと思います。

　みなさんはこれから政治学を学ぶことになります。高校でこれまで学んでこられた科目のうち、政治学の研究対象と重なる内容をもっとも多く含んでいるのは、公民科の必修科目の「公共」、そして選択科目の「政治・経済」でしょう。さらに、政治学が含む専門領域のうち、政治思想史はさらに公民科の「倫理」とも、政治史・外交史は地理歴史科の「歴史総合」「日本史探究」「世界史探究」とも、それぞれ結びつきが強いと言えます。

　もちろん、大学での政治学の教育は、高校で必ず「公共」を、また人によってはいま挙げたその他の科目も学んでいること（日本の高校を出ていない人については、それと同等の知識があること）を前提にして行うのが、学校教育法に定められた方針です。デモクラシーの基本原理、日本国憲法の原則、日本の政治制度、国際政治の動向と

第8講 「公共」と政治学のあいだ

いった事柄について、小学校から高校までの間に身につけてきた知識を基礎として、大学での政治学の教育も行われます。

数学や物理学の場合であれば、高校まで学んできた内容を、それまでの考え方や問題解決の手順を保ったまま、なめらかに発展させた内容を、さらに大学で学ぶという性格が強いでしょう。しかし、高校の「公共」などの科目と大学における政治学との関係は、やや違った性格を帯びています。教室で学ぶ主題となる、現実の憲法や政治制度・政治過程といったものごとが、高校と大学とで大きく異なるということは、もちろんありません。でも、そうしたものごとを探究するための方法が、高校で学ぶ科目とは、大きく異なるのです。

では、どのように違うのか。政治学のうちのさまざまな専門分野のそれぞれに応じて、その答は変わってきます。政治学全体に関わる大きな目標としては、政治思想史、政治史、外交史、現代日本政治、国際政治……といった専門分野それぞれの知見を、大学で身につけることを通じて、一般の市民もしくは政治・行政・外交の実務家として、それぞれの場で政治を考え、政治に関わるための思考を豊かなものにすること。それが、大学の学士課程4年間における政治学教育の役割です。

政治思想史という分野に関して言えば、以下のようなことが、高校教育との違いとして、もっともはっきりした特徴になります。たとえば、「国家」という言葉について考えてみましょう。いくつも刊行されている「公共」教科書（2021年検定版）の一つには、こういう記述があります（特定の教科書に関する宣伝もしくは中傷になってしまうのを避けるために、題名・出版社名は伏せて紹介します）。「国家とは、①一定の領域を基盤に、②そこに住む人々（国民）のうえに、③主権の作用によって社会秩序を作る公的な団体である」。

この文章を読んだだけで内容がすっきりと頭に入るかどうかは別

として，現代の日本語話者はこういう理解を前提にして，「国家」のとるべき方向について議論したり，「国家」の法を守ったり（あるいは破ったり）している。そう伝えようとする文章であることはわかるでしょう。自分の言葉で明確に語れなくても，「国家」とは大体こんな感じのものだと多くの人が了解している内容。それを教科書の言葉で説明し直すとこうなる。そういう記述です。

しかし，この教科書の説明に見える「主権」とは，また「公的な団体」とは，何を意味するのでしょうか。さらに「国民」とありますが，外国からやってきて日本の国内に住み，長らく仕事をしているが日本国籍を持っていない人は，日本の「国民」に含まれるのでしょうか。そういう人と，長期滞在する外国人旅行客とを区別するものは何でしょう。

また，ここでは「領域」「国民」「主権」の三つの要素が揃うことで初めて，人間の「団体」は「国家」と呼べるという理解が前提になっているようです。「主権」について同じ教科書は，別の章でこう説明しています。「この主権国家からなる国際社会のあり方は，ヨーロッパでは1648年のウェストファリア条約を原型とし，18世紀にかけて定着した」「主権国家は，制約のない統治権力を君主がもつ絶対主義国家として成立した」。

つまり，17世紀から18世紀にかけて，ヨーロッパ諸国において確立した，主権国家という秩序の型。それがやがて全世界に普及した事実を受けて，そうした主権国家を意味するものとして，教科書は「国家」という言葉を用いていることがわかります。現在，日本国憲法が日本国のことを「国家」と呼んでいるのも（前文「日本国民は，国家の名誉にかけ，全力をあげてこの崇高な理想と目的を達成することを誓ふ」），近代ヨーロッパで成立し，いまでは国際連合のすべての加盟国が採用している，主権国家という制度を前提にした規定です。

日本という国が，そうした主権国家になったのはいつでしょうか。

第 8 講 「公共」と政治学のあいだ

教科書の記述からうかがえる主権国家の定義は，以下の二つの特徴から成ると言えます。その領域内において，君主などの主体が「制約のない統治権力」を握り，国民を統一的に支配していること（国民が主体となって自分自身を支配していると考えるならば，「国民主権」の国家ということになります）。そして，そうした主権国家が対等に並ぶ形で「国際社会」を構成していること。この定義に厳密にこだわるならば，徳川政権による支配体制から，天皇を権力の頂点に置く体制へと，日本が大きく変わったとき，すなわち明治維新──「維新」などという曖昧な表現よりも，きっぱり「明治革命」と呼んだ方がよいとする見解も，近年には登場していますが──を，主権国家の始まりと見なすことができるでしょう。

慶應 3 年 12 月 9 日（西暦で 1868 年 1 月 3 日）に京都の宮中で，「摂関・幕府等」を廃止する「王政復古」の宣言が明治天皇の名で発布され，新たな政治体制が始まります。そして年が明け，翌年 1 月 10 日（西暦で 2 月 3 日）付の天皇による国書が同月 15 日に，それまで徳川政権と国交を結んできた，フランス・イギリス・イタリア・アメリカ合衆国・プロイセン・オランダの 6 か国の公使に手渡されます。それは「王政復古」（日本語の正文に見える表現。英文ではおそらく restoration。今では「明治維新」の訳語に使われる言葉ですが，本来は「王政復古」の訳だったと思われます）という言葉を示し，今後は「日本国天皇」が「将軍」に代わり「内外政事」を親裁して，諸国との間に外交関係を保ち続けると告げる文書でした（『大日本外交文書』第 1 巻第 1 冊，日本国際協会，1936 年，229-239 頁）。全国を統一する権力の頂点に天皇が立っており，諸国と国交を結ぶ主体となる。この瞬間に，のちの時代まで続く日本の主権国家の制度が，名目において確立したと言えます。

しかし，江戸時代までの日本が「国家」ではなかったと言い切ってしまうと，違和感を覚える人もいるでしょうね。「国家」という

漢字二字の熟語は，漢籍の古典に由来する言葉として，『日本書紀』にすでに見えます。また和語の「くに」は，各地方の郷土を意味する言葉としても，広い日本全国のまとまりを意味する言葉としても，古くから使われています。そうした昔からある言葉づかいと，現代人が口にする主権国家としての「国家」とは，どういう関係にあるのでしょうか。「主権国家」という言葉も，実は王政復古の前後に，近代西洋の言葉である sovereignty, state（英語で表現した場合）の訳語として，「主権」「国家」という訳語が採用されたことに由来する表現です。現在使われている意味での「国家」は，古代からずっと同じ意味で使われてきた言葉ではなく，近代という時代の出発点において創られ，選ばれたものでした。

　漢語の「国家」，和語の「くに」，西洋から輸入された sovereignty, state の語，さらに近代になってその訳語として用いられた「主権」「国家」という表現。そうした概念が歴史上，いかに重なりあい，変化してきたかについて，ここで詳しく説明する余裕はありません（興味のある方は，拙稿「日本が「国家」になったとき——水戸学から主権論へ」，『アステイオン』90号，2019年5月，をお読みください）。しかし，そうした言葉の変遷は，この日本列島に住む人々が，みずからが属する秩序について考えてきた内容が移り変わってゆく歴史を表している。そのことはさしあたり想像がつくでしょう。

　同じことは，「自由」や「権利」や「憲法」といった，現代の政治を考え論じるさいに欠かせない，重要な言葉のほとんどについて言えます。われわれ現代人が漠然と考えている，人間の「自由」について，過去の時代に生きた人はどのような意味を同じ言葉にこめて使っていたのか。あるいは，われわれが考える「自由」の意味内容について，過去の人々は，どのような言葉で表現し，いかなる評価を与えていたのか。「自由」を例にとって説明するならば，そういった問いです。

一般に政治思想史を大学で学ぶ意味は、数多く指摘できるでしょう。でもその重要なものの一つは、そうしたさまざまな言葉の再検討を通じて、われわれ現代人の思考を見つめ直し、未来にむけて柔軟な考え方ができるようになることだと思います。この章では「民主主義」という言葉を例にとって、それを紹介してみます。

[2]「デモクラシーの危機」と「間接民主制」への幻滅

先ほど紹介したものとは別の、ある「公共」教科書が、「民主政治」について説明した章を開いてみましょう。そこには以下のような文章が見られます。

> 古代ギリシアの都市国家のように、市民が集会において直接投票し、決定をおこなうしくみを直接民主制と呼ぶ。民主政治のあり方としては理想的ではあるが、国土・人口の規模が大きい近代以降の国家では、その実施は困難である。そこで、国民のなかから代表を選んで議会を組織し、議会が意思決定をおこなうという形で、国民が間接的に主権を行使する方法が取られた。これを議会制民主主義（間接民主制）という。

こうした説明は、みなさんもこれまで耳にしたことがあるでしょう。学問としての政治学においても、かつて政治思想史家、堀豊彦の書いた政治学教科書は、民主政治もしくは民主主義を、「直接民主政治」と「間接民主政治または代議的民主政治」との二種類に分けて紹介していました（堀豊彦『政治学原理』増補版、東京大学出版会、1959年、294頁）。堀は第二次世界大戦後、東京帝国大学が新制の東京大学に変わったころから1959（昭和34）年度まで、法学部教授として科目の「政治学（政治原論）」を担当していた人物です。

しかし現在,日本で刊行されている政治学の教科書・概説書で,政治制度の分類項目として「間接」民主主義という呼び名を使っている例は,あったとしても少数だと思います。また,代表制議会によって政治決定を行うしくみについて,高校教科書の内容に関する指針である文部科学省の学習指導要領は,「議会制民主主義」としか記していません。それにもかかわらず教科書には,こうした「間接民主制」「間接民主主義」といった呼び名が,現在でもしっかりと残っています。20世紀前半の古い用語法が高校教科書の中だけで生き延びている。極論を言えばそう評価することもできるでしょう。

英語圏においても,たしかに indirect democracy という言葉はありますが,representative democracy とか representative system という表現を用いる方が一般的だと思います。それはおそらく,「間接民主制」という言葉のもつ否定的な意味あいが,制度を説明するさいに具合がよくないからでしょう。イギリスの出版社,ウィリー・ブラックウェルから刊行された全8巻の大部な『政治思想辞典 (*The Encyclopedia of Political Thought*)』(Wiley Blackwell, 2015) には"Indirect Democracy"という短い項目があり,そこで執筆者のアーロン・ホフマンは,現代では「直接」民主政よりも「間接」民主政の方が,自由を旨とする統治体制 (a free government) において,より安定した公正な (more stable and just) しくみを提供できると見なされていると説明しています。

代表制議会によるデモクラシーの方が,市民の直接参加によるデモクラシーよりも優れている。そう指摘する思想史上の言説としてこの項目が挙げるのは,1780年代のアメリカで新聞紙上に発表された諸論文を集めた『ザ・フェデラリスト』です。アレグザンダー・ハミルトン,ジョン・ジェイ,ジェイムズ・マディソンと,アメリカ合衆国の憲法案の起草に携わった人物たちが,各邦での憲法

案の批准を求めるために書いた文章を集めた，政治思想史の古典。

その第 10 篇でマディソンは，古代のギリシアのポリス，ローマの共和政を念頭に置いて，市民の直接参加による政治は，人々が「一時的なあるいは偏狭な思惑」に支配され，抗争しあうことで，しばしば「混乱と激論」に陥ったと指摘します。それに対して，市民から選ばれた「賢明」な代表者たちが議会で意見を交わすことを通じて，世論が洗練され，その視野が広げられて，より「公共の善」に合った「公衆の声」を創りあげる（『ザ・フェデラリスト』斎藤眞・中野勝郎訳，岩波文庫，1999 年，60-61 頁）。マディソンはそうした効果を代表制議会に期待したのでした。こうした論理がやがて世界各国に受け入れられた結果として，現在はデモクラシーの国家においてはどこでも，市民全員の直接参加ではなく代表制が選ばれているのでしょう。

ただ，実際にいまの日本の政治を見わたすと，国会で退屈な審議をえんえんと続け，しばしば不祥事を起こす議員たちが，洗練された「公衆の声」の担い手になっているなどとは信じられない。そういう批判は，もちろんあるでしょう。また，普通の市民が直接に政治決定に携わることのできるしくみの方が，政治社会の一員であることを生き生きと実感できる。そうした代表制批判も古くからありました。

たとえばフランスの思想家，ジャン＝ジャック・ルソーは，マディソンたちよりも前に主著『社会契約論』（1762 年）の第 3 篇第 15 章で，「イギリスの人民は議会の構成員を選挙する間だけ自由であるにすぎず，選挙が終われば奴隷になりさがり，何物でもなくなるのだ」（『社会契約論』平岡昇・根岸国孝訳，角川文庫，1965 年，136-137 頁）と，イギリスの議会政治の体制を辛辣に批判していました。このように，代議制によっては人々の真の声が反映されないと考え，「直接民主制」に憧れを抱く姿勢も，根拠のないものではありませ

ん。実際にそうした代表制批判の視点をとりいれて、重要な政治問題に関する国民投票・住民投票の制度や、市民たちによる熟議を政策決定に生かすための討論型世論調査の試みが、代議制を補完するものとして各国で整えられてもいます。

しかしそれを認めた上でも、先に見えるような教科書の記述は、「直接民主制」の理想化、もっと言えば礼賛の方に、かなり傾いています。「直接民主制」こそが「民主政治のあり方としては理想的」なのであり、議会を媒介とした「間接民主制」は、「国土・人口の規模が大きい」近代国家において直接参加が不可能であるがゆえに、やむなく選んだ制度にすぎない。まるでそう言いたいかのような記述です。

そうした「直接民主制」に対する素朴な憧れは、現在の日本でも、新聞やインターネット上で読める論説やコメント、いろいろな人の社会的発言にも、しばしば見られます。学校教育において、「直接民主制」の方が「理想的」で純粋な形態だという説明が繰り返されていることが、このような「間接民主制」嫌いを生む一因になっているのではないでしょうか。

デモクラシーを「直接」と「間接」との二つに分け、「直接」の方により積極的な意義を認める。そうした論法には、20世紀において多くの国々の政治が直面した問題状況が反映しています。堀が東大法学部の「政治学」講義を担当する前の時期、1930年代から1945年まで同じ講義を担当していた矢部貞治は、1936（昭和11）年に以下のように記していました。引用の冒頭にある「世界大戦」とは第一次世界大戦のことを指しています。「世界大戦の結果一方［で］デモクラシーは支配的な政治原理として全世界に普及・進展したが、同時に他方では社会的混乱の中からボルシェヴィズム、ファシズム、ナチスその他の大小数多の独裁政が簇立し、デモクラシーの危機は現代の最も顕著な流行語の一となつてゐる」（末弘厳太郎・田中耕太

郎編『法律学辞典』第3巻，岩波書店，1936年の項目「デモクラシー」)。

　第一次世界大戦においては，イギリス・フランス・アメリカなどの連合国が「デモクラシー」を標榜して，ドイツ・オーストリア・オスマン帝国などの中央同盟国の「軍国主義」と戦うという形で，戦争の意義が説明されていました。したがって，連合国が勝利した結果として，「デモクラシー」に対する評価は世界中で一挙に高まります。ロシア，ドイツで革命が起きて皇帝制が廃されたのは，それがもっとも急進化した例ですし，日本における「大正デモクラシー」もまた，そうしたグローバルな政治の変化の一環だったと言えるでしょう。

　しかし，このときロシアでは「ボルシェヴィズム」すなわち共産主義の政治体制が成立したことに現れているように，矢部の言う「デモクラシーの危機」もまた，すでに20世紀初頭から深まりつつありました。それは「資本主義の進展と大衆国家の発展に因り歪曲され無力化せる在来の自由的・議会的なデモクラシーの機構」と説明されています。

　「資本主義の発展」によって貧富の差が拡大し，議会で活躍する諸政党は少数の大資本家の利益代表という性格を強めてゆく。そして選挙権の拡大により，「大衆」も選挙で投票する「大衆国家」が誕生すると，大資本家たちは新聞・ラジオなどのメディアを支配し，自分たちに都合のいい政党への投票を誘導しようと試みます。これに対して，強力な指導者が「大衆」の不満を背景にして支持を集め，議会を無力化した独裁体制を創る「ファシズム」「ナチス」の政権が登場した。革命によって「自由的・議会的なデモクラシー」の体制を廃止し，共産党による一党支配を確立する「ボルシェヴィズム」の政治体制も，1930年代には現実化しています。

　こうした「デモクラシーの危機」の深まりに対して矢部はこの辞典項目で，「議会・政党による間接政」が働く範囲を縮小し，「一体

国民の直接政」を目標として「多少とも一般投票的執政形態」を備えた「共同体的デモクラシー」へと，政治機構を刷新することを唱えています。昭和の戦前・戦中期の現実の政治過程において，このの矢部が目ざしたのは，「一国一党」に諸政党を再編成して国民の支持を「一党」に集め，議会と，内閣のもとに設置した国策樹立の専門機関との堅い協力によって，内政・外交の課題にとりくむ政権の実現でした（井上寿一『矢部貞治――知識人と政治』中公選書，2022年）。21世紀の現在からふりかえると，これは矢部が批判する「ファシズム」とどれほど違いがあるのか，疑問がわいてきます。

現実の歴史においては，矢部が提唱した「共同体的デモクラシー」が実現することはなく，1945（昭和20）年の終戦によって，日本の政治体制は大きく転換します。連合国軍最高司令官総司令部（GHQ）の指導に基づいて日本国憲法が制定され，議院内閣制や男女の普通選挙が制度として確立するのでした。辞典項目の言葉を借りて表現すれば，国民による選挙と諸政党の競争・交渉を通じて政治が運営される「自由的・議会的なデモクラシー」が復活し，その後の80年近い歴史のなかで，しっかりと定着するに至りました。しかし，1930年代の「デモクラシーの危機」を通じて知識人の心に深く刻まれた，「間接政」をめぐる不満と「直接政」への憧れ。それが戦後にまで残り続けたように思います。

堀豊彦による「直接民主政治」「間接民主政治」という二分法にも，そうした傾向を読み取ることができますが，それをもっと露骨に示しているのは，平野義太郎が『世界歴史事典』第18巻（平凡社，1953年）に寄稿した項目「民主主義」でしょう。平野は1920年代に東大法学部で助教授を務めた民法学者でしたが，その後はマルクス主義社会科学の論客として，戦後に至るまで活躍した人物です。この項目では，近代の代表制デモクラシーは有産階級の利益を確保しようとする「ブルジョア民主主義」であり，「ブルジョア民主主

義の代議制はつねに間接民主制にとどまり国民投票という直接立法をとることがなかった」と,「間接民主制」に対する嫌悪をはっきり示しています。そして戦後に登場した新しいデモクラシーとして礼賛するのは,当時の東欧諸国,中華人民共和国,朝鮮民主主義人民共和国（北朝鮮）で展開する「人民民主主義」でした。現在の読者から見れば,そうした政治体制の内部における実態が,一党による独裁が人々の自由を封殺する抑圧体制であることは,すでに自明でしょう。

この辞典項目が書かれたのは,世界をおおう冷戦のもとで,日本国内の言論も自由主義と共産主義との左右対立に引き裂かれていた時代です。戦前から続いていた「デモクラシーの危機」の認識と,「間接民主制」に対する低い評価が,戦後の「左」側の論者の場合には革命と共産主義体制への憧れに結びついていた。そのことをよく示す好例です。もちろんその後の歴史において,東西陣営の緊張緩和が進み,やがて1989（平成元）年,アメリカ・ソ連両国の首脳によるマルタ会談で冷戦そのものが終了すると,平野のように露骨な共産主義支持の主張は影を潜めます。しかし,こうして根強く残ってきた「直接民主制」への憧れと,「間接民主制」についてはその限界ばかりに注目する態度が,形を変えながら現在も,日本社会では広く共有されているのではないでしょうか。

[3] 儒学・公論・議会

よく「国民の政治不信」ということが言われます。また,国政選挙・地方選挙での投票率が低いことが,日本のデモクラシーが低調であることを示す指標として使われる例も,何度も見たことがあるでしょう。もちろん,そうした問題が生じないようにするために,政治家の規律を高めたり,政治をめぐる適切な情報に市民が接する

回路をしつらえることは，大事な課題です。

　しかし政治への関心のこうした低調さは，単に政治に関する知識が足りないとか，選挙に参加する意欲が乏しいといった，いわば市民の「非政治」志向だけがもたらしているものなのでしょうか。むしろ，ここまで述べてきたような，「直接民主制」への憧れがなまじ強いがゆえに，選挙を通じた「間接」の政治参加には魅力を感じることができない。そうして少数の政治家と官僚が行う閉ざされた営みとして「政治」を見下すようになり，選挙に魅力を感じなくなってしまう。そんな思考回路も働いているように思います。

　欧米諸国では活発に運営されている代表民主制の原理を，日本人がまだ十分に学んでいないから，こんな風潮が生まれるのではないか。リベラル・デモクラシーをめぐる思想や，その変遷の歴史をもっと知るように努めなくてはいけない。そういう主張も，もっともだと思います。しかし同時に，日本政治思想史の視点からすれば，きちんと認識しておかなくてはいけないことがあります。一国の統治をめぐって普通の人々が活発に討論し，その意見を政治決定に反映させる制度。そうしたしくみを理想的な政治のあり方として考える発想は，実は西洋の議会制度に関する知識を受容する前の時代から，日本にはすでにありました。

　アメリカの東インド艦隊司令長官，マシュー・ペリーが率いる艦隊が日本にやってくる前の年，嘉永5（1852）年に，熊本の朱子学者，横井小楠（平四郎，時存）が書いた「学校問答書」という短い文章があります。当時，福井藩では学問所（藩校）を再興しようとする議論が藩士の間で起こり，有志がその設立方針を小楠に尋ねたことに答えて書いた，問答体の意見書です。

　そこで小楠は，学問と大名家（藩）の政治を直結させる「学政一致」の制度を提唱します。朱子学を基盤にして，現在の言葉で言えば哲学や歴史や自然科学から，経済や軍事の実用的な知識まで，武

士たちが体系的に学ぶことに加えて、この学校を「政事の得失」を「討論」する場とすることを、小楠は提唱します。しかもその「講学」すなわち討論の場においては、大名と家臣、また武士たちの間にある身分の違いは取り払われ、対等の「朋友」としての立場で意見を闘わせる。いわば、大名家の政治において、大名とすべての家臣とが構成する議会のようなものとして、学校を位置づけるのです。

さらに、政治をめぐる討論の場は、大名家の内部のみに限られません。「国天下を挙て人々家々に講学行なわれ」、すなわち被治者である町人・百姓も含めて、人々の家庭内の「父子兄弟夫婦の間」で、学問・政治に関する討論が活発に行われるべきだと小楠は唱えます。そうした討論の空間が、社会のあらゆる場で開かれ、少人数による討論の積み重ねの上で、大名家の学校における「政事の得失」の議論が、一国（この場合は福井藩）の全体方針を決める。現代風に言えば、熟議デモクラシー（deliberative democracy）を思わせるような構想を述べていたのでした。一家の内での討論に関しては、「夫婦」の例を明示して、男女が対等に議論することを薦めているのも、独自の特色です（山口宗之ほか校注『日本思想大系55　渡辺崋山・高野長英・佐久間象山・横井小楠・橋本左内』岩波書店、1971年、428-433頁）。

小楠が思想の基盤とした朱子学は、宋代の儒学者、朱熹が12世紀に大成した理論体系で、日本では徳川時代の後半には社会に広く普及して、知識人がものを考え、発言するさいの基本の枠組になっていました。そこでは、自然・政治・道徳のすべての領域に関して、個別の物事においてその法則・規範となる「理」は、窮極的には一つの「理」に根ざしていると考えます。そして人間もまた、自然の産物としてそうした「理」を心の奥底に内在させている以上、表面上の人格や才能の違い、また生まれついた家の身分の違いはあっても、この「理」を発見できる能力は誰にも潜在的に具わっている。したがって、身分や財力に関係なく、また師弟の上下関係も脇に置

き，対等の友人として討論する営みを通じて「理」を発見することが，その学問の方法でした（なお，高校の歴史教科書などでは朱子学について，「身分の序列を正当化する思想」とか「主君に絶対的な忠誠を尽くす大義名分論」とか「徳川家康が官学として採用した」とかいった説明が見られますが，すべて間違った理解です）。

特に徳川時代の日本においては，同時代の清朝や朝鮮王朝とは異なって，科挙が実施されず，徳川政権の公式の学問所も18世紀末まで作られなかったため，民間の私塾が朱子学などの儒学の討究の主要な場となります。そこではしばしば，「会読」と呼ばれる，経書の解釈をめぐって師弟が対等に議論する方法がとられ，そのやり方は，大名家の学問所や他の学問潮流にも普及していきました。こうした「会読」に基づく学問の方法を，横井小楠は政治制度の構想へと発展させたと言うことができるでしょう。

小楠はこうした構想を，伝統的な朱子学に基づいて温めていました。そこに，西洋諸国に関する知識との出会いが訪れます。アヘン戦争をきっかけにして清朝で編纂された厖大な世界地理書，魏源による『海国図志』が，嘉永7（1854）年9月に日本に正式に輸入されます。まさしくペリーが来航し，世界情勢に対する関心が一挙に高まった時期ですから，徳川政権がその日本版（和刻本）の刊行を許可し，とりわけ欧米諸国を扱った巻が広く読まれることになります。そして小楠もまたこの翌年，安政2（1855）年に『海国図志』を読んで，西洋諸国に対する評価を大きく転換させます（源了圓『横井小楠研究』藤原書店，2013年，111-118頁）。

それまでの小楠は，後期水戸学の有名な儒者，藤田東湖と親しく交わり，攘夷論の立場をとっていました。しかし『海国図志』によってアメリカやイギリスやロシアの政治・社会・歴史に関する知識を得たことから，西洋諸国の政治制度を高く評価するように変わり，世界の国々が通商関係によって結ばれた19世紀においては，日本

第 8 講 「公共」と政治学のあいだ

もまた「開国」に踏み切って、他国と広く交際すべきだと唱えるようになります。

西洋に対する新たな見かたを、小楠は著書『国是三論』（万延元〈1860〉年）で示すことになります。「英吉利(イギリス)に有つては政体一に民情に本づき、官の行ふ処は大小となく必悉民に議り、其便とする処に随て其好まざる処を強ひず」（前掲『日本思想大系 55』448 頁）。議会という言葉こそ示していませんが、議会制度のことを指しているのは明らかです。儒学においても、一般の人々の意向に従い、彼らの生活を保障することは、理想の「仁政」でした。そういう「仁政」が、儒学の本場である東アジアではなく、西洋でこそ実践されているという驚きが、西洋諸国に対する小楠の評価を逆転させたのです。

こうした、伝統的な儒学の価値観に基づいて西洋の議会制度を高く評価する考え方は、同時代の多くの知識人や政治家が共有したものでした。明治時代まで活躍することになる洋学者、西周もまた、友人に宛てた文久 2（1862）年の書簡で、アメリカやイギリスの「制度文物」は、堯や周公旦といった、儒者が理想とする古代チャイナの聖人王による政治を超えて優れていると礼賛しています（大久保利謙編『西周全集』第 1 巻、宗高書房、1960 年、8 頁）。横井小楠は、広い範囲の人々が参加する討論に基づく政治を、「公論」「公議」による政と表現し、西洋流の議会制度の導入を唱えるようになり、徳川末期の政治過程においてはそうした構想が、徳川政権内の改革派と、徳川を批判する薩摩・長州の勢力の双方に共有されることになります。

そして大政奉還、王政復古をへて慶應 4 年 3 月 14 日（1868 年 4 月 6 日）に、天皇を頂点に置く明治新政府は、政策の基本方針を示す五箇条誓文を発布します。その第一条は「広ク会議ヲ興シ、万機公論ニ決スヘシ」でした。この起草に関わった新政府の徴士参与、

由利公正は，かつて小楠とともに福井藩の藩政改革に携わった人物でした。この「公論」が具体的に示すのは，全国の諸大名の意見もとりいれて政権を運営するということでしょうが，西洋諸国の政治制度を意識しながら流布した言葉が，ここに盛りこまれた。そのことが歴史の過程において持った意味は，きわめて大きなものです。

すなわち，明治政府は発足当初から，公議所・集議院・左院といった，政府が任命する「公論」の機関を含む形で構成されることになります。これは強い立法の権限をもたない諮問機関のようなものでしたが，それでも一種の官選議院として政治をめぐる議論の場となります。そして，明治7 (1874) 年の民撰議院設立建白書の提出に始まる自由民権運動は，五箇条誓文を大きな根拠として，国会の即時開設を唱えます。これに政府が呼応した結果として，大日本帝国憲法の制定，帝国議会の開設へと歴史は動いて，日本における西洋流の立憲政体の確立を見ることになります。

議会をすぐ開くか否か，その権限をどう定めるかといった点で，明治政府と民権派の政治家との間には構想の違いがあったものの，「公議」「公論」の機関を備えた政治体制をめざす点では，両者に合意があったと見なすことができるでしょう。これ以後，近代日本の歴史においては，第二次世界大戦の戦時体制下においても議会は停止されず，現在に至るまで存続しています。議会制度が早く定着し，その廃止を唱えるような強い政治運動がついに起こらなかった点で，日本の歴史は，非西洋地域の諸国の間では異例とも言えるでしょう。市民がみずから参加する「直接」民主制への憧れが強いのも，こうした歴史を背景にした現象と言えるでしょう。

したがって，「間接民主制」の現状にすぐ失望してしまう，現在もよく見られる風潮については，「公論」重視に由来する議会制評価の歴史が，その遠因となっているかもしれません。現実の議会政治は，朱子学が説くような，一つの「理」を発見するために徹底的

に討論するような場ではありません。会期が限られていますし，政党どうしがみずからの利益を実現するために交渉や妥協を繰り返す場でもあります。そうした議会政治の現実に触れると，それが純粋な「公論」や「直接」民主制の理想からはほど遠い，利益交渉の場のように見えてきて，政党どうしの裏交渉や泥仕合，市民の声が反映されないことに対する不満が，ひたすら募ってしまう。現代日本における，政治への「無関心」や「政治不信」の底には，そうした心理がわだかまっているのではないでしょうか。

このように，現代の政治における問題は，背景をなしている過去の時代の思想史と深く結びついています。その原因を探るとき，また将来にむけた展望を考えるとき，政治思想史の観点からする考察もまた，とても重要な役割を果たすことになるのです。その一端を本章では紹介してみました。

[参考文献]

＊ 本章でふれた諸問題について関心のある方が，さらに問題を深く広く知りたいと思ったときに，手がかりとなるような書目を挙げます。

犬塚元・河野有理・森川輝一『政治学入門――歴史と思想から学ぶ』(有斐閣，2023年)

岡崎晴輝・木村俊道編『はじめて学ぶ政治学――古典・名著への誘い』(ミネルヴァ書房，2008年)

苅部直『ヒューマニティーズ　政治学』(岩波書店，2012年)

苅部直『秩序の夢――政治思想論集』(筑摩書房，2013年)

佐々木毅『民主主義という不思議な仕組み』(ちくまプリマー新書，2007年)

鳥海靖『日本近代史講義――明治立憲制の形成とその理念』(東京大学出版会，1988年)

早川誠『代表制という思想』(風行社，2014年)

ハンナ・ピトキン『代表の概念』(原著1967年) 早川誠訳 (名古屋大学出版会，2017年)

待鳥聡史『代議制民主主義――「民意」と「政治家」を問い直す』（中公新書，2015年）
三谷太一郎『日本の近代とは何であったか――問題史的考察』（岩波新書，2017年）
渡辺浩『東アジアの王権と思想』増補新装版（東京大学出版会，2016年）
渡辺浩『日本政治思想史［十七〜十九世紀］』（東京大学出版会，2010年）

●● 学びを進めていくために ●● ‥‥‥‥‥‥‥‥‥‥‥‥‥‥‥‥‥

　大学1年生むけの授業を担当するときに，いつも学生のみなさんに薦めている，政治学者の著書があります。櫻田大造『「優」をあげたくなる答案・レポートの作成術』（講談社文庫，2008年。現在は電子書籍で入手可能）。書店のレジに持っていくのが恥ずかしいような，怪しげな題名ですが，内容は大学での学びの方法をわかりやすく説明した，すぐれものの一冊。著者はトロント大学・大阪大学の大学院で学んだ，カナダ外交を専門とする研究者です。

　高校までの勉強と違って大学では，その学部のカリキュラムと自分の関心に応じて履修科目を選ぶことになります。自分のこれまで知らなかった領域や，場合によっては関心のない分野についても，教員の要求に対応しながら学ばないといけません。そうした大学での学びと，自分とは異質な相手と交渉し，多様な人々の統合をめざす，政治という営みと。その両者は共通した性格を持っているのです。政治学とはまさしく大学教育の全体を凝縮した学問にほかならない。……そこまで言ってしまうと大げさになりますが。

　20世紀のイギリスで活躍した政治哲学者で，ケンブリッジ大学とロンドン・スクール・オブ・エコノミクスの名物教授でもあった，マイケル・オークショットには，『リベラルな学びの声』（ティモシー・フラー編，原著1989年，野田裕久・中金聡訳，法政大学出版局，2018年）という大学教育論の名著があります。大学での学びは，ややもすると，個別の専門的な研究に関する訓練をばらばらに受けること

第8講 「公共」と政治学のあいだ

に終始してしまいます。しかし同時に，短期的な利害（単位・受験・就職！）をしばし離れて，いろいろな学問が語りかけてくる「声」にじっくりと耳を傾け，仮想もしくはリアルの対話を試みること。そうした姿勢が大学での学び，そして政治学（さらに政治そのもの）の学びを意義ぶかいものにすると思います。

第9講 戦前の政党内閣期が示唆すること

五百旗頭薫

[1] 内務大臣官邸の風景

1925年9月22日の朝、内務大臣官邸を記者が訪れました。目当ては内相の若槻礼次郎ではなく、妻の若槻徳子です。記者の野田秋子が与党・憲政会の機関誌『憲政公論』にて、「政治家奥様訪問記」という連載を担当していたためでした。徳子は政治のことは分からないと謙遜しつつ、夫以上に、野党への反感をむき出しにしました（野田「若槻内相夫人」『憲政公論』第5巻第10号、1925年10月1日）。

その背景には、以下のような事情がありました。

1924年6月、いわゆる護憲三派（憲政会・立憲政友会・革新倶楽部）を与党とする加藤高明内閣が成立します。これに先立って、貴族院の最大会派・研究会を基盤とする清浦奎吾内閣が成立していたのですが、護憲三派はこれに反対して第二次護憲運動を展開し、衆議院議員総選挙で与党・政友本党をやぶって政権を獲得したのです。

翌1925年初頭の議会において、若槻内相が所管する衆議院議員選挙法改正法律案が可決成立します。これにより、男子普通選挙制の導入が決まりました。この間、加藤・若槻ら与党第一党・憲政会に対し、与党第二党・政友会の高橋是清総裁は協力的でした。

しかし政友会が高橋にかえて田中義一を総裁に迎え、さらに与党第三党の革新倶楽部を吸収すると、政友会は憲政会に対して挑戦的な姿勢を強めます。税制整理問題をめぐって憲政会系と政友会系の閣僚の対立が激化して閣内不一致となり、全閣僚の辞表が奉呈され

第9講　戦前の政党内閣期が示唆すること

ました。

もっとも，首相を天皇に推薦する役割を当時担っていた元老の西園寺公望は，政権交代の必要性を認めませんでした。辞表は差し戻され，あらためて加藤に首班の大命が下ります。8月初頭に，憲政会単独内閣としての加藤内閣が成立しました。

この後，憲政会（とその後身の立憲民政党）と政友会が交互に政権を担う時代が1932年まで続きます。護憲三派内閣の時期を含めて，戦前日本の政党内閣期と呼ばれています。本講は，この時代をどう理解すればよいかについて考えます。

しかしまずは徳子に話を戻しましょう。内相官邸は，今日でいう霞が関にありました。だが若槻家は牛込から駒込に転居したばかりで，官邸へは遠くなっていました。若槻が内相に就任すると徳子は不便を感じ，官邸に移っていました。すると辞表奉呈となり，退去の荷造りをしなければならなくなります。ところが加藤内閣が続き，若槻も内相を続けたため，翌9月に官邸にて記者の訪問を受けることとなったのです。政友会が連立内閣から離反した政局に，多くの人が翻弄されましたが，徳子もその一人だったのです。

記者が男子普通選挙制導入に際しての礼次郎の「御緊張と御奮戦と御心遣」（圏点著者，以下同じ）をねぎらうと，徳子は，連立内閣時代の方が夫の心労が大きかったと証言しました。さらに，憲政会の緊縮財政を支持すると宣言し，続けて日本の女性の忍従の美徳を守るよう訴えました。会話の雰囲気を伝えるために，以下に引用します。

〔若槻徳子〕私は政治の事を御話しするのは嫌ですが，又深い事は解りませんが，只一つ私に言ひ得ます事はね，何処迄も緊縮政策で参らねばならんと考えられる事です，前にもし，積極とか放漫とかに近い政策を行ふた内閣があつたとしたらば，その必

然の結果が眼前に顕はれるのは，今で御座いませう。この結果である不景気が現内閣の消極政策によるとの見解を下すのは，余りに短見ですね，現内閣の緊縮方針の効果は，寧ろ現閣の倒れてから後に顕れるのかも知れませんと私はこう思つて居ります
〔野田秋子〕……
〔若槻徳子〕色々と新らしい考え方もこれからの世の中には必要で御座いませう，でも私は固く信じてゐます，国情の異る日本では婦人は何処迄も，忍従温良と云ふ様な美徳は守つていかなくてはならないと存じます。私丈の考えですが，日本の婦人から，此服従温良を取り去つたら，ホントに粕のやうなものが残りはしないでせうか

「積極とか放漫とかに近い政策を行ふた内閣」の筆頭には，政友会が与党であった原敬内閣（1918〜21年）が想定されていたはずです。

さらに記者が2年前の関東大震災（1923年9月1日）の記憶が薄れつつあることを驚いてみせると，徳子は同調し，忍耐の決心すら薄れていると嘆きました。

そうで御座いますね，その中でもなげかはしいのは，あの震災直後に捲き起された，質素，剛健とか，相済まんとか，ありがたい事だ，とか云ふ風潮が，あなたの仰やる通り，時の経つと共に全く消え失せて居る事で御座いますね。あの質素の風だけはせめて五年六年つづかせたいと思ひましたのに，不景気をよそに，先づ婦人から華美を極めた風彩を銀座などに露骨に顕はすやうになりましたのは，ほんとに困つた事だと存じますね

100年後の今日，銀ブラはどちらかといえば上品な趣味であり，

徳子の発言は古臭い印象を与えます。忍耐や夫唱婦随を説くところはなおさらです。だからこの記事は，戦前の政党内閣がどういう雰囲気の中で成立したかについて，教えるところがあります。それだけでなく，近い将来の日本の政治を考える糸口になるかもしれません。なぜそう言えるのか，ご説明したいと思います。

[2] 緊張の時代

この取材から何が読み取れるでしょうか。

第一に，緊縮財政が，憲政会の基本路線であったということです。そして憲政会は，単に政府が緊縮を心がけるだけでなく，国民が消費や自己主張を抑制することも求めていました。

記事には出てきませんが，さらに日本の対外的な自己抑制，つまり協調外交も志向していました。欧米の軍縮機運に協調し，中国への内政不干渉を原則としました。憲政会とその後身である立憲民政党の内閣で外務大臣を務めた幣原喜重郎の名をとって，幣原外交とも呼ばれます。

このように，さまざまな分野で主張された自制や節倹を，野田記者が若槻をねぎらった言葉を借りて，〈緊張〉と呼ぶことにしましょう。〈緊張〉は憲政会系の政策基調であり，アイデンティティでしたから，党の指導者ではなくその伴侶，しかも夫唱婦随を旨とする妻の口からも公然と語られました。

西園寺が加藤の続投を望んだ背景には，〈緊張〉への支持がありました。有権者レベルでも，憲政会・民政党への支持は高かったようです。護憲三派内閣を除く政党内閣期を通じて，憲政会・民政党の内閣は加藤内閣，若槻内閣，浜口雄幸内閣，第二次若槻内閣の四代約4年2か月であったのに対し，政友会内閣は田中義一内閣，犬養毅内閣の二代約2年7か月でした。ここに護憲三派内閣を加える

と，さらに憲政会系の優位が際立ちます。衆議院議員総選挙でも憲政会・民政党が優勢のことが多く，田中政友会内閣期の衆議院議員総選挙においてすら，民政党が得た議席は政友会と伯仲し，得票数では勝っていました。犬養政友会内閣期の総選挙で民政党は惨敗しますが，それについては後述します。

　現代から見て戦前の政党内閣期が不思議なのは，このいかにも有権者に不人気そうな〈緊張〉が，強い支持を得ていたということです。

　三つほど理由があると思います。

　第一に，良くも悪くも戦前はエリート主義が強い社会でした。それは，国家的・長期的な観点から財政や消費や外交を考えるという意味でもあり，格差や貧困や世論に相対的に鈍感（大きな変化を迎えつつはありましたが）という意味でもあります。

　第二に，金本位制の規範的な力がありました。金本位制の下では，通貨は金と一定の比率で兌換され，通貨の発行高は金準備の量と連動し，国際収支は金の輸出入で決済します。日本は第一次世界大戦勃発時の国際金融の混乱を受けて金輸出を停止しますが，これを解禁し，金本位制を再び機能させるのが健全な政策である，という考えは有力でした。そして金輸出解禁の際に国際競争力が弱いと，金が流出し，通貨が収縮してしまうので，あらかじめ産業や消費を合理化しておくべきである，という考えが有力でした。

　第三に，第一次世界大戦期の外交に対する反省がありました。欧米がヨーロッパ戦線に注目・注力するのを機に，日本は様々な形態の大陸進出を試みましたが，中国・米国の対日不信を帰結しました。そこで戦後には，満洲の権益の維持と，中国への内政不干渉との両立を模索するのが主流となっていました。内政不干渉政策は弱腰との批判を国内で受けがちでしたが，外務大臣の幣原喜重郎は，西田敏宏が強調するように，国内の批判に配慮するよりも自らの信念を

第 9 講　戦前の政党内閣期が示唆すること

貫くことを優先する誇り高い職業外交官でした。

このような〈緊張〉の時代は，財政の健全化という観点からはうらやましく見えます。現在は〈緊張〉への支持が弱いため，財政支出を減らそうとすると国民の不満が高まり，ポピュリズムの台頭を招くことがあります。それでも財政緊縮への支持を調達しようとすると，過去の財政拡大の責任を既成勢力に負わせるために結局ポピュリスティックな言説が駆使されることがあります。先進国の中で日本がポピュリズムに流される度合いが少なく見えるのは，財政の悪化を受け入れ，国民が将来への不安は抱きつつも，当面の不満をある程度制御できているからかもしれません。〈緊張〉への支持が減退すると，政治の規律と財政の規律の両立が難しくなるといえるでしょう。

ただし，〈緊張〉の政治も容易ではありませんでした。政局の変遷は拙稿「戦間期日本の政党内閣――緊張・生命・国体」（2024 年）により詳しく記してありますが，本講でもごく概略を確認しておきたいと思います。

憲政会の浜口雄幸蔵相が 1925 年度予算案を 15 億円程度に抑えました。ただし 2 ～ 3 億円の歳出削減のうち半分は完全な削減ではなく支出の繰り延べによるものでした。そして 1926 年度以降は，予算は再び増加の傾向を示します。

憲政会も選挙には勝たねばならず，選挙区の要望に応えたいという声は当然ありました。また，野党・政友会が重要な国税である地租を地方に委譲するという大胆な政策を提唱していたのに対し，そのような大盤振る舞いはできない，という立場の現れでもありました。しかし，情実を排した財政健全化を期待する世論からは，失望の声が上がりました。〈緊張〉を貫くのは容易ではなかったのです。

1926 年 1 月に加藤首相が病死したため，若槻が後を継いで憲政会総裁となり，首相となりました。若槻は聡明ではあるが，加藤の

ような剛直さに欠けている，という世評がありました。

　その頃から，主要政党を巻き込んだスキャンダルが次々と浮上しました。その中には，田中義一が陸軍機密費を横領していた，といった政友会に不利な疑惑がありました。逆に，大阪の松島遊郭の移転をめぐる贈収賄問題は，憲政会の有力者・箕浦勝人を疑惑の対象とするものでした。さらには大逆罪の嫌疑をかけられていた朴烈を収監中に優遇していたという疑惑が持ち上がり，政友会の小川平吉らが憲政会を激しく非難しますが，護憲三派内閣期のことだったと分かり，その時の司法大臣は小川であったという，まさに泥仕合になったスキャンダルもありました。

　どの党も打撃を受けたはずなのですが，憲政会への幻滅が次第に目立ちます。政友会よりはましだという評価はなおあったのですが，憲政会の方がことさらに〈緊張〉を標榜しているだけに，イメージダウンが大きかったのではないでしょうか。

　憲政会は衆議院解散・総選挙を挑むつもりで準備していました。先に記したように，政友会より評判が悪いというわけではなかったので，議席で上回る可能性は十分にありました。しかし政友本党という第二野党の存在もあり，過半数を獲得できない可能性が高く，選挙後の政局は予断を許さないものでした。

　若槻は1927年1月に政友会総裁の田中，政友本党総裁の床次竹二郎と会談し，解散を回避しました。田中・床次が予算・重要法案の通過に協力するかわりに，若槻に「深甚なる考慮」を求めるという内容でした。選挙による決着を回避したことは，党内と論壇で不評でした。

　政友本党が政権の禅譲を期待して接近してきたため，衆議院での政権基盤は強まりました。それにもかかわらず，若槻は政権担当意欲を弱めていたようです。憲政会幹部の斎藤隆夫は3月31日に若槻と話した様子を「貴族院其他各方面に干係（かんけい）複雑，自己の重荷に堪

へざるものの如く，辞意を漏す。但し時期は大問題なり」と日記に記しています（『斎藤隆夫日記』上，522頁）。直後に金融恐慌が起きると，救済策が枢密院で否決されたのをきっかけに退陣しました。

ここまでの経緯から推測するに，若槻が弱気になったのは，自らが掲げる〈緊張〉が達成できず，政友会の批判を借りれば「看板を偽る」（『政友』第307号，1926年9月）ことによる政権の失速が背景にあったように思います。若槻は後年の自伝において，解散・総選挙を避けた理由として，選挙資金の調達難と選挙結果の不振の可能性を挙げており，選挙結果を楽観できなかったようです。また，斎藤との会話において，貴族院における反政府姿勢の高まりに言及していましたが，貴族院における政府批判も，朴烈事件を大きく取り上げたものであり，つまり〈緊張〉の未達を責めるものでした。弱気になったのは若槻一人ではなく，斎藤も退陣の是非ではなく時期を問題にしています。

若槻・憲政会内閣の退陣を受けて，田中義一政友会内閣が1927年4月に成立しました。野党となった憲政会は政友本党と合流し，6月に立憲民政党を結成しました。

行論の都合上，政友会や田中内閣については次節で取り上げます。

田中内閣が1929年7月に退陣すると，浜口雄幸を首班とする民政党内閣が成立しました。若槻と異なり，ライオン宰相の異名をとる，信念の政治家とみなされていました。現にこの内閣は，所信の未達だけは避けようとしたようです。

1930年1月に金輸出の解禁を実行しました。円高の水準で金本位制を再開し，しかも既に世界恐慌が始まっていたため，日本国内は深刻な不景気に見舞われたのですが，方針をかえませんでした。さらに4月にロンドンで海軍軍縮条約に調印し，海軍軍令部や枢密院内の反対を押し切って批准にこぎつけました。

これらの方針は有権者の支持を得ており，2月の衆議院議員総選

挙で民政党は圧勝します。

しかし海軍軍縮の断行には、統治機構内の反政党勢力及び民間右翼の結集を促し、政友会もこれに同調して、政党政治の没落の布石となってしまったという面があります。

恐慌は民政党のみならず政党内閣の統治能力への信用を著しく損ない、軍部台頭の背景となりました。

〈緊張〉の政治はやはり簡単ではなかったようです。当然ながら抵抗を受けますし、そこで妥協すると急速に幻滅を招きます。それに教訓を得て、あくまで断行すると、政策的な柔軟性を失ってしまい、場合によっては政治的な致命傷を負ってしまいます。

浜口は肉体的にも11月14日に東京駅で狙撃され、その傷が元で死去しました。若槻が再び後継となりましたが、翌年の満洲事変をきっかけに退陣します。政友会が犬養総裁を首班として政権を奪還し、解散・総選挙に訴えたところ、政友会が大勝、民政党が惨敗しました。

[3] 生命・国体の反撃

〈緊張〉に対抗する観念として、〈生命〉があったと私は考えています。

戦争中の犠牲は、その報酬の要求を戦後に噴出させます。第一次世界大戦は悲惨な戦争でしたから、なおさらです。その内容は極めて多様で、民主化や社会政策、社会主義や共産主義、地方利益や地方分権、対外拡張や平和であり得ました。

日本は第一次世界大戦によって大きな犠牲をこうむることはありませんでしたが、〈生命〉の世界的思潮は流入します。そして関東大震災の被害がこの思潮を実体化します。徳子が好む「質素の風」が「消え失せ」るのにも事情があったのです。

いたましい犠牲に由来するだけに、これらの要求は理非を超え、矛盾をはらんだ欲望の奔流であり、〈生命〉と名付けるのにふさわしいものでした。

これが政友会の基調でした。整合性に欠ける基調です。もともと政友会には、地方に積極的に利益を散布するイメージがあります。加えて社会政策に意欲的な勢力を含み、あるいはきめ細かな業界の利益にも応答しようとしていたことが今日では指摘されています。手塚雄太の研究は、これが戦後の後援会の起源であったとも示唆しています。

政治集団としての振る舞いを見ても、政友会は〈生命〉の奔流のようなところがありました。憲政会が不満をはらみつつ〈緊張〉でまとまっているのに対し、政友会ではより露骨に派閥が異なる路線を掲げて競合しました。政友本党も政友会から分裂してできた党です。他方で政権に近付くためには理非を超えて結束する局面もあり、政友本党との再統合の企ても断続的にありました。

そして権力闘争の口実ではあれ政策が掲げられるので、政策も多様で思い切ったものが出て来ます。特に注目すべきは地租を地方に委譲するという主張です。『東洋経済新報』は「我産業不振と既成政党の対策」という長文の論考で各党の政策を比較した上で、政友会は主要政党の中で「最も進歩せる分子を吸合する将来を有する」と高く評価しました（第1179号、1926年1月9日）。

憲政会・民政党の〈緊張〉が正論だとしても人々に我慢を強いる硬直したところがあり、俗にいう官僚的な印象を与えたのに対し、政党内閣期の政策を豊饒にする可能性を持っていたのが政友会の〈生命〉であったかもしれません。

その魅力は〈緊張〉にとって脅威でした。徳子が「現内閣の緊縮方針の効果は、寧ろ現閣の倒れてから後に顕れるのかも知れません」と述べたように時間軸を導入して、今、我慢していれば、後で

楽になる，という説得が出て来る所以です。〈緊張〉が現在，受忍されるためには，未来の〈生命〉に寄生する必要があったのでしょう。

　もう一つ有力な観念として，〈国体〉がありました。天皇の忠実な臣民としての奮闘や恭順を求めるものです。本章は〈緊張〉〈生命〉〈国体〉の三国志のような視点で，政党内閣期の政治をとらえようとしています。

　〈国体〉を正面から否定するのは難しかったのですが，個別の政策分野に具体的な指針を与える力には乏しく，政治の日常においては〈緊張〉や〈生命〉ほどの影響力はありませんでした。

　ところが〈緊張〉が優位の時代には，〈国体〉が猛威を振るうチャンスが増えたようです。政友会総裁の田中義一が朴烈事件で若槻内閣を攻撃する時の演説を見てみましょう（『政友』第309号，1926年11月）。

　此問題は固より政策を超越せる・国・体の観念に関する根本義であります，一党一派の利害休戚の問題に非ずして，実に帝国国民の一員として至誠以て君国の基礎を確立すると云ふ大精神の発露であり，又厳粛なる民心の・緊・張を求むる所以であります。

　〈国体〉の観念は全てに優越すると宣言して，自分の後ろ盾にしています。そして〈緊張〉を求める所以であるとも述べています。

　〈国体〉は個々人のがんばりを促す点で，〈緊張〉に似た機能を果たせたのでしょう。若槻内閣は〈緊張〉を達成できていない，できるのは政友会だ，というメッセージが読み取れます。

　しかも〈国体〉は国体問題以外の政策を規定する力は限られています。経済政策・外交政策などを〈緊張〉させる必要はなく，〈生命〉を横行させることができて，政友会としても好都合でした。

第9講 戦前の政党内閣期が示唆すること

　但しこのような〈国体〉による〈緊張〉が，本当に〈生命〉に好都合であったかは検討を要します。

　吉野作造は，扇動による〈緊張〉は〈生命〉を形骸化させる，と警告していました。軍閥と階級運動の中には「人類の内部的生命を蔑にする」傾向があると述べた上で，こう批判しています（「時評」『中央公論』第41年第1号，1926年1月）。

　　人類の道義的創造力を信ずる能はざる者は，人を緊張させるには常に必ず外部の刺激が必要だと考へる。斯ういふ考の人の喜んで執る手段は教育でなくして扇動だ。

　例えば一部の軍閥は，外敵がなければ「人心は奉公の至誠に燃えないと前提して」，外敵を探すと吉野は説明しています。〈国体〉を旗印にした扇動にも，吉野の警告は妥当したでしょう。

　真の〈生命〉があれば何かを創造できるはずで，しかも何かを生み出す前の手順として〈緊張〉することもできるはずです。左右の攻撃的・排他的な扇動による〈緊張〉は不要です。

　生命の哲学を代表するアンリ・ベルクソンを西田幾多郎が1911年に紹介した際，「平易にいへば精神の非常に集中した処に創造があるのである，即ち純粋持続は緊張 étendre であるといふことができる」と説明しました。「純粋持続」とはさしあたり，現在の意識の中に過去全体が充満していることだとイメージしましょう。西田はそこに「緊張」を見出し，「創造」を導いています。続いて「此純粋持続を縦線的に緊張しきつたる所が我々の生命であり，自由行為であり，かねて実在の真面目である」とも述べています（『西田幾多郎全集』第1巻，265頁）。〈生命〉がただ奔放なのではなく，〈緊張〉の契機を含んでいることは知られていたでしょう。

　〈生命〉の要求が多彩で，〈国体〉に回収されるものでもなかっ

ので，政友会の言説は多様です。それは，党内で複数の派閥が並び立つという権力状況に対応していたと思います。

　ところが，政友会が持っていた多様な可能性は，皮肉にも政権を取ることで急速にしぼみました。

　金融恐慌による若槻憲政会内閣の退陣を経て，1927年4月に田中政友会内閣が成立しました。29年7月に浜口民政党内閣にとってかわられるまで続きます。前節で扱った憲政会内閣と民政党内閣に挟まれた時期です。

　田中内閣は財源の不足に直面し，思うように積極政策を展開できませんでした。

　目玉の地租委譲も1930年度からの実施と計画せざるを得ません。抜本的な税制改正なので無理はないと私は思いますが，党内の反発は強く，役員のほとんどが辞表を提出しました。

　しかも衆議院を解散したため地租委譲案は審議未了となります。前節で述べたように1928年2月に実施された総選挙の結果は思わしくなく，与野党伯仲となりました。内閣は実業同志会と提携し，同会の求めに応じて営業税の委譲も推進します。ますます財源のハードルは高くなり，かつ1931年度からの実施予定となりました。そして1928年末からの議会において衆議院は通過しますが，貴族院で審議未了となりました。

　要するに政権をとったために実現可能性を配慮せざるを得なくなり，旺盛な〈生命〉の印象を裏切ってしまったといえます。

　外交においても〈生命〉を証しすることはできませんでした。田中は陸軍内の慎重意見にもかかわらず，山東半島に出兵します。大胆な政治主導をアピールする狙いがあったようです。しかし小林道彦や小山俊樹が描くように，満洲以南へ本格的に介入する意図は田中になかったため，現地での軍事行動にブレーキをかけたりして，陸軍を失望・憤激させます。幣原外交を超える積極外交を成就させ

ることはできず、そればかりか出先部隊の独断専行の傾向を招いてしまうのです。

〈国体〉の方はどうでしょうか。これはそもそも有権者の多数には不人気で、総選挙で苦戦したのも内閣、特に鈴木喜三郎内相の国体重視の言動が不評だったことが一因です。

そして致命的であったのは、〈国体〉を重視すると称しているのに、天皇・宮中との関係に円滑を欠いたことでした。貴族院が田中内閣の重要法案の多くを審議未了にした背景には、この点への批判がありました。そして6月に関東軍が満洲の軍閥・張作霖を爆殺した事件について、その処罰をめぐる田中の上奏内容に昭和天皇が不信感をあらわにし、田中は退陣を余儀なくされました。

民政党は〈国体〉の未達を責める機会を逃しませんでした。結果として、主要政党が〈国体〉を口実に攻撃し合う、という展開になってしまいます。

[4] 戦前の政党内閣が示唆すること

憲政会・民政党と政友会はよく、イデオロギーや政策の大きな違いがないと言われます。それは一理あります。戦間期は第一次世界大戦後の不景気や関東大震災によって税収が停滞し、外交も米国の台頭や中国ナショナリズムの高揚が制約要因となったため、選択肢に乏しい時代だったからです。しかしそのような中でも、両党は〈緊張〉〈生命〉〈国体〉といった観念で政策を潤色し、その巧拙によって競争的な政治を演出しました。

ところがこれらの観念は、掲げた場合の利益に劣らず、達成できなかった場合の不利益が大きかったようです。

憲政会内閣が〈緊張〉の未達で失速し、政友会内閣は〈生命〉〈国体〉の未達で失速した。その教訓が身に染みた民政党内閣が

〈緊張〉を貫いたところ，世界恐慌に遭遇した。〈緊張〉は無情に国民を苦しめ，〈生命〉は豊饒な可能性を具体化できず，〈国体〉の台頭を招いた。このようにまとめられるのではないでしょうか。

異なるイデオロギーを掲げる政党が対峙している場合，一方の政党が自らのイデオロギーを貫徹できなくても，他党がそのイデオロギーを奪取するのは容易ではありません。他党には他党のイデオロギーがあるからです。

ところが，たかだか観念を掲げて争っている政治だと，自らの観念を達成できなければすぐに失速し，ライバルにその観念を奪われかねない。このようなブーメランが何巡かすれば，どの政党や政治家も頼むにたらない，という政治不信が強まりかねない。これが戦間期から得られる教訓ではないでしょうか。

現代の日本も財政と安全保障環境が悪化し，選択肢が狭まっています。これに対して非現実的な処方箋を掲げる政党が台頭するのは困るのですが，主要政党が現実的な立場に収れんしたとしても，それが戦間期のような観念の争奪をもたらせば，めぐりめぐって政治不信を帰結するかもしれません。

こうすればよい，という道筋よりも，ここに落とし穴がある，というお話ばかりで恐縮です。およそ観念を生み出せなければ，議論に基づく競争的な政治はおぼつかないのですが，さりとて観念への警戒が不十分であれば，内部の分裂と世間の不信を招きかねないのです。

[参考文献]

五百旗頭薫「戦間期日本の政党内閣――緊張・生命・国体」細谷雄一・板橋拓己編『民主主義は甦るのか？――歴史から考えるポピュリズム』（慶應義塾大学出版会，2024 年）

第 9 講　戦前の政党内閣期が示唆すること

伊藤隆編『斎藤隆夫日記』上（中央公論新社，2009 年）

伊藤之雄・中西寛編『日本政治史の中のリーダーたち——明治維新から敗戦後の秩序変容まで』（京都大学学術出版会，2018 年）

小林道彦『政党内閣の崩壊と満州事変——1918 〜 1932』（ミネルヴァ書房，2010 年）

手塚雄太『近現代日本における政党支持基盤の形成と変容——「憲政常道」から「五十五年体制」へ』（ミネルヴァ書房，2017 年）

西田幾多郎『西田幾多郎全集』第 1 巻（岩波書店，2003 年）

●● 学びを進めていくために ●● ....

　日本政治史について何か書いてみよう，という人に私が助言することをここに記しておきたいと思います。

　正攻法は，現在最先端の研究を読み，自分が貢献できる論点と説を見つけて，当事者の遺した史料を読んで検証・補強，余裕があれば当時の新聞・雑誌にあらわれた世論を参考にする，ということでしょう。

　心の強い方はこの正攻法で良いのですが，うまく進まない場合もあります。というのも，歴史研究というのは様々な視角から時代の流れを描くことを競い合います。つまり，ある論点について異なる学説が正面から論争する，というすっきりした形をとらずに競い合うことが多い。一つ一つの研究は平易に読めるものが多いのですが，多様な見方に圧倒されて，自分は何をすればいいのか迷うことがあります。

　自分に定見があれば大丈夫です。しかし定見がないから研究するのですよね。だからせめて，定見の芽のようなものを持っておくとよいでしょう。それは，少しでも史料を読んでみるということです。

　少し読んでみるだけで，当時のものの考え方，言い方，雰囲気など，時代の文脈にかかわる感覚が無意識のうちに脳内に流入してきます。そこで先行研究を読むと「ん？　そうかな」とか「実はそうだったか！」といった気付きが生まれ，読むのが楽しくなります。

どの史料から読むかは研究テーマにもよりますが，一般的には新聞や雑誌など，公に刊行されていたものをお勧めしています。個人文書や行政文書といった内部資料は最も実証的な史料で，歴史の裏舞台を見ている楽しさもありますが，私的に残されただけに，書かれた目的や内容の信ぴょう性を判断するのが難しいことがあります。新聞・雑誌は，誰の目にも触れることを想定して書かれたという一点で非常に解釈しやすくなりますし，定期刊行物が伝達する情報量は卓越しています。

　正攻法とちょうど反対の順番をお勧めしてしまいました。実際には，三角食べのように並行して読むのが，一番集中力が続くでしょう。

第10講 現代日本の官僚制と自治制
行政研究の焦点

金井利之

[1] 官僚制

■ 政府のなかの実行組織

　行政研究の重要な役割は，官僚制（行政組織）・官僚（行政職員）の研究です。民主主義体制であれ権威主義体制であれ，政府における決定が社会環境や人々に影響を及ぼすためには，あるいは，民衆を支配するためには，決定を実行する組織や作用が必要です。このような実行組織や実行作用を，しばしば，行政といいます。政治学において，政策決定や選挙や権力関係を解明するのは，政治的決定が実行されることを暗黙の前提としています。

　しかし，このような前提は，常に成り立つとは限りません。現代に暮らす我々からすれば，行政の存在は当然のように思えるでしょう。これは，近代国家の建設において，近代官僚制が整備されてきたからです。中世・近世においても，君主・諸侯や公儀・大名・領主が支配を強化するためには，何らかの実行組織が必要でした。当初は，それぞれの領地を持つような封建家臣団から，実行組織を構成していきます。実行組織には，忠誠と能力との両方が必要です。忠誠心があっても能力がなければ困りますが，能力があっても忠誠心がなければ，かえって危険です。独自の領地と家来を持つ封建家臣は，反旗を翻すこともあり得ます。そこで，より安定・確実な実行組織として，独自の領地や経済基盤を持たず，君主などから俸

禄・俸給を支給される官僚制を整備していきます。

■ 官僚制の特徴

行政は，しばしば，近代官僚制と呼ばれる形態として組織されています。近代官僚制（以下，単に官僚制）には様々な特徴があるといわれます。一つは階統制組織です。上司が一人で部下が複数という関係が（独任制），何層にも重なると（階層制），ピラミッド型組織になります。上司は部下を指揮監督する上命下服関係が基本となります。二つには，官僚制は，客観的規則に従って運用されることが想定されます（合法的支配）。上司は部下に対して内規を示すことで，部下は組織の構成員としての行動を行います。上司の指揮監督といっても，上司の気分や思い付きは許されません。内規に基づいて権限が決まり，権限の範囲内で業務をします。三つには，組織の構成員である官僚は，一定の能力や資格をもとに採用され，昇進します。家柄・血統，宗派，政治信条・思想，資産などに基づくものではありません。

もっとも，実際の官僚制は，上記の特徴を持たないこともあります。上司が複数存在していることも，上司が必要な指揮監督をしないこともありますし，部下が上司に従うとも限りません。客観的規則に基づかず，恣意的に決定することもあります。パワハラなども存在します。また，性別，国籍・人種・民族・エスニシティ，言語・文化・宗派などによる制約や差別が，明示的または暗黙に作用しています。ともあれ，官僚制の特徴とされるものは，現実がどのようなものであるかを明らかにする尺度でもあります。

支配者にとっては，官僚制は，役立つ精密機械あるいは情報処理アプリのような道具です。優れた道具を持つほうが，持たないより，道具を持つ人にとって有利です。官僚制を整備した政府は，官僚制を整備できない政府よりは，強力な権力を持てます。

日本語の官僚制（bureaucracy）は，通常は文官（事務官・事務職員）をイメージしています。つまり，事務仕事を役所や書き物机（bureau）の上で行う「官僚」「吏員」「役人」の組織です。しかし，暴力・実力を行使することもあります。その究極が，武官（軍人・防衛官）からなる軍事官僚制（常備軍）です。漢語では，前近代官僚制についてではありますが，伝統的に「文武百官」などと呼ばれてきました。反乱・抵抗を防ぐための警察・司法官僚制も建設されていきます。また，政府の自己存立のためには，暴力団のみかじめ料のように，税金を徴収するので，官僚制は税務・財務などでも整備されていきます。暴力団やカルト集団や反乱軍や革命勢力などと政府・行政との区別は，なかなか難しい問題であります。

■ 官僚制の強靱性

政府が官僚制を整備していくと，人々に対する支配や収奪は強固なものになっていきます。支配や収奪が圧制であるときには，民衆の間からは，政治の担い手が悪いのだとして，反発や抵抗が起きるかもしれません。それは，単なる暴動・騒擾かもしれませんし，内戦・内乱・テロや暴力革命・無血革命かもしれませんし，敗戦による占領軍政への「協力」かもしれませんし，民主的選挙による政権交代かもしれません。ところが，官僚制が整備されれば，制圧する支配力も強まるのですから，人々の反抗は困難になっていきます。

また，既存の支配者を打倒しても，新たな支配者もまた，政治的決定を実行しなければなりません。こうすると，新たな支配者もまた，以前の支配者と同様に，官僚制を必要とすることが多いものです。それは，従前からの官僚制をそのまま温存して活用することもあれば，従前の官僚制を解体して，自らが新たな官僚制を建設することもあります。そのときにも，社会にいる人員から「新しい」官僚制を建設するのですから，しばしば，従前の官僚制のメンバーを

採用せざるを得ません。

そして、再び、官僚制を利用した支配や収奪が続いていきます。ある社会において、いったん官僚制が整備されると、官僚制を放棄できないようにも思われます。こうなると、行政の存在は、むしろ、動かしがたい当然の存在のように見えてきます。官僚制や行政の役割の大きな国家を、行政国家と呼びます。

■ 官僚制の制限

官僚制を廃棄できないにせよ、できるだけ最小化しようとする方策はあります。例えば、民法などの立法を行えば、あとは、市民同士の協議と協力で社会は運用され、仮に紛争が生じたとしても、裁判所による司法で解決できる、という立法国家・司法国家のイメージです（とはいえ、裁判所は司法官僚制です）。また、市民同士の関係は、基本的には市場における自由な取引・契約関係で処理できるとすれば、やはり官僚制の役割は小さいものとなります。本人確認（住所・氏名情報）や不動産登記や犯罪取締など、市場取引の自由と安全を保障する基本的なルールを、確実に執行するだけで、行政はよいというわけです。このようにすれば、官僚制を廃棄することはできなくても、抑制することはできるかもしれません。

また、行政による規制を緩和すれば、行政官僚制の役割は小さくなるはずです。あるいは、行政部門であった組織を民営化すれば、市場取引の世界が広がります。さらに、仮に官僚制が残るにしても、市場取引と同じ金銭動機と競争原理で官僚制を運用すれば、実質的には官僚制的運用を抑制できるかもしれません。このように、官僚制を制限したり、民間市場手法を官僚制に導入しようとする一連の動きは、「新しい公共経営（NPM, New Public Management）」と総称されてきました。

もっとも、現実には、官僚制に規制緩和・民営化・競争を導入し

ても、新たな官僚制的規則が増殖することが多いものです。ある規制を緩和すると別の規制が必要になることが少なくありません（再規制（reregulation））。民営化をすると、従来は必要のなかった競争や利用者保護や内部統制に関する規制が、必要になりがちです。競争を導入すると、様々な公正手続や評価・検証が必要になってしまいます。ある官僚制を制限しようとするために、別の官僚制が必要になりやすい、という意味で、官僚制というシステムは強靱です。

[2] 政治と行政の関係

■ 行政の未分化

　実行組織である行政を政治に服従させるためには、行政を政治から分離してはならないという考え方もあるでしょう。政治から分離した行政は、政治的決定を着実に実行する保証がないからです。分離しない場合には、政治と行政は一体不可分になり、政治が決定から実行まで、すべてを担わなければなりません。

　あえて言うならば、政治家だけで実行を担う状態です。あるいは、政治家の決定を受けて、親族や秘書や後援会メンバーや支持者住民や応援企業や「お友達」などの身内集団が、実行を担うことになります。こうした実行組織は、官僚制とはもはや呼べないでしょう。

　現代日本の場合、きわめて小さな村役場でも、政治家だけで実行することはありません。政府ではない場合には、特別の実行組織を持たないことはあります。例えば、町内会・自治会やマンション管理組合の人たちが、自分たちで決めて、自分たちで実行を分担することはあります。しかし、実行の仕事は大きな負担ですから、自分たちで実行するのは容易ではないので、自治会・町内会やマンション管理組合でさえ、役員の「なり手不足」になることもあります。

政府が決定した仕事を、政治家の身内にゆだねると、素人仕事で思う通りの実行にならないことがあります。また、身贔屓・利益誘導や蓄財・流用など、腐敗につながりやすいものです。そもそも、こうした人たちでえ、政治的決定を忠実に実行するとも限りません。身近な人が横領して裏切るなどは、よくあることです。そのため、政治から行政を一定程度は切り離して、仕事を処理できる能力を優先して、実行組織として設立することが期待されます。

■政治行政分断論

政治が決定したことを、政治から分離して組織化された行政が、それにもかかわらず、忠実に実行するという見方を「政治行政分断論」といいます。政治と行政は分離されていますので、政治的腐敗や依怙贔屓の余地は減ります。分離されているにもかかわらず、行政は自主的・自律的に行動するのではなく、政治の統制に服するという発想です。官僚制は、客観的規則に従って上司の指揮監督に服する組織ですから、政治家が上司になれば、トップである政治の言うことに官僚制は従うはずです。こうして、政治行政分断論に基づいて、行政を官僚制として整備することが可能と考えられるわけです。強力で有能な官僚制を組織しても、政治家や支配者の意思には背かない、という見方です。

もっとも、官僚制とは部下が上司の指揮監督に服している組織だとしても、実際には、生身の人間である部下が、なぜ上司の指揮監督に服するのかは、難問であります。例えば、上司の指揮監督に服さなければ、左遷・免職や減給など人事処分によって制裁を受けるため、部下は従うかもしれません。部下に出世欲があれば、左遷などの脅しは効くでしょう。しかし、出世しなくてもよいのであれば効きません。資産や副業収入があれば、免職や減給をされても大した打撃にはなりません。政治がどのように行政を統制するかを考え

るために，本人・代理人関係論を官僚制に適用することもあります。

■ 行政裁量と行政責任

　行政は生身の人間の組織ですから，機械やプログラムのような道具ではありません。政治的決定を受けて，唯々諾々と機械的に実行しているとは限りません。政治的決定とは異なる実行を，行政を担う官僚制が行うならば，官僚制が実質的な意味での政治的決定を行っていることになります。あるいは，異なる決定でなくても，政治が決めきっていない細部を，補充して決定することもあります。さらには，政治の指示に従っているはずながら，政治の指示自体に欠点があり，政治の思い描いてもいない方向に決定をするかもしれません。あえて比喩的に言えば，官僚制は生成 AI のようなものです。

　政治による政策決定の通りには，行政が政策執行をするとは限らないのが，政策執行問題です。行政官僚制のなかでも同様で，行政幹部が政治の方針に従って政策決定をしても，現場の執行組織や現場職員が，その通りに実行するとは限りません。行政組織や行政職員には，一定の裁量があります。官僚制は客観的規則に縛られていますし，「法律に基づく行政」の原理から法令・内規を詳細に制定すれば，行政職員には裁量は発生しないはずです。しかし，現実的には，法令・内規を詳細に制定し尽くすことは，技術的にも困難です。充分に練れていない規則で縛ると，かえって現場で問題が起きるので，あえて規則に「あそび」を残すこともあります。

　行政裁量が残る以上，政治的決定の枠付を受けたとしても，行政が実質的に決定を行うことは避けられません。したがって，事前に行政を統制することには限界があるので，事後的に，行政は何を決定・執行したかを明らかにして，次の政治的決定に生かすこともあります。また，事後的に検証されること，あるいは，検証されるかもしれないことを脅しにして，行政裁量が暴走しないことを期待し

ます。これが，行政評価・政策評価や人事評価が持つ行政にとっての役割です。さらには，行政職員が，どのようなものの考え方をするか，どのような思考傾向や属性の人たちからなるのか，などが問われます。いずれにせよ，行政裁量がある以上，行政職員には行政責任が発生します。

■ 官僚支配と政治行政融合論

政治家だけで政治的決定そのものを行うとも限りません。「司司」というように，官僚制からの政策提言・提案を受けて，政治家が了承するボトムアップの政策決定は，しばしばみられます。あるいは，政治家が指示を出すトップダウンの政策決定であっても，結局，具体的な決定内容を提案するのは官僚制です。政治が決定して行政が執行する，という政治行政分断論の想定する関係になるとは限りません。

政治家は，幅広い行政・政策の中身について，深い見識を持つことは容易ではありません。また，政治家は，必ずしも能力によって選抜されるわけではありません。政治家が，部下の官僚からの上申をすべて丸呑みすること，あるいは，反論できずに不承不承の了承に追い込まれることもあるでしょう。また，政治家が指示を出さないこともあれば，指示を無視されることもあるでしょう。その結果として，官僚制が実質的に政治的決定を行う状態がありうるのです。こうした状態を，官僚優位・官僚支配・官僚主導などと呼びます。政治家に政策アイデアも理念もなければ，官僚が政治家に政策案を「ご進講」「ご説明」「レク」「ブリ」して，あたかも，政治家は自分の発案や意見であるかのように演技して，政治的決定を行うこともあるでしょう。政治家に演技派俳優（actor）としての花を持たせるのも，脚本家やプロデューサーとしての官僚による政治家操縦術です。いうまでもなく，俳優の台詞は俳優本人の思考とは限りません。

しかし、政治的決定に行政や官僚制が関与していて、具体的な決定案を官僚が作成して、政治家がそれを鵜呑みにしたとしても、官僚支配であるとは限りません。政治家の意向を忖度して、あるいは、政治家の指示を考慮して、官僚は決定案を作成します。政治家が了承しないような決定案を行政が上申しても、政治家に拒否されるだけですから、無駄な作業になります。官僚は、政治家がどの程度の決定案ならば了承するかを忖度して、あるいは政治家の喜ぶような媚びた決定案を見越して、その枠内に行動を限定します。そのようであれば、政治的決定は、政治家と幹部行政官僚の協働作業でしょう。このような状態の行政は、政治行政融合論として描かれます。

■ 行政と民間団体との関係

政治的決定は、政府のなかだけで行われるのではありません。実際には、様々な民間の利益集団や一般世論の理解を得る必要があります。こうした利害調整や合意形成も、政治家だけでは手が足りません。政治的決定を政治家と協働する官僚もまた、利害調整や合意形成の仕事を分担します。行政の大きな仕事は、政治家への政策助言だけではなく、民間との交渉や利害調整にあるといえましょう。例えば、「政官業」の「鉄の三角形」といわれるのは、政治的決定において、政治家と行政官僚制と経済団体・業界団体とは、密接な調整を行っていることを指します。なお、行政と民間との調整は、政治的決定の段階だけでなく、実行においても同様であります。

また、官僚制が実行した政策が、社会環境に対して効果を発揮するとは限りません。実行の対象である民間団体・諸個人・自然環境などが、政治的決定や政策執行で意図した状態になるとは限らないからです。例えば、行政は政治的決定に基づいて規制を執行します。しかし、規制対象がそのまま従順に服従するとは限りません。そこで、違反取締が必要になり、規制対象との間で様々な相互作用が発

生します。そして、その結果として、規制が意図していた遵守状態に至るとは限りません。さらに、規制が意図通りに実行されても、規制が目的としていた状態に社会環境がなるとも限りません。

政策が執行された後の社会環境の状態を把握するために、政策評価が必要になります。実際の行政は、自ら評価・検証をすることもあれば、あえて評価をしないこともあります。行政とは離れた民間団体や学術研究においても、評価はあり得ます。もっとも、政策評価は難しいものです。そもそも、実際に政治的決定がなされた政策は、利害調整や合意形成の結果ということもあり、目的や意図が何であるかが曖昧なことがあります。また、ある状態が、政策執行による帰結なのか、それ以外の要因の帰結かは、識別が困難なこともあるからです。

[3] 自治制

■融合・分散体制

日本の場合には、国が決定した政策は、自治体によって執行されることが多いものです。このような国と自治体の役割分担を、融合と呼びます。これに対して、国が決定した政策を、自治体に委ねずに、国の地方出先機関や外郭団体によって、自ら執行するような役割分担を、分離と呼びます。分離のときには、自治体は自治体自身が決定した政策についてのみ、政策執行を行います。

融合と分離の在り方は、行政事務領域によって異なっています。例えば、安全保障・防衛に関しては、国が政策決定し、国の機関である自衛隊が実動を担っています。また、国税に関しては、国の出先機関である国税局・税務署によって、更正・決定・賦課・徴収・税務調査・査察調査を行っています。しかし、小中学校教育や介護

保険は，通常は，市区町村という自治体が執行を担っています。ところが，教育や介護の中身である学習指導要領や介護報酬は，国が決めています。さらに，国または国立大学法人が小中学校を設置することもあります。また，自衛隊基地の建設や自衛隊員募集では，自治体が一定の仕事をすることがあります。

様々な行政事務ごとに，国と自治体の役割分担の関係は異なります。しかし，全体としてみれば，国のみで政策決定・執行が完結することは少なく，国と自治体とが密接にかかわりあっています。こうした状態が融合体制です。また，自治体が全国各地の現場で政策執行をするので，分散体制とも呼びます。

政治的決定の実行組織を行政と呼ぶならば，自治体は国以上に行政の側面が強いことになります。政治的決定に提案を行う行政の役割は，国の官僚が果たすことが多いものです。しかし，政治的決定を実行する行政の役割は，自治体の行政職員が果たすことが多いのです。このような実態から，自治体はしばしば「地方行政」と呼ばれてきました。また，自治体官僚制が，政策執行を担う官僚制の特質が強いことから，伝統的に，行政研究の一つの主要領域に地方自治研究があります。

■ 集権体制

すでに触れたように，政治的決定を実行する組織は，決定された政策をそのまま実行するとは限りません。行政を担う官僚制に行政裁量があるように，国から政策執行を割り当てられた自治体にも，自治裁量の余地があります。だからこそ，政策執行を自治体に求める国は，自治体を統制しようとします。こうした上下・主従の統制作用が多くの政策・行政領域でみられるのが，集権体制です。反対に，全体としてみれば，政策執行に関する自治体の裁量が大きいのが，分権体制です。

集権体制のもとでも、自治体は様々な目的・意向を持つことがあります。自治への動きは、自治体自らが望む政策を実現することです。そこで、自治体は、集権体制のもとであっても、国に対して圧力・要求・陳情・提案を行い、国の了解を取り付けることができれば、自らが望む様々な政策を実行することができます。集権と自治とは、ある程度の範囲では、両立しえます。例えば、国に要望して、自治体として望ましい法律を制定させることもあり得ます。また、国に要望して、自治体に必要な財源を提供させることもあります。しかし、自治体が要望を実現できるかどうかは、国が認めるかどうかにかかっています。国の意向に反して、または、国の意向とは無関係に、自治体は政策を実行することはできません。このときには、集権と自治とは両立しません。

　また、自治体の要望に従って、国が法律を制定したり、補助金を創設したりすれば、自治体は集権体制のもとで、こうした法令や補助金を通じて束縛されていきます。例えば、補助金は、国が認める特定目的の事業にしか使うことはできません。自治体の政策は、補助金が付くものを優先するので、自治体の裁量判断はゆがんでいきます。国の法令のおかげで、自治体は事務権限を授権してもらえるので、地域社会や住民に対して、執行できることが増えます。しかし、それはあくまで国が決定した法令の範囲内に限定されてしまいます。要望活動などの自治への動きが、天に唾するような形で、逆流的に集権体制を強化する側面もあります。

[4] 政治体制のなかの官僚制・自治制

■ 権力集中体制の官僚制・自治制

　繰り返しになりますが、民主主義体制であれ権威主義体制であれ、

国の政治的決定を実行する手段として，官僚制や自治制を位置づけることがあります。国の政治的決定の実行のために，国政は自治制・官僚制を統制しようとするでしょう。それは，官僚制に対しては，内閣・官邸主導，政党優位，党高政低のように，何らかの国の政治が統制を及ぼす政治主導体制です。また，自治制に対しては，中央集権体制です。

　裏返せば，国の政治的決定を実行しないことによって，官僚制や自治制は，国の政治的決定を，執行段階で遮断・妨害する装置にもなり得るのです。つまり，事実として，官僚制や自治制は，国政への抵抗勢力・反対勢力や，国政が暴走したときのブレーキ役に，なることがありうるのです。もっとも，権力集中の理念を持つ体制においては，こうした状態を正当化できるか，という問題はあります。

■ 分離／融合体制の自治制

　民主主義体制における自治体は，住民からの負託という意味で，国とは異なる独自の民主的正統性を持ち得ます。自治体には国政とは異なる自治体政治が存在します。自治体のこの側面を重視した呼称が，「地方政府」または「自治体政府」です。自治体の信託は市民から受けたものであることを強調するときには「市民政府」と呼びます。自治体が，自ら政策を政治的に決定して，自治体官僚制が政策執行を担うのです。自治体のなかで，自治体官僚制が持つ行政裁量と，自治体の政治判断として政策裁量を持つことは，異なる位置づけが可能です。

　しかし，権力集中体制を前提にすれば，国民の名の下で政治的に決定された国の政策とは違う形で，自治体が住民の名の下で裁量的に政治的決定を行うことは，妥当ではないという批判が起きるかもしれません。このような自治裁量への批判に対する一つの応答が，分離体制の自治制です。つまり，自治体は裁量を持ちますが，それ

は国の政策執行の自治体レベルでの裁量ではありません。自治体は自治体独自の政策決定について，裁量を持つということです。

これに対して，融合体制は，国が政治的に決定した政策を自治体が執行するものです。国が決定した政策を実行するのが地方の役割であるとするならば，自治体は地方行政の担い手です。そのときには，自治体は，国の地方出先機関（地方支分部局）と同等の機能を果たします。実際，地方出先機関であっても，自治体行政官僚制でも，一定の行政裁量は持っています。

それならば，地方出先機関と自治体とは同じかといえば，自治体の方が，政治的決定の余地と正当性があるようです。自治体の場合には，選挙にさらされる政治家も，人事異動の範囲が地域内に限られる行政職員も，直接に住民や地域社会からの要望に応答する傾向が，国の地方出先機関より大きいといえましょう。国の出先機関の官僚は，選挙で選ばれるわけでもありませんし，自治体の区域を越えて広域的に人事異動するので，特定の地域にこだわる必要はありません。融合体制として，国が自治体に政策執行を任せること自体が，大枠としては，何らかの形での自治裁量の発揮を許容しているのです。

■ 権力分立体制の論理

権力を集中させて政治的決定をする権力集中体制は，権力が暴走するおそれや，誤った決定のときの悪影響のリスクがあります。それは，権威主義体制や独裁体制・専制君主制などへの違和感だけでなく，権力集中的な民主主義体制への疑念にもつながります。民主主義体制は，唯一の民意に基づく政治的決定は貫徹されるべきというものであれば，それ以外の意思を否定することにつながることがあります。つまり，民主主義体制は，独裁体制の対極の存在ではなく，両者は非常に相性が良いところがあります。両者は政治的決定

までの過程は,違っているかもしれません。民主主義はみんなで決定することであり,独裁は一人で決定することです。しかし,政治的決定はそのまま執行されるべきと考える権力集中体制であれば,政策執行において両者には違いがありません。

これに対して,政治的に決定されたことであっても,そのまま執行されるべきとは限らないと考えるのが,権力分立体制です。それは,政治的決定を部分的に否定することですから,民主主義体制では反民主的,権威主義体制では反体制的にも見えます。しかし,民主主義体制において,政治的決定への異論を認めないことは,かなり息苦しいことでしょう。民主主義体制といっても,全員一致で決定することはまずありえませんから,常に,異なる意見を持つ少数派に対しては,強制的支配にすぎません。民主主義体制は多数派の専制になる危険を,常に持っています。権力分立体制は,こうした危険への解毒剤なのです。

通常,権力分立として有名なのは,立法・行政・司法の三権分立です。しかし,現代日本の議院内閣制の場合には,衆議院多数派（＝政府与党）によって行政＝内閣は常に信任されていますから,両者は同一勢力となり,権力融合になっています。したがって,参議院多数派が衆議院多数派と異なる「ねじれ国会」（アメリカ流には「分割政府」,韓国流には「与小野大」）のときにのみ,立法と行政は権力分立的になります。しかし,日本の場合には,多くの時期では「ねじれ国会」は起きていません。また,裁判所は権力分立を担っていますが,実際には,最高裁判所裁判官の人事権は内閣が持っていて,下級裁判所の裁判官の人事権は最高裁判所が持っています。その意味で,定期的な政権交代がない限り,内閣と権力融合になりやすい制度的背景があります。

現代日本の官僚制と自治制　第 10 講

■ 権力分立体制における官僚制と自治制

　官僚制と自治制は，三権分立以外で権力分立を促すことのできる仕組です。すでに述べたように，政治的決定に対して実行を担う点で，一定の裁量があるからです。そして，政治が政策執行を依存している点で，官僚制や自治制は，政治の側に対して，一定の交渉材料があるのです。

　官僚制の場合には，公選職政治家と資格任用職行政職員の対抗です。官僚制が民主政治（デモクラシー）に対して，いかなる根拠に基づいて対抗しているのかは，いろいろあります。官僚制はメリットシステム（能力実証主義・成績主義・資格任用制）を採っていますから，能力・業績によって政治への対抗が可能です（メリットクラシー）。また，経済学や心理学のような専門知識や，医学・薬学，社会基盤工学・生化学・気象学などの科学技術を纏って，対抗することもあるでしょう（テクノクラシー）。法的専門知識も大きな対抗力です。あるいは，事務・実務能力が重要で，行政には人数というマンパワーの優位があります。また，客観的規則に基づく作動という官僚制の特質が，合法性・公平性・予見可能性・非人格（恣意）性・継続性などを保証して，政治に対して対抗することに役立つかもしれません（ビューロクラシー）。

　自治制の場合には，国政とは異なる自治体政治という，民主的正統性の相違と独自性があります。いわば，「毒をも（以／盛）って毒を制す」ように，政治には政治で，デモクラシーにはデモクラシーで対抗するものです。政治対政治という意味では，政府与党と野党，内閣・衆議院多数派と参議院多数派という対抗と似ています。

　国政の多数派民意（の名のもとの為政者判断）と自治政の多数派民意（の名のもとの為政者判断）が異なる場合，初めて権力分立の効果が発生します。しかし，ある意味で当たり前ですが，多くの場合に

は，国政の多数派民意と自治政の多数派民意は近いものです。また，仮に異なれば，国政の民主主義を権力集中で実現しようとする立場（官邸主導・内閣機能強化）とは対立します。国の政治的決定と自治体の政治的決定とには，「大は小を兼ねる」ような優劣関係があるのか，両者は質的に同等なのか，争点・案件に応じて優劣が変わるのか，などいろいろの調整・棲み分けの方法があるでしょう。

[5] おわりに

　政治・行政の仕組の全般についてなされた日本の世紀転換期改革には，二つの潮流がありました。第一は権力分立指向であり，国政の政官権力スクラムを緩めようというものです。例えば，地方分権推進，国会改革，政権交代可能な政党制（選挙制度改革），行政手続・情報公開・公文書管理制度，日本銀行独立化，市場化・規制改革，司法制度改革などが挙げられるでしょう。第二は権力集中指向で，既存のしがらみに縛られて弱体化した国政権力を，再集約・再強化しようというものです。例えば，内閣機能強化・官邸主導，政治改革（小選挙区制導入による大政党執行部優位），公務員制度改革（内閣人事局・人事評価による官邸人事支配），個人情報利活用・デジタルトランスフォーメーション・国家機密による情報処理統制手段の強化，危機管理・災害対策・安全保障の司令塔機能強化などの動きです。

　21世紀第1四半期の結果では，後者の潮流のほうが主流化したといえましょう。官僚制では，官邸主導・政治主導のなかで，幹部・上層では官邸官僚や忖度官僚が増え，若手や中下層官僚の萎縮や転職が目立つようになりました。公文書改竄まで為されました。仕事の苛酷さは変わらないまま，自発性ややりがいのみが失われ，新卒学生の間での官僚人気も低下して，官僚志望者も減少していま

す。自治制では「未完の分権改革」にとどまり,さらには,集権化現象が生じました。自治体も国にモノ申すような姿勢は減っています。権力集中指向のなかで,官僚制や自治制が充分な牽制や調節の機能を果たせたか,また,そのような意欲が阻害されなかったのかが,行政研究の大きな関心といえます。

[参考文献]

礒崎初仁・金井利之・伊藤正次『ホーンブック地方自治』新版（北樹出版,2020年）

マックス・ウェーバー『支配についてⅠ　官僚制・家産制・封建制』野口雅弘訳（岩波文庫,2023年）

大森彌・大杉覚『これからの地方自治の教科書』改訂版（第一法規,2021年）

金井利之『行政学講説』（放送大学教育振興会,2024年）

北山俊哉・稲継裕昭編『テキストブック地方自治』第3版（東洋経済新報社,2021年）

曽我謙悟『行政学』新版（有斐閣,2022年）

羅芝賢・前田健太郎『権力を読み解く政治学』（有斐閣,2023年）

西尾勝『行政学』新版（有斐閣,2001年）

原田久『行政学』第2版（法律文化社,2022年）

牧原出『権力移行——何が政治を安定させるのか』（NHKブックス,2013年）

待鳥聡史『政治改革再考——変貌を遂げた国家の軌跡』（新潮選書,2020年）

真渕勝『行政学』新版（有斐閣,2020年）

水谷三公『官僚の風貌（シリーズ日本の近代)』（中公文庫,2013年）

村松岐夫『政官スクラム型リーダーシップの崩壊』（東洋経済新報社,2010年）

第10講　現代日本の官僚制と自治制

●● 学びを進めていくために ●● ‥‥‥‥‥‥‥‥‥‥‥‥‥‥

　官僚制と自治制は，国の政治的決定を，現場で実行を担う点で共通しています。このような点から，我々が学びを進めていくと，国の支配者の視点に近づくことになりやすいものです。いわゆる為政者気分・「上から目線」です。しかし，もう一歩進めば，国の政治的決定を受けて，実行を担わされるときに抵抗や改革をする立場──官僚や自治体の視点──から，官僚制や自治制を学ぶこともあるかもしれません。しかし，さらに重要なことは，現場で実行されて，政策執行の影響を受ける人々の立場で，学びを進めることです。「鳥の目，虫の目，魚の目，蝙蝠の目」などともいいますが，このように，視点を縦横に往来させて，複眼的に立場を入れ替えながら学ぶことが重要です。

　我々の多くは，政治家でもなければ，行政官僚や自治体関係者でもありません。むしろ，被治者として，政策執行にさらされるだけのことが多いです。さらに，政治家や行政職員であっても，実生活においては，執行の影響を受ける立場になることはあります。例えば，政治家や行政職員といえども，税金を払うときには，行政から様々な調査をされます。その意味で，行政研究の学びの原点は，行政から政策執行を受けた実体験や見聞です。政治家や行政職員になりたい人，あるいは，なった人こそ，被治者の立場を自分の視点としなければなりません。

　しかし，実体験を振り返って，支配にさらされていることを，具体的にイメージできることは少ないでしょう。多くの大学生にとって，これまでの人生を振り返って，接触経験のある行政職員は，公立学校教職員や，せいぜい，交通取締や運転免許発行のときの警察官，引越の際の住民票にかかわる市区町村窓口職員くらいしか，思い浮かばないかもしれません。それでも20歳を過ぎれば国民年金の（免除・猶予）手続が必要になるかもしれません。海外旅行をしようとすれば旅券発給事務に遭遇するでしょう。

　具体的にイメージしにくいとすれば，たまたまそういう人生を過ごしてきたからかもしれません。行政に対して防御する「盾」または

「傘」に，保護者がなっていたのかもしれません。あるいは，行政の影響を受けてきたにもかかわらず，あまりに当然の作用なので，または，背後で機能していることなので，目に見えていないだけかもしれません。例えば，公共交通機関やスマホ・ネットを利用しても，飲食店で食事をしても，サプリメントを服用したとしても，消費税負担はまだしも，それ以外に，どのような行政が作用しているのかは，なかなか感じにくいものでしょう。目に見えにくいものを含めて，行政からどのような作用が及んでいるのかにアンテナを張り，また，その功罪・適否・利害は何なのかについて考えてみることが，行政研究の学びの原点です。

第11講 ジェンダーと政治

前田健太郎

[1] はじめに

　日本の政治には，とても不思議な点があります。それは，政治家の大半が男性だということです。2024年1月現在，女性が国会議員に占める割合は，衆議院議員の10.3％（464名中48名），参議院議員の26.6％（248名中66名）にすぎません。列国議会同盟（IPU）の調査によれば，衆議院の数字は世界186か国中165位という特に低い水準だそうです。

　これが不思議なのは，日本には概ね等しい人数の男性と女性が暮らしているはずだからです。日本国憲法には，国会議員とは「全国民を代表する選挙された議員」だと書かれています（第43条）。それにもかかわらず，国民の代表者に占める男性の人数が女性に比べて圧倒的に多いのは，何だか奇妙ではないでしょうか。もし，あまり気にならないという人がいたら，逆の視点から考えてみて下さい。もし国会議員の大半が女性だったら，「おや？　ずいぶん女性が多いな」と感じるはずです。そして，国会議員が女性ばかりなのは，女性を男性に比べて優遇する何らかの力が働いているのではないかという疑問を持つことでしょう。

　それにも増して不思議なのは，この奇妙な現実が，政治学の世界では長い間それなりに妥当なものとして受け入れられてきたことです。これほど国会議員の男女比が偏っているにもかかわらず，日本が民主主義の国だということに関して疑いを挟む人は，ほとんどい

ジェンダーと政治 第 11 講

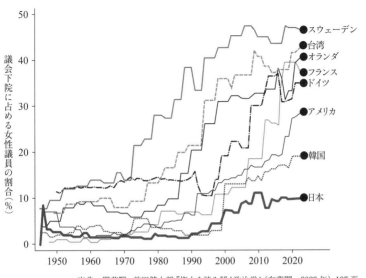

図 11-1 先進諸国の議会下院における女性議員の割合の推移

出典：羅芝賢・前田健太郎『権力を読み解く政治学』（有斐閣，2023 年）197 頁

ません。図 11-1 では，いくつかの先進国の議会下院における女性議員の割合の歴史的な推移を示していますが，ここ数十年間で他の国々は大きく女性議員の割合が上昇したのに対して，日本ではその割合がほとんど変わっていないことが分かります。それにもかかわらず，これが日本の民主主義の問題として真剣に取り組むべき課題だと多くの政治学者が考えるようになったのは，本当につい最近のことです。

なぜ，政治におけるこれほどの著しい男女の不平等に，あまり関心が払われてこなかったのでしょうか。その大きな理由は，政治学者たちが，政治とはそういうものだと思い込んできたことにあります。日本に限らず多くの社会において，政治とは男性が行うのが自然だという考え方が広く共有されてきました。その考え方からすれ

ば,国会をはじめとする政治的な意思決定の場に女性が少ないのも,特段気にするようなことではなかったのです。

このような「男性とはこういうものであり,女性とはこういうものである」という観念を指すのが,ジェンダー(gender)という言葉です。この一風変わった言葉が用いられているのは,遺伝子や身体の形状といった生物学的な性差であるセックス(sex)とは別に,人々の認識に基づいて定義される社会的な性差が存在するためです。今回の授業では,このジェンダーの視点に基づく政治の考え方についてお話しします。それは,「男らしさ」と「女らしさ」についての私たちの認識が,政治にどのような影響を及ぼしているのかを問う視点です。例えば,日本で男性の国会議員が多いのも,男性と女性の生物学的な違いではなく,両者の違いに関する私たちの思い込みに原因があると考えるのです。

このジェンダーの視点は,女性の視点だと言われることもあります。少なくとも今日の世の中では,男性に比べて女性の方が,日常生活の中でジェンダーに基づく差別や抑圧を経験しやすく,それに関する問題意識も持ちやすいでしょう。政治学という学問分野においても,ジェンダーの視点の重要性を提起してきたのは女性研究者たちでしたし,ジェンダーの視点を用いた研究の多くも,女性運動や女性議員など,これまでの政治学では見逃されてきた女性の政治活動を対象としています。

しかし,それはジェンダーが男性に関係がないということを意味するわけではありません。むしろ,明白な男女の不平等が存在するにもかかわらず,それが自然なことであると思い込んできたという点では,男性こそが「男らしさ」や「女らしさ」についてのイメージに囚われてきたとも言えるでしょう。これは,男性にとっても無視できない指摘です。

つまり,ジェンダーの視点を取るというのは,単にジェンダーに

関係のある現象について考えることを意味するのではありません。その意義はむしろ、ジェンダーとは関係がないと思われていた現象が、実はジェンダーと深く関わっていたことを明らかにすることにあります。例えば、戦争が起きるのは国家同士の権力争いに原因があると考えるのが一般的ですが、ジェンダーの視点から見れば、戦場で勇ましく戦うことが男らしい生き方だとされてきたことにも原因があります。あるいは、財政規模が大きな国では政府が自由な経済活動を阻害していると考える立場もありますが、ジェンダーの視点から見れば、そのような国では伝統的に女性が担ってきた子育てや介護の負担を国家が肩代わりしているという側面もあります。ジェンダーの視点から見ることは、一見すると人々の性別とは関係がなさそうな現象が、実はジェンダーと深く関わっていることを明らかにしてくれるのです。

そうである以上、ジェンダーの視点から政治学を考える際には、単に現実の政治現象を分析するだけでなく、これまで通説として受け入れられてきた政治学の思考法そのものを問い直す必要があります。以下では、この立場に従って、ジェンダーの視点を用いることが、政治に対する従来の見方をどのように変えるのかについてお話ししていきたいと思います。

[2] 政治と法

■政治の概念

まずは、政治とは何かという問題から考えてみましょう。政治学の教科書によく出てくるのは、政治を権力闘争の一種として捉える見方です。その代表例が、ドイツの社会学者マックス・ウェーバーの議論でしょう。1919年に行われた「仕事としての政治」という

第 11 講 ジェンダーと政治

講演の中で,ウェーバーは「政治が意味するのは,国家間であれ,一つの国家内部においてそれに含まれる諸集団であれ,権力を分有しようとする,あるいは権力の配分に影響を及ぼそうとする努力」だと述べています。

ここでのポイントは,国家です。権力争い自体は,大学のサークルでも,会社でも行われていますが,政治という活動の特徴は,それが国家権力をめぐる争いだということに他なりません。ここでいう国家とは,中央省庁や地方自治体などの行政機関から構成される巨大な統治機構を指す概念です。政治家たちは,国家を動かす指導者となることで,この国の住民から徴収される巨額の税金の使い方を決め,規制を通じて企業活動を左右し,時には人々を戦争に行かせることさえできるのです。

それでは,なぜ人々は国家の決めたことに従うのでしょうか。最も簡単に思い浮かぶのは,国家は軍隊や警察といった暴力機構を有しているため,従わなければ処罰されるからだという考え方でしょう。しかし,実際に人々を統治している政府機関の活動を思い浮かべれば,必ずしもそうではないことが分かります。例えば,人々は自分が稼いだお金の一定の割合を,特に不満を言うこともなく税金として税務署に納め,警察官に交通違反を摘発されれば,素直に警察署に出頭します。このような時,人々はおそらく,国家権力の行使が何らかの意味で正当だと考えているのです。

権力にこのような正当性が付与されれば,そこには権威が成立します。政治が権威に基づく活動だとすれば,その特徴は政治を他の種類の活動と比べることで分かりやすくなるでしょう。その代表的な例が,市場における経済活動に際して行われる「交換」です。交換とは,何らかの価値を提供するのと引き換えに,自らも価値を提供するということを意味します。例えば,市場においては貨幣を提供するのと引き換えに,商品を購入することが可能です。それによ

って、権威を伴うことのない人間関係の下でも、市場価格を通じて生産者と消費者が交換を行い、価値の配分が行われるのです。政治においても、このような活動は、選挙で当選するために利益誘導を行ったり、暴力的な脅しと引き換えに住民を従わせたりするといった形で行われます。しかし、多くの場合には、統治はこのような対価を支払うことなく行われています。権威こそが、金銭的な便益の供与でも、暴力による恐怖でもない形で、安定した支配を行うことを可能にするのです。このことから、政治とは「社会に対する諸価値の権威的配分」だと述べるアメリカの政治学者デヴィッド・イーストンの定義も、しばしば教科書で紹介されます。

しかし、以上のような解説には、ジェンダーの視点がありません。人間社会の歴史を考えてみれば、これまで世界で国家権力を握ってきた政治指導者たちは、そのほぼ全員が男性でした。そうだとすれば、政治とは何かという問いに応えるには、単に人々が国家権力に従う理由を考えるだけでは十分だとは言えません。必要なのは、何が男性による支配に正当性を付与してきたのかを問う思考なのです。

■ 合法的支配

人を従わせる権威がどこから生じるのかという問いに対しては、様々な考え方があります。例えば、支配的な身分に属する人々が、昔から代々、伝統的な慣習に従って統治してきたからだという議論もあれば、指導者の個人的な資質に人々が魅了されるからだという考え方もあるかもしれません。ウェーバーは、こうした種類の権威に基づく政治を、それぞれ伝統的支配とカリスマ的支配と呼んでいます。しかし、今日の国家は、そのような権威に立脚しているわけではありません。むしろ、その権威の源は、国家の活動が法に基づいて行われていることにあるというのがウェーバーの考え方です。憲法という基本的なルールの下で作られる法律によって国家のあら

ゆる行政活動が規制されているということが、その統治に正当性を与えるのです。これが、ウェーバーの有名な合法的支配の概念です。

法とは、その最も単純な形式としては、「○○せよ」と述べるルールです。そして、そのルールに違反した場合には、警察や裁判所といった政府機関が制裁を行います。これは、現実の国家が何をしているかを考えれば分かりやすいかもしれません。国会が法律を作り、中央省庁や地方自治体などの政府機関は、その法律に従って活動を行います。そして、法解釈を巡って紛争が生じた場合には、裁判所がその争いを裁くのです。重要なのは、この制裁を行う仕組みが存在すること自体ではなく、こうした仕組みが整うことで、国家による制裁が正当なものであると、人々が信じていることにあります。

このような法に基づいて支配する国家は、しばしば「近代国家」と呼ばれてきました。その起源としてよく紹介されるのが、1789年に始まるフランス革命です。フランス人権宣言において普遍的な人間の権利の擁護が謳われ、聖職者や貴族の身分的な特権が廃止されたことは、イギリス名誉革命やアメリカ独立革命と共に、西洋社会で近代国家が成立した契機となる出来事だとされてきました。日本において、このような革命と比較されるのが、1868年の明治維新です。この革命によって、武士を頂点とする伝統的な身分制度は廃止され、1889年には大日本帝国憲法が制定され、西洋の政治制度が導入されました。それを通じて、日本でも生まれに関係なく、法に基づく統治が行われることになったとされたのです。

■ 法的な男女差別

しかし、ジェンダーの視点から見た場合、この見方には限界があります。というのも、この「近代国家」は、女性の権利を男性に比べて制限する国家として出発したからです。18世紀のフランス革

命も，19世紀の明治維新も，それを主導したのは男性たちであり，従来の貴族や武士の身分的特権を廃止した一方で，女性に財産権や参政権を与えるものではありませんでした。

この法的な差別を解消するべく立ち上がった女性たちが開始したのが，フェミニズム運動です。フェミニストたちは，男性と同様の法的な権利を女性にも与えることを求め，各国で社会運動を展開していきました。ここには，近代国家が普遍的な権利を掲げたからこそ，逆にその男女差別が際立ち，フェミニズム運動が生まれたという逆説があります。それまでも男女の不平等は存在していましたが，近代以前の社会では建前としても人間は平等ではなかったため，男性と女性も当たり前のように不平等に扱われていました。ところが，近代国家の時代になると，全ての人に等しく権利を与えることを否定するのは難しくなっていきます。アメリカ，イギリス，フランスといった国々は，女性参政権運動が大きな盛り上がりを見せたことが知られていますが，それは男性に対する権利の付与が早くから進んだ結果，むしろ男女差別が目立ったことの結果だという側面もありました。日本でも，1920年代に男子普通選挙への道が開かれる中で，市川房枝を中心に婦人参政権運動が展開します。この時代の，法的な男女平等を求めるフェミニズム運動は，今日では第一波フェミニズムと呼ばれています。

しかし，興味深いことに，女性参政権の導入が早かった国は，かならずしも男性の参政権の導入が早かった国々ではありません。国政選挙で最初に女性が男性と対等な選挙権を獲得したのは1893年のニュージーランドでした。女性の被選挙権を認めたのは，1906年のフィンランドが最初です。これに対して，アメリカの女性参政権は1920年，イギリスは1928年，そしてフランスは1944年まで遅れました。日本は，男子普通選挙が1925年に導入されたのに対して，女性参政権が認められたのは第二次世界大戦後の1945年です。

第11講 ジェンダーと政治

　このように，ジェンダーの視点から眺めることで，民主主義の歴史の見え方も変わってきます。従来の政治学の考え方によれば，民主主義とは19世紀にアメリカを中心に広がった政治体制でした。しかし，男性だけでなく女性の政治的な権利まで含めて考えれば，民主主義が成立したのはせいぜい20世紀初頭以降であり，その起点は国際システムの周辺にある小国です。そして，女性参政権を求めたフェミニズム運動こそが，その体制変動を実現した民主化運動だったのです。

　今日から振り返ると，以上の経緯はいかにも奇妙に思えます。普遍的な人間の権利を宣言した男性たちが，なぜ女性には男性と同じ権利があるとは考えなかったのでしょうか。この問題について考えるには，人々が従っている社会のルールは法だけではないという事実に立ち戻る必要があります。

[3] 社会規範とジェンダー規範

■ 社会規範

　現代の日本のような，法の支配が行われている国家では，支配者による恣意的な権力の行使は制限されています。それでは，法によって認められた範囲内であれば，人々は思いのままに暮らすことができるのかといえば，そのようなことはありません。例えば，切符を買うために並ぶ人の列に割り込むのを禁止する法律はありませんが，ほとんどの人はきちんと列に並びます。また，料理を手で食べることも法律では禁止されていませんが，箸やフォークといった食器を使って食事を取る人が一般的です。つまり，私たちは法以外にも様々なルールに従って生活しているのです。

　このようなルールを，社会規範と呼びます。興味深いことに，社

会規範も法と同じく,「〇〇せよ」という形式を取りますが,法と違うのは,社会規範に違反した人に対する制裁のあり方です。法とは異なり,社会規範の場合には,政府機関が制裁を加えるわけではありません。むしろ,そこで制裁を加えるのは,自分の周囲の人々,すなわち社会です。その制裁は,暴力を伴うこともありますが,多くの場合には村八分のような形で,交流を拒否する態度として表現されるでしょう。だからこそ,私たちは社会規範に従って生活するのです。

それでは,なぜ人々は,警察や裁判所のような組織が存在しないにもかかわらず,社会規範に違反した人に対して,自ら制裁を加えるのでしょうか。この社会規範の力の源となるのが,人々の抱く感情です。社会規範に違反している人を目撃した人は,軽蔑の念を抱くでしょうし,逆に社会規範に違反した人に制裁が加えられることがなければ,怒りを覚えるかもしれません。そして,社会規範に違反してしまった人自身も,制裁が加えられるかどうかに関わりなく,後ろめたさの感情を抱くことが多いはずです。

こうした感情がなぜ生じるのかは,よく分かっていません。しかし,どのような社会でも,その文化の一部としての社会規範が近代以前から継承されてきました。このため,社会規範には何か古臭いイメージが付きまとうこともあります。それでも,法体系が近代化されたからといって,社会規範はそう簡単に消えるものではありません。なぜなら,社会規範は,人々が大人になる前の段階で,家庭の中で,学校で,そしてメディアとの接触を通じて身につくものだからです。そこに,政治における男女の不平等をはじめとするジェンダーに関する現象を考えるための鍵が隠されています。

■**ジェンダー規範**

様々な社会規範の中でも,男性と女性のあり方を定める規範が,

表 11-1 ジェンダー規範の例

	男性の理想像	女性の理想像
人格	積極的	大人しい
体格	筋肉質	痩せている
家庭での役割	稼ぎ主	家事・育児・介護の担い手
職業	医師, パイロット, 社長	看護師, キャビンアテンダント, 秘書

ジェンダー規範です。ジェンダー規範の特徴は,「男性は男性らしく,女性は女性らしくなければならない」と命じることにあります。表 11-1 には,このジェンダー規範の一例を示しました。人格から服装,さらには家庭における役割から職業まで,ジェンダー規範は私たちの生活の様々な場面において,男性と女性のそれぞれに対して,一定の理想像を示します。日本社会で長らく典型的だったのは,「男は仕事,女は家庭」といった言葉に見られるように,男性は一家の稼ぎ主として会社に勤務する「サラリーマン」,女性は家事や育児といった家族の世話をする「主婦」とするモデルです。他の社会規範と同じく,こうしたジェンダー規範は,両親から注意されたり,アニメを観たり,友達と遊んだりする中で,幼い頃から少しずつ身についていきます。

このジェンダー規範が男女の不平等を生むのは,家事や育児といったケア労働が,家庭の外で行われる経済活動や政治活動に比べて軽視されるためです。子どもの世話をしたり,夕食を作ったりすることは,「仕事」としてベビーシッター業者や家事代行業者に依頼すれば 1 時間に何千円もかかる非常に高価なサービスであるはずなのですが,それを「お母さん」や「おばあちゃん」が行う場合には,なぜか無料で行われるのです。日本の代表的なフェミニスト理論家として知られる上野千鶴子は,家庭において主婦たちが行う家事や育児が,実は正当な対価の支払われない労働,すなわち不払い労働なのだと論じたことで知られています。

ジェンダーと政治　第11講

　ジェンダー規範は，全ての人に当てはまるものではありません。第一に，ジェンダー規範は男女がペアになっていますが，その前提には，男性と女性が互いを性愛の対象とするという異性愛の規範があります。従って，レズビアン，ゲイ，バイセクシュアルなどの存在は想定されていません。第二に，ジェンダー規範は人間を男性と女性の二つのグループに分けていますが，そこでは自らの性自認が生物学的な性別と一致することが想定されています。従って，両者が一致しないトランスジェンダーや，性自認を男女どちらとも割り切れないノンバイナリーの存在は見えなくなってしまうでしょう。こうした理由から，そもそもジェンダー規範の存在そのものが，一定の人々を排除する性格を持っています。

　ジェンダー規範の力の源は，他の社会規範と同じように，人々の感情です。特に，ジェンダー規範に逆らう女性に対する制裁を引き起こす感情は，ミソジニーと呼ばれます。この単語は，しばしば「女性嫌悪」と訳されますが，女性全般に対する嫌悪感ではありません。むしろ，ジェンダー規範に従っている女性は，女性としての分をわきまえているということで，好意的な評価の対象となります。ミソジニーとは，ジェンダー規範に逆らう女性を嫌悪する感情なのです。

　これまで日本を含む多くの社会では，男性が女性に対して社会的に優位に立つことを定めるジェンダー規範が古くから共有されてきました。その文化的な根源は，西洋社会ではキリスト教，中国や朝鮮半島では儒学，そして日本においては武家社会の生活規範に求められています。この視点から見た場合，近代国家の成立に際して，法的な権利が男性と女性で差別されたのも，伝統的なジェンダー規範を反映しているといえるでしょう。公的な事柄に携わるのは男性の役割だと考えられていたからこそ，法的な権利も男性に限定するのが当然だというのが，その時代の発想だったのです。

第 11 講　ジェンダーと政治

■ 法的な男女平等の限界

　法的な男女差別の背後にはジェンダー規範が存在しているのだとすると，法制度を変えるだけでは，この問題の根本に迫ることはできません。たとえ，女性が男性と同じように政治に参加する権利を獲得したとしても，ジェンダー規範が女性の政治活動を制約するものである限り，その権利が十分に行使されることはないからです。

　歴史的に見ても，法的な女性差別を撤廃するだけでは，実質的な男女の不平等はなくなりませんでした。20 世紀前半に女性参政権が日本を含む各国で実現され，第一波フェミニズムの目的が概ね実現された後も，政治においても，経済においても，大きな男女の不平等が残存しました。そこで 20 世紀後半になると，第二波フェミニズムと呼ばれる新たな運動が国際的に広がり，日本でも 1970 年代にはウーマン・リブ運動が展開されることになります。

　こうした潮流の中で提起されたのが，法的な平等が達成された後も実質的な不平等が残存しているのは，ジェンダー規範の働きによるものだという考え方です。男性の支配する社会のあり方を，フェミニストたちは家父長制と呼びました。家父長制は，もともとは男性の家長が支配する家族形態のことを指す用語でしたが，その伝統的な家族形態が法的には解体された後も，男性と女性という性別に基づいて地位と権力が不平等に分配され続ける状況を指して，この言葉が改めて用いられることになったのです。

　法的な側面から家父長制を支えていると目されたのが，国家の介入を受ける公的領域と，その支配の及ばない私的領域を分離する，公私二元論と呼ばれる規範です。近代国家の下で，家庭が法による規制の及ばない私的領域として維持されたことは，市民生活の自由を保障するものだとされてきましたが，実際には家庭生活をジェンダー規範に委ねるものでした。その結果，家庭内における女性の男

性に対する従属が持続し,それが国家や市場といった家庭の外にある公的領域に影響を及ぼしたことで,法的な男女平等の下でも男性による支配が可能となったとされたのです。

　一見すると民主的に見える政治体制も,ジェンダーの視点から見れば家父長制の一種だということになるでしょう。女性がたとえ男性と同等の政治的な権利を獲得しても,その活動に対してジェンダー規範の制約が加われば,女性は男性と同じような形では政治に参加することができなくなるからです。次節では,そのメカニズムを詳しく見ていきましょう。

[4] ジェンダー規範と政治

■ダブルバインド

　読者の中には,ジェンダー規範が政治に影響を及ぼしているというのが今ひとつピンとこないという人もいるかもしれません。今の世の中で,男性の方が女性よりも生まれながらにして政治に向いていると本気で信じている人は,ほんの一握りです。特に,多くの男性にとっては,自分は決して女性差別などしていないというのが偽らざる実感でしょう。それにもかかわらず,日本では現に国会議員の大半が男性であるなど,深刻な男女の不平等が生じています。なぜ,このような現象が生じるのでしょうか。

　ここで重要なのが,組織規範という,もう一つの社会規範の働きです。どのような組織にも,その構成員に一定の役割を果たすことを求める組織規範があります。政治とは国家という巨大な組織の活動に他ならない以上,この組織の構成員である政治家にも,組織規範が課せられることになります。

　組織規範とは,「この組織に属する人は,○○しなければならな

第 11 講　ジェンダーと政治

表 11-2　ダブルバインドの例

組織規範に基づく行動	ジェンダー規範に基づく「女らしい」行動	組織規範に基づいて行動する女性に対する評価
リーダーシップを取る	命令に従う	偉そうだ
会議で発言する	大人しく話を聞く	話が長い
冷静に振る舞う	優しく振る舞う	冷たい
夜遅くまで仕事をする	子どもに愛情を注ぐ	家庭を顧みない

い」と命じるルールです。この規範の内容としては，「積極的に意見を言う」「リーダーシップを取る」「熱心に仕事をする」など，一見するとジェンダーとは関係のない内容が含まれます。従って，この規範に基づいてメンバーを採用したり，昇進させたりしても，特に男女の不平等とは関係がなさそうに見えるでしょう。

しかし，そこに問題があります。なぜなら，この組織規範はしばしば，ジェンダー規範と衝突するからです。例えば，リーダーシップを取るということは，他人に対して命令することを意味します。男性の場合，もともと家庭でも稼ぎ主としての指導的な役割が期待されてきたため，リーダーシップを取ることは賞賛の対象となります。これに対して，女性は家庭では夫を補助することが期待されてきたため，リーダーシップを取ることはあまり好まれてきませんでした。その他にも，会議で積極的に発言すること，感情を表に出さずに振る舞うこと，夜遅くまで仕事をすることなど，男性に対しては肯定的な評価が行われる場合でも，女性には否定的な評価が行われることがあります。表 11-2 では，そのいくつかの例を示しました。組織規範に基づく行動は，ジェンダー規範に基づく「女らしい」行動とはしばしば矛盾するため，組織規範に基づいて行動する女性に対しては，否定的な評価が行われやすいのです。

このような二つの矛盾した規範の要求は，政治に参加しようと望む女性たちに多くの困難をもたらしてきました。女性は，組織規範

に従っても，ジェンダー規範に従っても，社会的な制裁を受けてしまうためです。そして，このダブルバインドは，一見するとジェンダーとは関係のないはずの政治過程においても，男性に有利に働くことになるでしょう。以下では，こうした衝突が生じる場面を二つほど見てみることにします。

■選挙への立候補

民主国家において，政治参加のための権利は全ての成人に平等に与えられています。それでは，なぜ日本の政治家の圧倒的多数は男性なのでしょうか。

まず，投票率に関しては男性も女性も，さほど違いはありません。女性の政治家を増やしたければ女性がきちんと投票に行けばいいではないかという考え方もありますが，データを見ると国政選挙での男性と女性の投票率の差は極めて小さくなっています。

また，女性は政治に向かないという偏見を有権者自身が抱いているため，男性候補者を自ら選んでいるという考え方もあるでしょう。しかし，意外かもしれませんが，日本でも諸外国でも，男性候補者と女性候補者の間に，さほど大きな得票率の差はありません。有権者から見て，候補者が女性であるということは，数ある考慮要素の一つに過ぎないためです。従って，ひとたび立候補してしまえば，女性候補者の方が男性候補者よりも大きく不利になるということはありません。

むしろ，日本の女性議員が少ない最も直接的な原因は，立候補する女性が少ないことにあります。選挙に出て当選するためには，いずれかの主要政党の公認候補者となり，その組織の支援を受ける必要があります。ところが，第二次世界大戦後に日本で女性参政権が導入されて以来，男性候補者の数は，女性候補者の数を圧倒的に上回る状況が続いてきました。このため，有権者が複数の候補者の中

から政治家を選ぶ場合も，女性の候補者を選ぶ機会がない選挙区が多数を占めているのです。

それでは，なぜ政党は女性を擁立しないのでしょうか。かつては，政党がそもそも女性を差別していたため，男性の候補者ばかりを擁立する時代がありました。これに対して，現在では政党が女性候補者を擁立することに積極的になり，候補者の公募も広がっていますが，それでも自ら応募する女性は少なく，なかなか女性の候補者が増えないのが現状です。世論調査でも，女性の方が男性に比べて，政治家になりたがる人の割合が圧倒的に小さいという傾向が出てきます。

だとすると，これは女性のやる気の問題なのでしょうか。本章の議論に従えば，そうではありません。考えなければならないのは，なぜ女性の方が男性に比べて，政治家になりたがらないのかという，より根本的な問題です。

ここで，ダブルバインドという考え方が助けになります。すなわち，候補者に要求される役割と，女性に要求される役割が食い違っているということが示唆されるのです。例えば，選挙で当選するには，他人を蹴落とすために激しい競争を伴う選挙運動を繰り広げる必要がありますが，女性に他人に対する優しさや「可愛さ」を求めるジェンダー規範は，こうしたスタイルとは両立しません。また，選挙運動に際しては朝から晩まで選挙区を歩き，夜の会合に顔を出すことが期待されますが，女性に家庭でのケア労働を担うことを求めるジェンダー規範は，こうした活動を妨げます。むしろ，女性に求められてきたのは，夫を献身的に支え，時には夫に代わって支持者への挨拶に回る「政治家の妻」としての役割でした。

このようなダブルバインドが存在する以上，政党がただ女性候補者を差別しないというだけでは，女性候補者は増えないでしょう。有権者の支持を求めて候補者が選挙区で激しく競争するという日本

の選挙運動の手法そのものが，実は男性の候補者に合わせて作られているのです。

■ 立法活動

次に，ジェンダー規範が国会などの様々な場で政府の政策決定に及ぼす影響について考えてみましょう。民主国家では，立法活動は国会における議員の投票に基づいて行われていますが，ジェンダー規範が大きな役割を果たすのは，国会に法案が提出される前の段階で，そもそも何を意思決定の対象にするかを決める局面です。世論調査を調べると，日本の政治争点の多くは，安全保障のように，男性が重視する争点だという傾向が見られます。逆に，選択的夫婦別姓のように，女性の関心が高い争点は，あまり政治争点として重視されてきませんでした。これは，政治争点が設定される際に男性に有利なジェンダー規範が作用していることを意味します。

政治争点を設定するためには，積極的にリーダーシップを取って発言することが必要になります。ところが，少なくとも日本社会では，女性が男性の話の聞き役に回ることを求めるジェンダー規範が存在してきました。積極的に発言する女性に対しては，「話が長い」などと揶揄する男性も未だに少なくありません。その結果，男性が女性に対して，たとえ求められていない場面であっても，自分の意見を一方的に説明するという現象が生じます。女性の側からすれば，自分の発言する機会が奪われているということになるでしょう。これは，男性（man）が説明する（explain）という意味で，マンスプレイニング（mansplaining）と呼ばれる現象です。また，女性が発言をしようとすると，それが遮られてしまう場合もあります。人の話を遮るというのは，一般的には失礼な行為だという社会規範もありますが，女性は聞き役に徹するべきだというジェンダー規範の下では，男性が女性の発言を遮ることも正当化されてしまいます。この

現象は，男性（man）が話を遮る（interruption）という意味で，マンタラプション（manterruption）と呼ばれます。こうした表現は英語圏のインターネット上で広まったとされていますが，それらが近年の日本でも流行しているのは，それだけ多くの女性が男性と対等に発言することの難しさを実感しているからでしょう。

　このように，そもそも女性は政治争点を設定する上では不利な立場に立たされがちですが，この傾向は男女比が偏っていると一層悪化すると言われています。出席者が男性ばかりの会議に参加する女性は，自分が女性であるという理由で期待されるジェンダー規範を，より一層強く意識せざるを得ません。そうすると，男女比が均衡している場と比べて，女性が積極的に自分の意見を言うことは格段に難しくなります。日本では意思決定の場に女性が少ないことが問題だと言われていますが，その数の少なさゆえに，女性はより一層，能力を発揮しにくい環境が生まれているのです。

[5] おわりに

　ジェンダーの視点から眺めると，それまでとは政治の見え方が大きく変わります。そして，法的には男女の差別がなかったとしても，現実には男性と女性の間に深刻な不平等を生み出す政治のメカニズムが存在していることも浮き彫りになるはずです。それと同時に，ジェンダーの視点は，ただ政治現象を説明するだけでなく，既存の政治のあり方に対する異議申し立てを促す作用を持っています。

　例えば，女性が男性に比べて家庭内で重いケア労働の負担を強いられるという状況に対しては，保育サービスを充実させるなど，仕事と家庭を両立しやすくするための政策が推進されてきました。また，女性が選挙に立候補しにくいという現状に対しては，選挙の候補者の一定割合を男性と女性に割り当てる「ジェンダー・クオー

タ」と呼ばれる方法が各国で用いられています。日本でも，1999年に男女共同参画社会基本法が成立して内閣府に男女共同参画会議と男女共同参画局が設置され，2010年代には第二次安倍晋三政権の下で「女性活躍」が掲げられました。その進みは他の国々に比べれば遅いとされていますが，それを通じて男女の不平等を生んできたジェンダー規範それ自体も変化してきています。

その一方で，近年ではジェンダーをめぐる議論の構図も大きな変化を迫られるようになりました。それは，かつては男女の不平等が議論の対象だったのに対して，現在ではセクシュアリティの多様性が争点となっているからです。既に述べたように，人間の性は決して男性と女性に二分できるものではなく，その性的指向や性自認のあり方によって，ゲイ，レズビアン，バイセクシュアル，トランスジェンダー，クィア（LGBTQ）といった様々な性のカテゴリーが存在しています。この立場からすれば，「男女平等」や「男女共同参画」などといった形で男性と女性の二分法を強調することは，かえって性的なマイノリティの居場所をなくしてしまいます。「ジェンダー平等」や「ダイバーシティ」という言葉が用いられることが増えているのも，こうした批判を念頭に置いたものです。

以上の動きに対しては，特に男性の間で反発が生じることになります。これまで男性は社会において特権的な地位を享受していたため，あまりジェンダーに関心を持つ必要がありませんでした。しかし，昨今は女性の社会進出が進むことを通じて，男性の地位が相対的に低下する時代になっています。「一家の稼ぎ主として妻や子どもたちの尊敬を集める」といった，かつての理想とされた男性像に従って生きることのできる男性は，極めて少なくなりました。近年，このジェンダー平等に向かう潮流を激しく批判する現象が各国で生じており，国によっては，それが露骨に女性蔑視を行う政治指導者への支持となって表れています。

第 11 講 ジェンダーと政治

だからこそ最後に，特に男性の読者に向けて，男性がジェンダーについて学ぶことの重要性を強調しておきたいと思います。男性も，他人を支配したり，一日中仕事に没頭したりするのが好きな人ばかりではないでしょう。昔ならともかく，今の世の中では，男性であるというだけでリーダーシップを取り，一家の生活を支えるだけのお金を稼ぐことを求めるジェンダー規範は，むしろ男性の足かせになっていないでしょうか。男性も女性も共に働いて一家の生活を支え，子どもの成長を一緒に喜び，共に政治における意思決定を行った方が，何だか気楽だと感じる人も少なくないはずです。そんな人にとって，ジェンダーの視点は，男性としての新たな生き方を探る道を開いてくれるでしょう。

その意味で，ジェンダーの視点から政治について考えることは，ただ政治を見つめ直すということにとどまりません。それは同時に，自分自身の生き方を見つめ直すということでもあるのです。

[参考文献]

上野千鶴子『家父長制と資本制──マルクス主義フェミニズムの地平』（岩波現代文庫，2009 年）

マックス・ウェーバー『仕事としての学問 仕事としての政治』野口雅弘訳（講談社学術文庫，2018 年）

岡野八代『ケアの倫理──フェミニズムの政治思想』（岩波新書，2024 年）

イヴァン・ジャブロンカ『マチズモの人類史──家父長制から「新しい男性性」へ』村上良太訳（明石書店，2024 年）

羅芝賢・前田健太郎『権力を読み解く政治学』（有斐閣，2023 年）

野崎綾子『正義・家族・法の構造変換──リベラル・フェミニズムの再定位』新版（勁草書房，2024 年）

前田健太郎『女性のいない民主主義』（岩波新書，2019 年）

ケイト・マン『ひれふせ，女たち──ミソジニーの論理』小川芳範訳（慶應義塾大学出版会，2019 年）

三浦まり『さらば,男性政治』(岩波新書, 2023年)
横山文野『戦後日本の女性政策』(勁草書房, 2002年)
渡辺浩『明治革命・性・文明——政治思想史の冒険』(東京大学出版会, 2021年)
Inter-Parliamentary Union (IPU), "Monthly Ranking of Women in National Parliaments, Ranking as of 1st January 2024," IPU Parline (https://data.ipu.org/women-ranking).

●● 学びを進めていくために ●●

　これまで,日本でジェンダーと政治について考える際には,西洋社会の伝統に基づいて議論するのが一般的でした。しかし,今後は日本社会の歴史的な経験を踏まえた考察を深めていくことが望まれます。

　例えば,日本のジェンダー規範は,東アジアの伝統的な政治思想である儒学の影響を受けたものだと言われることがあります。しかし,今日の日本で暮らす人々の中で,儒学の教えをスラスラと言える人は,ほとんどいないでしょう。そうだとすれば,日本のジェンダー規範がどこから来たのかを改めて考え直す必要が出てきます。

　この問題に関して,政治学者の渡辺浩は,日本のジェンダー規範は19世紀以前の独自の政治的伝統に由来するという見方を提起しました。その議論によれば,徳川時代の日本で「男らしい」とされたのが,支配身分だった武士たちです。理想的な武士の生き方とは,自らの肉体を鍛え上げることであり,中国の科挙官僚のように学問を修めることは軽蔑の対象でした。これに対して,「女らしい」とされたのは,公家の女性たちや,遊郭の花魁たちです。その理想像とは,優雅さと愛嬌によって男性を楽しませることであり,儒学における謹厳な男児の教育者としての女性像とは大きく異なります。

　この分析は,明治期以降の日本政治を考える上でも示唆的です。例えば,戦前の日本が戦争を繰り返し,軍人が強い影響力を持ったのは,男性に武勇を求める伝統が残っていたからかもしれません。また,今

第11講 ジェンダーと政治

日の日本で女性議員が少ないのは，女性に愛嬌を求める規範が，指導者となることを妨げているからだとも考えられます。

その一方で，日本のジェンダー規範も時代が下れば変化していきます。今日の，特に若い世代にとっての男性と女性の理想像とは，いかなるものなのでしょうか。それは果たして，日本の政治的な伝統とはどのような関わりがあるのでしょうか。読者の皆さんも，身近な人たちと話し合って考えてみて下さい。

第12講 憲法をめぐる政治学

境家史郎

[1] はじめに

今回は,「憲法をめぐる政治学」と題して,具体的には「なぜ日本国憲法は改正されてこなかったのか」というテーマについて議論します。

憲法は,政治という「ゲームのルール」を定める——例えば,戦後日本で民主的な選挙が実施されているのは,そのように日本国憲法に書かれているからです——基本法ですから,政治学者であれば当然,目を向けるべき重要な対象のはずです。ところが,日本政治研究者,とりわけ統計分析などを使う「実証主義的」な政治学者が憲法について論究することは,従来多くなかったと言って構いません。その大きな理由は,戦後日本において憲法改正をめぐる問題があまりに政治的な,つまりは「生臭い」争点であり続けてきたからです。憲法問題にふれることは即,右翼/左翼といったレッテルを貼られかねない行為である,と捉えられてきました。したがって,客観的分析を(実践できているかはともかく)旨とする実証研究者たちは,この生臭いテーマにあえて近寄ろうとはしなかったのです。

この状況が近年,変わりつつあります。むしろ日本政治研究者の間では今,ちょっとした「憲法ブーム」というべき現象さえ起きているのです。その背景には,近年の現実政治における憲法問題の争点化が当然あります。憲法問題自体は1950年代から常に政治的争点であり続けてきたわけですが,第二次安倍晋三政権の登場以降は,

国会で実際に議論される論点としてこの問題の重要性がさらに高まりました。また,社会全体の憲法に対する見方が変化したということでしょうが,憲法を議論することで即,「活動家」扱いされるといった心配も昔よりは減ったという点も大きいように思います。

では,政治学者たちはどのような切り口から憲法を語るのかという点ですが,それこそまさに今回の内容ということになります。以下,最近の実証研究の成果を参照しながら,「なぜ日本国憲法は改正されてこなかったのか」という問題に迫ります。我々政治学者の憲法に対するアプローチの仕方は当然,法学者のそれと異なりますので,その違いぶりにも要注目です。

[2]「外れ値」としての日本国憲法

ここでまず,日本国憲法が改正されてこなかった理由について考えることが,学術的検討に値する,とてもおもしろいテーマであることを確認しておきます。周知のように,日本国憲法は1946年に制定されてから一度も改正されずに今日まで生き永らえているのですが,これはまったく稀有なことだということです。

図12-1は,世界に現存する憲法典の存続期間を長い順に並べたものです。最も長いのは,1788年に発効して以来,今日まで続いているアメリカ合衆国憲法になります。ただ,同憲法はこれまで改正,つまり部分の修正は何度も経験しています。図中の国の中で,制定以来一度も(現行)憲法を改正していないのは,色の濃い棒が示す日本とデンマークだけです。つまり,日本国憲法は,現存する未改正憲法典としては世界最古のものということになります。

日本国憲法は今日まで80年近く無傷で生き永らえてきたわけですが,これは尋常なことではありません。これまで歴史上に存在したあらゆる憲法典について,未改正のまま存続した期間の長さを測

憲法をめぐる政治学　第12講

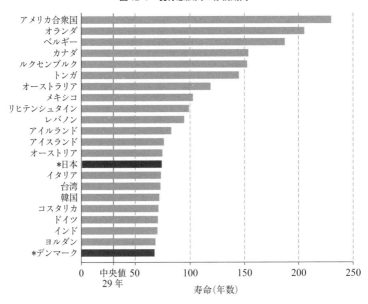

図12-1　現行憲法典の存続期間

出典：マッケルウェイン（2022, 45）。＊は未改正の憲法を示す。

ってみると，その平均は14年程度でしかありません（McElwain and Winkler 2015。2006年時点のデータに基づく）。史上最長記録はイタリア1861年憲法で，1947年に新憲法に置き換えられるまで形式上86年ほど存続しました。日本国憲法の存続期間の長さは，すでにこの世界記録に迫ろうとしており，抜き去るのもまさに時間の問題になっています。このように，日本国憲法は，その頑健さという点において，統計学用語でいう「外れ値」的存在と言えます。

とすると当然，「なぜそうなのか」と問いたくなります。日本国憲法はなぜかくも長い期間，改正もなくそのまま維持されてきたのでしょうか。ここで留意すべきは，改正すなわち部分的に修正することは，日本では憲法の「死」を意味するかのように語られること

221

もありますが，そうではなくて実際にはむしろ憲法典全体の長命化を促すと一般的には考えられる点です（Elkins et al. 2009）。このことは政治学者の統計分析によっても確かめられていますが，社会状況や国際環境の変化に応じて，憲法典を適宜バージョンアップする，つまり部分的に修正してきた憲法典は，寿命が長くなる傾向があるのです。逆に，バージョンアップしない憲法典は，いずれ環境にそぐわなくなり，丸ごと捨て去られてしまう危険が高まるということです。

　ところが日本国憲法は，一度のバージョンアップもないまま全体として超長命化しているわけですから，不思議な存在と見られるわけです。しかも，日本国憲法の内容は，この国の統治エリートに必ずしも好まれてこなかったことを考えると（境家 2023），なお一層不思議なパズルに見えてきます。

[3] 有権者の意識面から

　前置きはここまでとして，本題に入っていきましょう。なぜ日本国憲法はかくも長い間，改正されてこなかったのか。この問題についてまず，有権者の意識面から説明を試みてみましょう。統治エリートはともかく，一般の有権者が改憲を望んでこなかったという可能性は考えられるでしょう。実際，「憲法は国民に定着し，愛着を持たれている。だから，保守的政治家の改憲の企てにもかかわらず，憲法典は維持されてきたのだ」といった主張は，巷間しばしば目にするものです。これが最もシンプルな，日本国憲法が維持されてきた理由づけでしょう。

　ただ，こうした主張はほとんどの場合，実証的な根拠を欠いたままなされてきており，再検討する余地が大いにあります。日本人の多くが護憲派左翼的意見を強く持ってきたのだとすると，ではなぜ

改憲を党是とする自由民主党が万年与党となり，護憲派政党が万年野党であり続けてきたのかという疑問がすぐに浮かんできます。殊に第二次安倍政権期には，首相が声高に改憲を訴え続けたにもかかわらず，自民党は国政選挙で連戦連勝でした。

実際のところ，戦後日本人は憲法をどのように見てきたのか。この点は，残された世論調査の結果をもとに推察するよりありません。そこで筆者（境家）が『憲法と世論』という本の中で試みたのが，戦後全期間にわたり，憲法に関する世論調査の結果を網羅的に集め，包括的に検討することでした。このプロジェクトの結果として1200以上の過去の調査が収拾されましたが，それらを改めてつぶさに見てみると，いろいろとおもしろいことが分かってきます。

例えば，同書で「9条神話」と呼んでいる言説についてです。これまで多くの論者によって，憲法第9条が，その導入された当初より，国民の大多数から大歓迎されたと主張されてきました。例えば，評論家の加藤典洋は，「日本の一般層（？）・ふつうの人々のほうは，この戦争放棄条項を，意外にも，平常心で受け入れ，圧倒的多数で歓迎した」と書いています（加藤 2015, 353）。こうした言説は，戦後憲法史を振り返る文脈で，多くの文献の中に見つけることができます。

ところが，過去の世論調査を実際に調べてみると，この種の主張の根拠はいずれもきわめて薄弱であることが明らかになります。むしろ，1950年前後においては，非武装論として9条を解釈する限り――当時の憲法学における最有力の解釈であり，最大野党の日本社会党が依拠した立場です――，そうした防衛政策を志向する有権者は少数派だったと見るのが妥当です。なぜそう言えるのか，という点については紙幅の都合上，ここでは説明できません。気になる方は上記の拙著を参照してください。

今回は焦点を1952年の主権回復後に絞り，憲法改正への賛否の

第 12 講 憲法をめぐる政治学

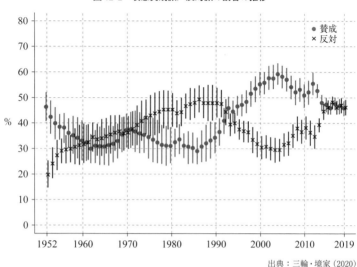

図 12-2 改憲賛成派／反対派の割合の推移

出典：三輪・境家 (2020)

割合の推移を見ておきましょう。ここでは，「あなたは憲法改正に賛成ですか反対ですか」といった，よくあるシンプルな質問への回答に注目します。実際にはこの種の質問にも，調査主体や時期によって細かなバリエーションの違いがあり，それによって回答結果も微妙に左右されるのですが，「世論調査集積法」という統計手法を用いることで，調査方法に伴う「ノイズ」を除いた，いわば「真の世論」の動きを把握できます（方法の詳細については，三輪・境家 2020 を参照）。「真の世論」と聞くと怪しそうですが，具体的には「平均的な調査機関が最もシンプルなワーディングで聞いた場合の回答分布」を便宜上そのように呼んでおり，その動きを実際の世論調査データから推定します。

その分析の結果を示すのが図 12-2 です。グラフの横軸は年代，縦軸は●が各時期の改憲賛成派の割合，×が改憲反対派の割合の推

定値を表します。各年について二つの割合を足しても 100% にならないのは、他に「わからない」といった回答があるためですが、図中には示していません。それから、それぞれの印に短い縦棒が付されていますが、これは推定に伴う誤差を表すもので、今回は気にする必要はありません。

　この図からは、いろいろと興味深い事実が浮かび上がります。まず、戦後を通して、改憲賛成派の有権者はけっして少なくないことが分かります。最も少ない時期（1960～80 年代）でも 3 割くらいの有権者は改憲賛成と世論調査で答えているのです。それから、改憲賛成派は社会の少数派であり続けたわけではなく、時期によってはむしろはっきり多数派であったことも確認できます。特に多かったのは 1950 年代と 2000 年代で、いずれも政治家レベルで憲法見直しの運動が盛り上がった時期に一致します。

　細かい世論の動きについては、おもしろいのですが説明を割愛せざるを得ません。ここではさしあたり、「護憲派世論が戦後を通して圧倒的に強かったから、改憲を免れてきた」とする通念的な議論は難しそうである、という点だけを確認しておきたいと思います。

　じつのところ、戦後を通して護憲派世論が明確に強かったと言えるのは、1980 年代に限られます。ただし、この時期の護憲的空気も、当時の好調な経済状況を背景にした、日本人の「生活保守主義」的志向（安定した現状を維持したいという志向）の強さを反映したもので——当時は自民党への支持が持ち直した「保守回帰」の時代としても知られます（境家 2023）——、必ずしも有権者の積極的な意味での憲法へのコミットメントを示すものではないと筆者は考えています。この点についても、詳しい議論に関心のある方は筆者の本や論文（三輪・境家 2020）を参照してみてください。

[4] 憲法典の構造面から

 有権者の意識面からパズルを解くのが難しいとすると、では次に、日本国憲法は、そもそも内在的に、つまり制度として構造的に改正されにくくできているのではないか、と考えてみるのはどうでしょうか。

 この点に関してやはり巷間よく指摘されるのは、日本国憲法の改正要件（第96条）の厳しさです。憲法を改正するためには、まず各議院の総議員の3分の2以上の賛成をもって国会が発議し、さらに国民投票で過半数の賛成を得なければならないという、特別な手順を踏む必要があります。この「硬性憲法」としての性質が、これまで改憲を志向する政治勢力にとって大きな障害となってきたことは疑えません。ただ、国際的に比較してみると、実際のところ日本国憲法の改正要件は特段に厳しいわけではないとされます（北村 2017）。例えばドイツでも改憲には上下両院の3分の2以上の賛成が必要ですが、かの国では戦後60回以上もの改憲が行われていて、国民投票のプロセスはないにせよ、日本との差は歴然たるものがあります。

 では日本国憲法は、他国の憲法典と比べて、改正されやすさ／されにくさという点に関連して、どのような制度的特徴があると言えるのでしょうか。この点について近年、政治学者のケネス・盛・マッケルウェインが分析に取り組み、これまでに多くのことが明らかになってきています。彼が使っているのは Comparative Constitutions Project（CCP）が公開しているデータで、これは古今東西に存在する、あるいは存在した900以上もの憲法典について、それぞれの特徴を800以上もの変数に分けてコーディングし、データ化したという大変なものです。もちろん憲法学においても国際比較は行われますが、900以上もの憲法典を一挙に分析するというのは、必然的に統計分析を使うことになりますし、法学者のよくするところで

はありません。統計的方法に依るだけでは，個々の憲法典の質的な特徴（運用実態など）を捉え損ねる危険はあるのですが，その分，他の方法ではつかみにくい，おもしろい全体的傾向性が見えてきたりします。

CCP データの分析に基づくマッケルウェインの結論は，ある意味で非常に単純なものです。彼の主張は，次の引用に集約されています（マッケルウェイン 2017）。

> 日本国憲法はどのようにして 70 年もの間，条文の改正なしに生き残ることができたのか……私の答えはシンプルだ。日本国憲法は稀有なほど簡潔で，多くの具体的規定を（一般の）法律で定めるようにしているからだ。もっと長文の憲法を持つ他国であれば改正が必要になるような改革を，日本では国会の単純過半数で立法化できる。日本では，憲法を正式に改正する必要性が低いのである。

じつに単純明快な議論だと思いますが，「日本国憲法は稀有なほど簡潔」という部分を，データから確認してみましょう。図 12-3 は，個々の点が古今東西の憲法典を示していて，横軸はそれぞれの制定年を表しています。日本国憲法の場合は 1946 年の制定です。縦軸は各憲法典の全体としての語数，つまり長さを表します。語数は各憲法典を英語訳してカウントしたものです。これで見ますと，日本国憲法は 5000 語弱で構成されており，制定当時としても短めでしたが，近年ではより長い憲法典が採用されることが多くなっているので，現存している憲法典の中では極端に短い部類となっています。現在の世界平均は 2 万 2000 語あまりで，日本の 4, 5 倍もあります。ちなみに，現行憲法典の中で最も長いのはインドの憲法で（さすがに極端な事例ですが）14 万 6000 語もあります。

第12講 憲法をめぐる政治学

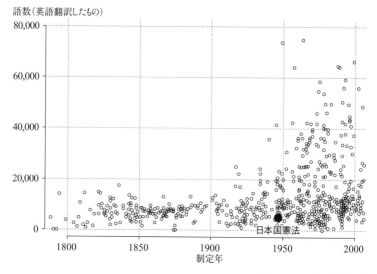

図12-3 世界の憲法典の長さ

出典:マッケルウェイン (2017)

　日本国憲法はこのように非常に簡潔に,あるいは「ざっくり」と——法学者は「規律密度が低い」という言い方をします——書かれています。そうすると,直感的にいって,日本では決めるべきことを具体的には（狭義の）法律で決めているということでしょうから,環境が変化しても法律を改正ないし新しく制定すれば足りる,つまり憲法改正までは必要ない場合が多いはずだと考えられます。

　ここで,もうひとつ重要な点を補足しましょう。憲法典の内容は人権関係と統治機構関係の規定に分けて捉えられますが,日本国憲法はこのうち人権パートについては比較的充実しているというのです。CCPデータでは26種類の人権規定（表現の自由,信教の自由など）について,記載の有無に関する情報が含まれていますが,日本国憲法はそのうち65%にあたる17種類をカバーしており,これは同憲法制定当時（1940年代後半）の水準では,国際的に最上位クラ

スにあると言ってよいです。これが含意するのは、「左からの」改憲圧力、すなわち人権規定充実を求める左派リベラル勢力の改憲運動が戦後日本では弱かったということです。

他方で、統治機構（政治制度）関係の規定については、日本国憲法はきわめて手薄で、第二次世界大戦後のグローバルスタンダードを大きく下回っています。この点についてマッケルウェインは統計分析で実証していますが、ここでは選挙制度に関する具体的な条項に即して確認してみましょう。日本国憲法は、国政選挙に関し、以下のように規定しています。

第43条2項　両議院の議員の定数は、法律でこれを定める。
第44条　両議院の議員及び選挙人の資格は、法律でこれを定める。但し、人種、信条、性別、社会的身分、門地、教育、財産又は収入によつて差別してはならない。
第47条　選挙区、投票の方法その他両議院の議員の選挙に関する事項は、法律でこれを定める。

このように、日本国憲法は議員定数、有権者の資格、議席配分の仕方といった選挙に関するルールを「法律でこれを定める」として基本的に丸投げしています。要するに、憲法の字面上は、日本では選挙で国会議員を選ぶのだと決められているだけで、それ以外にほとんど（44条の但し書きはあるものの）何らの方針も示されていないのです。

こうした「丸投げ」は、憲法典というものの性格上必然と思われるかもしれませんが、そうではありません。アイルランド憲法では、下院議員は単記移譲式投票による比例代表制で選出する、選挙区定数は12年ごとに改定し、国民2〜3万人に1議員を配分する等と細かく規定しています。またノルウェー憲法では、下院の定数を169、

選挙区数を 19 と定めた上で,各区への定数配分は 4 年に 1 度改定するとし,さらにはそのための計算式まで詳細に規定しています。これらに比べると,「簡短概括型」(大石 2021, 76) と呼ばれる日本国憲法の記述が,いかに「ざっくり」としたものかが分かります。

ですから,選挙に関するルールを抜本的に変えたいというときでも,日本では憲法典をいじる必要はまずありません。実際,1990 年代前半に,衆院選のルールを中選挙区制から小選挙区比例代表並立制に変えるという,かなり大がかりな制度改革が実施されていますが,公職選挙法の改正で済まされています。選挙制度だけでなく,内閣制度や官僚機構についてなど,90 年代以降,様々な政治制度改革が日本では行われ,それぞれ大きな内容だったと理解されていますが,すべて法律制定・改正によって行われました。一連の改革は,実質的に「国のかたち」を変えたということで,「実質的意味の憲法」の修正であったと言われることがあります(待鳥 2020)。あるいはその意味で「憲法改革」が行われたと理解する研究者もいますが(大石 2020),そこで行われたのは「憲法典改正なき憲法改革」であったわけです。マッケルウェインが指摘した通り,日本国憲法の記述は特に統治機構面でスカスカであるがゆえに,環境の変化に対しても,憲法改正なしに対応することができる,といういわば「柔構造」が日本の憲法体制には備わっているということです。

[5] 再び,有権者の意識面から

マッケルウェインは,大量のデータを統計的に分析することで,じつにスマートに,日本国憲法の特徴を浮かび上がらせています。ただ,日本国憲法の歴史的な運用実態に即して考えてみると,彼の研究の枠をはみ出る重要な論点がなお残されているように筆者には感じられます。

ここで視点は再び「有権者の意識面」に戻ります。護憲志向か改憲志向かという面での有権者の憲法意識からは、なぜ日本国憲法が改正されてこなかったのかというパズルは説明しにくい、と第3節で指摘しました。ですが、より根本的なところで、有権者の憲法に対する見方、憲法観というものが今回のパズルと関連しているのではないか、というのがここでの議論です。

まず筆者の問題意識から説明しましょう。日本では憲法規定が緩いので法律制定で環境変化に対応できるというのがマッケルウェイン説の骨子でしたが、ここでは政府はあくまでその憲法規定の枠の中で活動しているということが前提になっています。つまり、政府は立憲的に（立憲主義の原理に則って）ふるまっている、ということが前提です。ところが、少なくない憲法学者の見るところ、現実の日本政府は、憲法規定の解釈可能な範囲を超えた政策を採ってきた、という実態があります。

この点は、周知のように、特に防衛政策について問題になってきました。国際環境は常に変転しますので、政府としてはそれまでの枠を逸脱した安全保障上の新政策を採りたくなることがときにあります。戦後日本ではその都度、憲法9条の存在が問題となりましたが、明文改憲が容易でなかったことから、政府は同条文の「解釈」を広げていくということを続けてきたわけです。解釈変更で済ませられるのであれば、たしかに明文改憲は必要ないので、その意味で憲法典の文面は護られることにはなります。

ところがここで問題となるのは、政府の9条解釈が、戦後ほとんどの期間において主流派憲法学者の認める範囲を超えてきたという点です。つまり、法学的にはかなり無理をして政府は防衛政策の変更を行ってきており、この事態を「非立憲的」と表現する憲法学者は少なくありません。第二次安倍政権のときに集団的自衛権行使を認める憲法解釈の変更がなされましたが、政権はこのとき非立憲的

だと厳しく批判されました。ですが，そもそも1950年代に自衛隊を創設した時点で，多くの憲法学者が憲法違反と断じていたのであり，その見地からすると戦後日本の政体はほとんどすべての期間で非立憲的に運用されてきたことになりますし，自衛隊の活動範囲は広がる一方ですから，その「非立憲性」は強まる一方だったと言えます。

　立憲政治を守ることが大事なのだとすると，政府が憲法条文から乖離しているように見える政策を採ろうとした，あるいは採ってしまったときに，どのようにその道を元に戻すのかという点が問題になります。この点，日本の制度上では2つの方法が考えられます。ひとつは，司法の判断で違憲立法の廃止，あるいは憲法条文のほうの改正を促すことです。しかし日本の場合は，司法消極主義と言われますが，善悪はともかく，防衛政策に関して最高裁判所は憲法判断を下すことに非常に慎重な姿勢を採り続けています。ですから，この面では政府はかなりフリーハンドを得ていると言えます。

　非立憲的な政治を正すもうひとつの制度的方法は，有権者が次の選挙で政権政党を負けさせることです。ですが，これも戦後日本の場合には起きた試しがありません。自民党が下野したことは歴史上2回ありますが，いずれも非立憲的である点が有権者に問題視されたために起きた政権交代とは言えません。要するに，日本の有権者は，少なくない憲法学者が違憲と見ている政権の施策を，別段問題視してこなかったということだろうと思います。これは要するに，日本では有権者自体に非立憲的志向が強いことを示唆しており，そうした有権者にいわば甘える形で，政府は違憲の疑いの濃い政策を採り続けてきたのだと見ることも可能でしょう。その結果として，（政府にとって無用な）明文改憲はなされてこなかったわけですが，これは結局のところ，憲法典を形だけ生き残らせているだけで，実質的には死なせているに等しいのではないか，という懸念を生じさせ

ます。

　以上のような問題意識から，筆者は現在，日本人がどれくらい立憲主義という原理を理解し，それにコミットしているのかという点について研究を進めています。その暫定的な結論を先に示しますと，多くの日本人は"やわらかな"憲法観を持っていると筆者は考えています。より具体的に言えば，多くの日本人はまず，憲法条文の解釈をかなり柔軟に，悪く言えば融通無碍に行う傾向があります。それからそれと関連することですが，多くの人が，そもそも近代憲法の役割自体を十分に理解していないようである，と筆者は悲観的に見ています。

　象徴的なデータだけ紹介しておきましょう。2015年に集団的自衛権行使を認める新安保法制（平和安全法制）案が国会で審議されましたが，その際，多くの憲法学者から違憲認定され，大騒ぎになりました。そのとき，複数の世論調査が一般有権者にも平和安全法制の合憲性について聞いているのですが，表12-1上段の数字が示す通り，法案成立直後の15年9月時点ではやはり違憲説が圧倒的多数だったのです。そうしますと，成立した安保法制は少なくとも主観的には違憲立法ということですから，立憲主義を信奉している有権者であれば，その政策の内容を好むかどうかにかかわらず，とりあえずはこれをいったん廃止にすることを求めなければならないはずです。ところが，この少し後に行われた調査によると，新安保法制を廃止すべきとした有権者は少数派になっています（表12-1下段）。平和安全法制を違憲と見ていた有権者のうち，少なくない人がその法律が存在してもよいと答えていたことになります。つまり「違憲立法」を許容しているのです（境家2018）。

　以上のことに加え，憲法解釈の枠そのものを短期的に変えてしまう有権者が少なくない点についても指摘しておくべきでしょう。表12-1に挙げた朝日新聞社の調査は，2015年9月だけでなく，16年

第 12 講　憲法をめぐる政治学

表 12-1　平和安全法制をめぐる世論調査の結果

新安保法制は合憲か違憲か			
朝日新聞 2015 年 9 月調査	違憲派 51%	＞	合憲派 22%
毎日新聞 2015 年 9 月調査	違憲派 60%	＞	合憲派 24%
新安保法制は廃止すべきか			
共同通信 2016 年 2 月調査	廃止派 38%	＜	維持派 47%
日本経済新聞 2016 年 3 月調査	廃止派 35%	＜	維持派 43%

3月，17年3月にも同じ形式で行われていますが，この3回で違憲派の割合は51%→50%→40%，合憲派の割合は22%→38%→41%と推移しています。徐々に違憲派が減り，合憲派が増えていった結果，たった1年半の間に，微差とはいえもう多数派が逆転しているのです。

この調査は 2017 年 3 月以降は行われていないようですが，いま仮に同じ質問をすれば，おそらく合憲派の割合がさらに増えていることでしょう。実際，朝日新聞社の別の調査ですが，平和安全法制に「賛成か反対か」を聞いた結果によりますと，15 年 6 月には賛成 29%，反対 53% と明確に反対論が多数派であったものが，しだいに賛成論が増加し，20 年 11 月時点では賛成 46%，反対 33% とはっきり賛成多数に転じています（『朝日新聞』2020 年 12 月 18 日付）。合憲派・違憲派の割合の推移も，この動きに準じると見るのが自然です。

以上の事例が示すように，一般に有権者はいったん新しい制度が走り出すと，それをたとえ大方の憲法学者が違憲認定しようとも，既成事実として受け入れていく傾向があります。そうだとしますと，有権者は，どのような内容の憲法を望んでいるのかという以前の問題として，そもそも憲法典というものが何のためにあるのかを理解しているのか，という根本を問いたくなってきます。立憲主義という概念は今日，義務教育でも教えられているようですが，本当に国

民の血肉になっているのかということです。

 実際,立憲主義とはかなり難しい概念で多義的でもありますが,ごく広い意味においては「憲法によって統治を規律すること」(横大道・吉田 2022, 12),憲法学の定番教科書の表現でいえば憲法によって「国家機関の行動を厳格に制約する」ことを良しとする原理を指します(長谷部 2018, 11)。この原理についてどれだけ理解されているかを調べるため,筆者は 2020 年,有権者 4000 人に対し,次のような調査を行ってみました(境家 2021)。

 問 あなたが考える憲法のあり方は,どちらのイメージが強いですか。
 A:憲法はあくまで国の理想の姿を示すものであるから,政府は,現実の必要に応じて,憲法の文言にとらわれず柔軟に政策決定すべきである。
 B:憲法は国家権力を制限する具体的ルールであるから,政府は,現実の必要があるとしても,憲法の文言上許されない政策を採るべきではない。

 このどちらかを選べということですが(実際の選択肢は「A に近い」「どちらかと言えば A に近い」「どちらとも言えない」「どちらかと言えば B に近い」「B に近い」の 5 択),どちらかから選ばなければならないとすると,立憲主義者であれば「B」を採ることになると思います。「A」はかなり大胆なことを言っていて,政府にフリーハンドを与えてよいと言っているに等しいです。ちなみにこの質問を(法学リテラシーが比較的高いと見られる)東京大学法学部生にしてみた結果は,A 寄りの回答もありましたが,圧倒的に B 寄りが多くなりました。
 では一般の 4000 人の回答はどうだったかと言いますと,図 12-4 に示されていますが,「A に近い」「どちらかと言えば A に近い」が

第12講 憲法をめぐる政治学

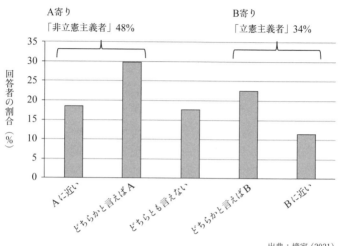

図12-4 「立憲主義者」「非立憲主義者」の割合

出典：境家（2021）

合わせて5割近くにもなりました。「Aに近い」を選ぶ人も出てくるだろうと予想して調査しましたが、それが18.5％もいて、「Bに近い」よりも多かったという結果には、かなり驚きました。このA寄りの人たちを「非立憲主義者」とまで言うのは行き過ぎかもしれませんが、先ほど見たような、「違憲立法」を許容する態度と結びつく憲法観と言ってよろしいかと思います。

日本国民の憲法に対する意識は、以上に見てきたような"やわらかな"ものであって、その結果として、憲法学者が政府の行為を違憲認定しても「のれんに腕押し」となってきたのだと考えられます。そうしますと、有権者の圧力を受けない政府与党としては無理して改憲を目指す必要がないということで、日本国憲法は結局未修正のまま長く維持されてきたわけですが、これが立憲政体としてあるべき姿かという点は別途真剣に考えるべき問題だろうと思います。

[6] おわりに

　議論をまとめましょう。近年の政治学者の主張によれば，日本国憲法がかくも長い間，改正されずに生き永らえられた理由は，ひとつには「必要に応じて法律を制定すればよかったから」であり，もうひとつには「政府が憲法を"逸脱"した政策を採っても，政治的／社会的に許容されてきたから」です。これに対して，「国民が憲法典の内容に強い愛着を持ち，改憲に激しい抵抗感を示し続けてきたから」という見方は，巷間しばしば主張されてきましたが，根拠に乏しいと筆者は見ます。

　そもそも，多くの世論調査が示すところでは，有権者の多数派は今も昔も憲法問題に関心自体を持っていません。平均的な有権者は，日本国憲法のことを特段好きでも嫌いでもなく，興味がないのです。じつのところ，戦後を通してこれほど政治家たちが憲法問題でもめてきたにもかかわらず，この問題がいっこうに動いてこなかったことの根本的な原因は，有権者のほうの無関心にあると筆者は見ます。防衛政策についていえば，右派エリートから見れば9条改正という夢が叶わなかった一方，左派エリートから見れば政府による防衛政策のなし崩し的な拡張を許してきたわけですが，少なくとも1960年代以降，有権者の多くは，そのいずれの陣営の主張にも熱心にコミットはしてきませんでした。国民の間で改憲賛成論・反対論いずれも，少なくとも持続的には盛り上がってこなかったために，エリートレベルで憲法問題は膠着し，結果として非立憲的とも評される政治運営が続いてきたのが戦後日本のありようであった，というのが筆者の見方になります。

第 12 講　憲法をめぐる政治学

[参考文献]

大石眞『日本憲法史』(講談社学術文庫, 2020 年)

大石眞『憲法制度の形成』(信山社, 2021 年)

加藤典洋『戦後入門』(ちくま新書, 2015 年)

北村貴「日本における憲法硬性度はどの程度の高さか――改正手続に基づく定量指標の形成と国際比較」『法政治研究』第 3 号 (2017 年)

境家史郎『憲法と世論――戦後日本人は憲法とどう向き合ってきたのか』(筑摩選書, 2017 年)

境家史郎「日本人の憲法観」『法律時報』90 巻 9 号 (2018 年)

境家史郎「"非"立憲的な日本人――憲法の死文化を止めるためにすべきこと」『中央公論』2021 年 12 月号

境家史郎『戦後日本政治史――占領期から「ネオ 55 年体制」まで』(中公新書, 2023 年)

長谷部恭男『憲法』第 7 版 (サイエンス社, 2018 年)

待鳥聡史『政治改革再考――変貌を遂げた国家の軌跡』(新潮選書, 2020 年)

ケネス・盛・マッケルウェイン「日本国憲法――その特異な歩みと構造」nippon.com (2017 年 8 月 31 日)

ケネス・盛・マッケルウェイン『日本国憲法の普遍と特異――その軌跡と定量的考察』(千倉書房, 2022 年)

三輪洋文・境家史郎「戦後日本人の憲法意識――世論調査集積法による分析」『年報政治学』71 巻 1 号 (2020 年)

横大道聡・吉田俊弘『憲法のリテラシー――問いから始める 15 のレッスン』(有斐閣, 2022 年)

Zachary Elkins, Tom Ginsburg, and James Melton, *The Endurance of National Constitutions* (Cambridge University Press, 2009).

Kenneth Mori McElwain and Christian G. Winkler, "What's Unique about the Japanese Constitution? A Comparative and Historical Analysis," *Journal of Japanese Studies*, vol. 41, no. 2 (2015).

憲法をめぐる政治学　第 12 講

●● 学びを進めていくために ●● ……………………

　政治学という分野は，扱うテーマにしても方法論にしてもじつに雑多で，そこが魅力である半面，とらえどころがなく見え，とっつきにくいことは否めません。だいたい多くの学生は（一般に想起される意味での）政治にコミットする機会が乏しく，その世界について知りたいという意欲も持ちにくいのです。

　そこで筆者（境家）は，政治学初心者の当面の目標として，まず「現実の選挙を楽しめるようになること」をお勧めします。筆者にとってみると，数年に一度の衆院選は一大エンターテインメントです。その日はまず家族連れで投票所に赴き，夕方からはビールとつまみを大量に用意し，テレビの前に一人陣取ります。夜 8 時に投票が締め切られると，各メディアは一斉に選挙結果全体の予測を報じますから，まずそれを見て安堵もしくは落胆し，その後は各選挙区の開票の経過を見ては一喜一憂します。「当選確実」が伝えられた際の，当選者・落選者の反応も，人間ドラマとしてじつに興味深いものがあります。開票作業は夜通し行われますから，筆者は頻繁にテレビのチャンネルを変えつつ，深夜（場合によっては明け方）まで延々と「観戦」を続けることになります。

　このように，筆者にとって選挙は，サッカーや将棋対局の観戦に通じる，いやそれ以上に楽しいエンタメイベントなのですが，この楽しみを知る人が多くないのは残念なことです。特に学生など若年層の大方は，選挙に関心を持っていないのが実態です（20 歳代の近年の衆院選投票率は 3 割台です）。選挙は民主制を支える根幹で「神聖」なものであり娯楽にするなど不謹慎である，とは筆者は思いません。選挙に無関心，あるいはシニカルな態度をとって政治に漠然たる不満をため込むより，市民として楽しく，積極的に選挙にかかわっていくほうが健全ではないでしょうか。

　ただし，選挙を娯楽化するためには，それなりの準備を要します。まず前提として，スポーツ観戦でもそうであるように，「ゲームのルール」をある程度把握しておく必要があります。そもそもこの選挙は

第 12 講　憲法をめぐる政治学

結局何を決めるためのものなのか，自分の投票はどのように計算されて結果に結びつくのかなど，高校までで教えられているはずの基本を確認しましょう。そのために，川出良枝・谷口将紀編『政治学』第 2 版（東京大学出版会，2022 年）といった概説書を一読するのも有益です。

それから，応援したいチーム（政党）を無理にでも決めておくことが大事です。各政党のホームページなどから情報を集められますし，近年では「ボートマッチ」といって好みの政党や候補者を探す手助けをしてくれる第三者機関のサービスもあります。いずれにせよ「私の考えた最強の政党」は見つからないでしょうが，さしあたりは既存の，ある程度名の知れた政党から「推し」を選ぶことを勧めます。そうしてとりあえず一度，投票を実践し，「自分ごと」として結果発表に臨んでみるのです。

その結果は，あなたの期待したものと違うかもしれません。ですが，プロ野球に「来シーズン」が常にあるように，民主制を採る日本では選挙はまたじきに行われますので「リベンジ」の機会は常にあります。「推し」の対象を変えることもあってよいです。このように前向きに捉えてみると，いまや選挙に一度コミットしたあなたには様々な疑問が湧いてくるに違いありません。例えば，「この政党はなぜこの政策や実績で勝てた（勝てなかった）のだろう」と思うのは当然でしょう。それは，なぜ，どのような点で社会に自分と違う意見の人がいるのかについて考えることでもあります。

この段階に至れば，あなたは選挙や政治というゲームについてもっと知りたいと思い，おのずから政治学書を手に取っていることでしょう。「参加という行為を通じて，客観的に事物を認識することが，知るためにはどうしたらいいかということとともに，自分の存在にかかわることとして必要になって」くるのです（内田義彦『社会認識の歩み』岩波新書，1971 年，46 頁）。

第13講 租税政策をめぐる福祉国家の政治
比較の中の日本

|加藤淳子|

　政治学を学ぶ意義の一つは，当たり前と思われる出来事や現象から，意外な発見があることです。例えば，日本では増税が政治的に難しいのは当たり前のことのように思われますが，世界に目を向ければ，増税を行って課税負担を増やしている国もあれば，そうでない国もあります。不人気な増税が難しいことは変わらないはずなのに，なぜ，相違が生じるのでしょうか。また同じ増税でも，高所得層の負担を重くする累進性を持つ所得税の方が，所得の高低にかかわらず定率で課税され逆進性を持つ消費税より，所得分配の平等のためには望ましいはずです。しかし，現実には，累進的課税のみならず逆進的課税からも税収をあげている国の方が，所得分配の平等度が高い福祉国家となる傾向が見られます。平等度を高めるのに，なぜ逆進性を持つ課税に依存するのでしょうか。ここでは，私が今まで行ってきた研究（加藤 1997, 2003, 2005, 2019, 2022; Kato 1994, 2003; Kato and Toyofuku 2018, 2022; Kato and Tanaka 2018, 2019）に基づき，日本を他の国と比較しながら，これらの疑問に答えつつ，租税をめぐる福祉国家の政治を考えていきます。

[1] 租税と福祉国家

■ 消費税と所得税 ──比較の中の日本①

　まず身近な例として，日本における増税や課税負担について見て

いきます。日本では，消費税増税へ強い反対がありますが，これは他の民主主義国でも同じなのでしょうか。日本の消費税は，他の多くの国でも使われている税金で，付加価値税と呼ばれ，消費にかかる課税の主要な税収源となっています。現在の日本の10％という標準税率は，たとえば，経済協力開発機構（OECD）加盟国・欧州連合（EU）加盟国・東南アジア諸国連合（ASEAN）加盟国に中国・台湾を加えた51か国と比較した場合，41位で，これら51か国の平均17.6％を大きく下回ります[1]。日本の税率が10％になったのは2019年10月です。5％からの増税として，5年以上かけ段階を踏んで引き上げられましたが，その税率も国際的には低い水準なのです。

高所得者にも低所得者にも同じ税率を課す付加価値税は逆進性を持ち，それが増税への反対の大きな理由でした。そのため，消費税の代わりに，累進性を持って課税できる所得税を増税する方が良いと提案されることもあります。実はこれも増税の有効な代替案ではありません。マイナンバーが，社会保障給付やサービスの受給に加え，所得の把握にも必要なことは専門家にはよく知られています。所得を把握しない限り税率を上げる累進税率を用いても，それを活かして高所得層に課税できないからです。1980年代に入る頃には，欧米諸国では所得の捕捉などのために番号を用いる制度が導入されていたため，日本でも1980年代前半に同様の制度の導入が試みられたのですが，失敗に終わります。それから30年以上遅れて，2016年にマイナンバーを導入し，2020年代に入っても，その普及に取り組んでいる日本は大きく遅れをとったことになり，所得税の増税も容易とは言えないのです。

■ 総課税負担と所得分配の平等 ── 比較の中の日本②

消費にかかる課税は，所得にかかる課税とともに，政府の重要な税収源ですが，日本は，その両者から税収を得ることが難しいこと

租税政策をめぐる福祉国家の政治　第 13 講

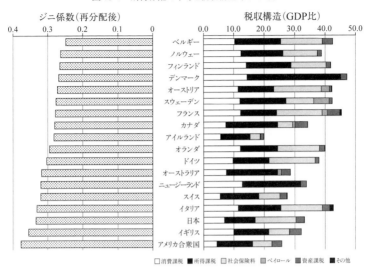

図 13-1　所得分配の平等と税収構造（2020 年）

注：デンマークは 2019 年，日本は 2018 年のデータ。ジニ係数のデータは 2024 年 3 月 14 日時点，税収構造のデータは 2023 年 11 月 15 日時点
出典：ジニ係数＝ OECD.Stat（https://stats.oecd.org/Index.aspx?DataSetCode=IDD），税収構造＝ OECD.Stat（https://stats.oecd.org/index.aspx?DataSetCode=REV）

がわかりました。次に，日本の課税負担を所得分配の平等とあわせ，1960 年代から既に OECD の加盟国であった欧米諸国と比較します。これら欧米諸国と日本は，この後 OECD 18 か国と総称します。

図 13-1 では，再分配後のジニ係数を用い所得分配の平等度順に，OECD 18 か国を並べ，税収構造の国内総生産（GDP）比の単純な比較を行いました。今までの議論と符合するように，付加価値税がその主体をなす消費課税を最初に，その次が所得課税となるように，税収の比率を並べてあります。どの国でも，これら二課税が，総課税負担の高低を左右する重要な税収源であることがわかります[2]。アメリカやイギリス，オセアニア諸国と共に，日本は，不平等度が高い下位 7 か国に属し，これらの国では，イタリアを例外として，

243

総課税負担も低い傾向が見られることがわかります。平等度が高い上位国には、福祉国家として知られる北欧諸国が並んでおり、上位7か国では全て、所得への課税のみならず消費への課税からも税収を得ることで総課税負担が高くなっています。中位国の総課税負担にはばらつきが見られますが、上位国と下位国に限れば、所得分配の平等と総課税負担には関係がありそうです。

■ 福祉国家への多数派の支持の必要性

　所得分配の平等度が高い国が総課税負担が高く、平等度が低い国の総課税負担が低い傾向が見られるのはなぜでしょうか。背景には、福祉国家の政治があります。所得の高低の差をなくすには、高所得層に課税し、得られた税収を使って、低所得層のために給付やサービスを集中させるのが、最も効率的です。このような考え方から、アメリカ・イギリスなどアングロ=サクソン諸国は、低所得層に受益を集中させる限定的給付を行い、総課税負担の低い国の典型となっています。この分配方法は効率的ではありますが、恩恵を得るのが低所得層のみで、福祉国家を支持する多数派連合を形成できません。多数派の支持が得られない結果、低所得層に集中した限定的給付の水準も抑えられてしまうのです。アメリカ・イギリス、オセアニア諸国において、所得分配の平等度の低い自由主義福祉レジームが観察されるのはそのためです（Esping-Andersen 1990, 1999）。

　福祉国家を支える多数派連合の形成のためには、中間所得層も含む広い所得階層に関心を持ってもらい、その支持を得る必要があります。福祉を市民の権利とみなし福祉国家への多数派の支持を得ることに成功したのが、北欧諸国です（Baldwin 1990）。イエスタ・エスピン-アンデルセン（Esping-Andersen 1990, 1999）の分類によれば、総課税負担の高い国の上位を占める北欧諸国は、低所得層に手厚い保護を行うとともに、社会で多数を占める中間所得層も受益者とす

る普遍主義的給付を行う福祉国家を形成しました。所得分配の平等を重視する社会民主主義政権が長く続き福祉国家が形成されたため，社会民主主義福祉レジームと呼ばれます。平等度でも総課税負担でも，その間に存在する，フランス・ドイツなどの大陸ヨーロッパ諸国は，保守主義的福祉レジームです。日本は，欧米諸国を対象としたエスピン-アンデルセンの最初の分類には入らなかったのですが，保守主義・自由主義レジーム間に位置づけられ，失業率の低さなど社会民主主義レジームの特徴も持っているとされました。

■ 租税政策の選択肢

所得分配の平等へ多数派の支持を得るため，福祉国家が高い総課税負担を必要とすることは，租税政策にも影響を与えました。租税政策には，簡素性の他，公平性・中立性の三原則があります。付加価値税は，全ての取引段階で課税され税額が累積されることもないため，市場の決定や資源配分への干渉が少なく，経済活動に対する中立性が高い一方，逆進性を持ち，公平性に劣ります。所得税は，逆に，累進性を持ち公平性に優れていますが，中立性には劣ります。所得分配の平等のためには，公平性に優れる所得課税の方が，付加価値税より望ましいと言えます。しかしながら，どれだけ税収をあげられるかという歳入創出力を考えた場合，経済状況に左右されやすい所得税は付加価値税に劣り，高い総課税負担を支えるには，所得税に頼るだけでは不十分となります。そのために，所得課税に加え，付加価値税を主力とする消費課税が重要な税収源となって，高い総課税負担を支えているのです。このような理由で，所得分配の平等度が高い国では，所得税に加え，逆進性を持つ付加価値税が重要な税収源となり，高い総課税負担を支えることになったのです。

第13講 租税政策をめぐる福祉国家の政治

■ **比較の枠組** ── 日本をどの国と比較するか

次に，各国間で総課税負担や税収構造が異なるに至った過程について考えてみます。増税により総課税負担を高めてきた国がある一方，なぜ日本では低い総課税負担にもかかわらず増税が難しいのでしょうか。それに答えるために国際比較を行いますが，日本と比較する国は注意して選ばなければなりません。今まで，OECD 18 か国を取り上げてきましたが，その理由は，これら早期加盟国が，租税の歴史において日本と同じ位置付けを持つからです。

現在各国で用いられている税制は全て歴史のある時点で形成され使われるようになったもので，古くから使われ早く広まったものもあれば，比較的新しいものもあります。それぞれの租税制度が各国にいつ導入されたかという国際比較データによると[3]，相続税が一番古い税金です。個人所得税や法人税など所得課税は，それに次いで 19 世紀から存在し，第二次世界大戦後の 1940 年代から 50 年代にかけては，累進の税率と広い課税基盤を特徴とする包括的所得課税制度が整備されました。それに対し，消費一般に関わる一般消費税は 20 世紀に入って各国に広まり，その中でも付加価値税は最も新しいタイプの一般消費税です。それ以前の一般消費税の問題や欠陥[4]を改良し，経済活動に中立的でありながら，税収を上げることができる一貫性の高い制度として，1950 年代から 60 年代にかけてフランスで考案された付加価値税は，急速に多くの国に広まりました。

今使われている税制が歴史的に順次形成されたものであることは，租税政策の比較においては重要な意味を持ちます。税制は，課税権を持つ国家の形成や産業化・民主化の際に導入されますので，国家の形成やそれに伴う産業化や民主化が早ければ，導入も早く，遅ければ導入も遅くなります。1960 年代に既に産業化された民主主義

国であった OECD 18 か国の場合，歴史的に早くから存在していた相続税や所得税は，既に民主化や産業化の際の導入の選択肢に入っていましたが，最も新しい税金である付加価値税は，民主化・産業化が終わった後に導入することになりました。その一方で，相続税・所得税から付加価値税までを含む近代的課税が全て広まった後，すなわち，1970 年代以降に，民主化・産業化を進めた国では，最初から全ての税金が導入の選択肢として存在していたことになります[5]。たとえば，日本と韓国は，現在の政治経済制度においてはよく似た東アジアの近隣国ではありますが，租税制度の歴史的形成においては全く条件が異なり，比較することが難しくなります。付加価値税を具体例にとれば，1970 年代以降に民主化・産業化した韓国では，国際通貨基金（IMF）が新興国に近代化や経済発展・安定のため，行った助言により 1977 年に導入されているのに対し，OECD 18 か国の日本の導入は 1989 年とかえって後になります。このような理由で，1960 年代にすでに産業化された民主主義国であり，租税に関わるデータを共有している OECD 18 か国における比較で，日本を位置付けていくことにします。

[2] 国際比較

■ 福祉国家と逆進性を持つ課税の関係

　所得分配の平等度と税収構造を比較し（図 13-1），その後，所得分配の平等度が高い国で，所得税と並んで付加価値税が，高い総課税負担を支えていることを説明してきました。しかしながら，福祉国家と逆進性を持つ課税である付加価値税に関係があるかを検証するには，これだけでは不十分です。なぜなら両者の関係には，他にも様々な要因が影響を与えるからです。例えば，EU 加盟国には付加

価値税導入が義務付けられている一方,所得分配の平等度が高い福祉国家もヨーロッパに集中しています。このような場合,付加価値税と成熟した福祉国家の両者に直接関係がなくても,関係があるかのように見えてしまいます。関係がないのにあるように見えてしまうことを擬似相関と言い,両者に影響を与えてしまう,EUの加盟国であるか否かなどの条件を,交絡要因と呼びます。

交絡要因を統制することによって擬似相関の問題を解決する方法として,統計分析があります。付加価値税のような逆進的課税が,福祉国家に影響を与えているかを,定量化して分析するのです。例えば,私の研究では,OECD 18 か国の 1965-92 年の国家間時系列データ(パネルデータ)を用いた回帰分析を行いました。福祉国家に関わる従属変数を社会保障支出のレベル,独立変数を付加価値税を主体とする一般消費税収[6]として,両者の関係を示したのです (Kato 2003, Chapter 2)。EU 加盟の有無以外にも,政府の財政赤字のレベル・高齢化率・経済成長率・インフレ率・失業率・政府の党派性・政権の継続性・連邦制の有無など様々な条件を交絡要因として統制して検証することが可能です。

福祉国家が逆進性を持つ課税に税収を依存するというような,意外な結果が出た場合,政治学では他の研究者によって,再検証や追試が行われます。たとえば,独立変数を逆進の課税の税収ではなく税制の逆進性・累進性としたり,他の交絡要因を加えたり,という分析が,他の研究者によって行われました(たとえば,Beramendi and Rueda 2007; Prasad and Deng 2009)。いずれでも所得分配の平等を達成した福祉国家が逆進性を持つ課税に税収を依存するという関係は確認されています。

■ 租税政策の経路依存性

OECD 18 か国に含まれる,欧米諸国や日本では,1970 年代に入

ると高度経済成長が終焉し，高いインフレ率の下，賃金や所得が上昇し高い累進税率が課されるブラケット・クリープや，控除や租税特別措置による課税基盤の縮小など所得税制自体の問題に加え，不況による税収の伸び悩みにより，付加価値税は所得税に代わる財源としての重要性が高まることになります。これは OECD 18 か国に共通しているにもかかわらず，各国間の税収構造の相違が存在するのはなぜでしょうか。税収構造のグラフを総課税負担の高い順に並べ直し，付加価値税の導入年を付記したものが図 13-2 です。2020年のグラフでは，総課税負担が高い方に，導入年が早い国が多く，総課税負担が低い方に導入年が遅い国が多い傾向が明確に見られます。1971 年に入ってニクソン・ショック（米ドルと金の交換停止）により高度経済成長期の安定が揺らぎ，1973 年には変動相場制への移行と石油危機で高度経済成長が終焉したとされます。1954 年導入のフランスから 1971 年導入のベルギーまでは高度経済成長期の導入ということになり，これが，総課税負担の高い国の特徴となっています。1972 年，1973 年といった高度経済成長が揺らぎ出した後で導入した国はイタリアのように総課税負担が高い国もあれば，イギリスやアイルランドのように低い国もあります[7]。その後の付加価値税の導入は最も早いニュージーランドで 1986 年と，各国政府の赤字財政の慢性化が明らかになった 1980 年代の後半です。遅い導入国は，付加価値税を導入していないアメリカと同様，総課税負担も付加価値税を主力とする消費課税の税収の割合も低く，これは，早い導入国と好対照をなしています。

2020 年のグラフと，高度経済成長期の 1965 年，赤字財政が定着した 1990 年のグラフを比較すると興味深いことがわかります。1965年では導入を終えた国はフランスとフィンランドの 2 か国であるのに対し，1990 年の時点ではカナダ・スイス・オーストラリア以外の 14 か国が導入を終えています。付加価値税が広まっていなかっ

第 13 講　租税政策をめぐる福祉国家の政治

図 13-2　税収構造の変化と付加価値税の導入年

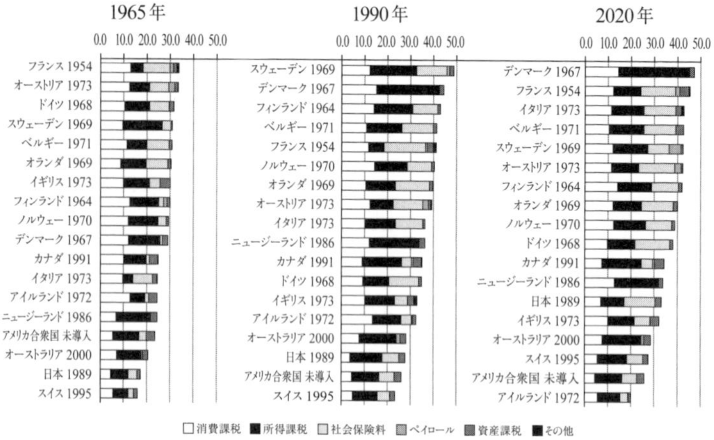

1965 年　　　1990 年　　　2020 年

□消費課税　■所得課税　□社会保険料　ペイロール　資産課税　その他

注：データは 2023 年 11 月 15 日時点
出典：OECD.Stat（https://stats.oecd.org/index.aspx?DataSetCode=REV）

た 1965 年時点と，2020 年時点では，総課税負担の国別の順位に特徴的な相違があるのが分かります。1965 年に 3 位であったドイツは 2020 年には 10 位に，上位 7 位であったイギリスは 14 位と下位国になっている一方，1965 年には 10 位であったデンマークが 2020 年には 1 位となっています。それに対し，1990 年と 2020 年のグラフでは，細かい順位の入れ替えはありますが変動はより少なく，たとえば，上位 9 か国と下位 9 か国は変わりません。言い換えれば，高度経済成長期の付加価値税の導入か終焉以降の導入かにより特徴付けられる 2020 年の税収構造の相違は，1990 年時点で既に観察され，それが現在も継続していることになります。このように，ある歴史的時点（高度成長期）における選択（付加価値税の導入）が結果（総課税負担・税収構造）に，それ以降変わることのない影響を与えることを，経路依存性と呼びます。経路依存性は，歴史上のある時点の選択とそれ以降の結果の因果関係を説明することになりますので，

結果を説明する選択が行われる歴史的時点を決定的分岐点と呼ぶこともあります。

■ 政治過程が経路依存性を生む

経路依存性が生じる理由として、租税政策や再分配をめぐる政治過程が考えられます（Kato 2003, Chapter 1）。高度経済成長期は、各国とも基本的に高い成長率を継続的に享受し、各国政府が税収の増加とそれに伴う公共支出の上昇を経験した福祉国家の黄金期と呼ばれる時期です。有権者の側から見れば、たとえ課税負担が増えたとしても、それが、公共支出を通じて社会保障給付やサービスで戻ってくるのを実感できる時代でした。そうであれば、付加価値税が効率的に税収を上げる課税でも、それに対する反発や反対は起こりにくくなります。有権者は、税金を取られても、その負担は、給付やサービスという受益につながると考えるからです。このようにして、高度経済成長期、特に安定的な成長が続いている時期の付加価値税の導入国では、総課税負担を高めることが政治的に容易になります。高度経済成長が終わり、1980年代に入り赤字財政の慢性化が明らかになってくると福祉国家削減の政治的圧力はどの国にも生じます。しかし、高度経済成長期に負担が受益で返ってくることを経験した早い導入国では、圧力にある程度まで抵抗できることになります。

これに対し、1980年代以降に、付加価値税を導入した国はどうでしょうか。今まで得られた税収が得られなくなり膨張した公共支出を賄えず、各国政府は赤字財政に苦しむようになるという、高度経済成長期の状況とは対照的な条件下で、付加価値税の導入は行われることになります。付加価値税の導入は、既に存在する財政赤字を解消するための増税と受け取られ、増税による見返りを期待できない有権者は、反対に回る可能性が高くなります。実際、1980年代以降の導入では、早期導入国より低い総課税負担であっても、付加

価値税の税率を上げたり負担を増やしたりすることに強い反対が観察されました。早い導入国と遅い導入国の、この対照的な政治過程が、各国間の税収構造と総課税負担の相違と深く関わっていると考えられます。

[3] 各国の事例と日本

各国間の相違が生じた政治過程をより具体的に知るには、事例研究が役に立ちます（Kato 2003, Chapters 2-4）。ここでは、西欧諸国、北米、オセアニア諸国と日本の事例を順に簡単に紹介します。

■ 西欧諸国の事例 ——スウェーデン・フランス・イギリス

スウェーデン、フランス、イギリスは、それ以前の一般消費税を転化し付加価値税を導入した点で共通していますが、それぞれ異なる福祉レジームを持っています。また3か国ともEU加盟国ですが、付加価値税導入の過程は大きく異なっています。

社会民主主義レジームのスウェーデンは、福祉国家が、所得分配の平等を高めるために、累進的所得課税でなく、逆進的な課税に依存していることを示す典型例です。1940年代後半の包括的所得税主義の改革では、小売売上税（古いタイプの一般消費税）を一旦廃止していますが、1958年に再導入して1969年に付加価値税に転化しています。これは当時の社会民主主義政権内の専門家が、所得分配の平等のため、将来にわたり安定的な税収源として、付加価値税が必要であると考えたからです。逆進性を持つ付加価値税を推奨することは、社会民主主義政党の左派のイデオロギーの立場からは考えにくいことですが、政権内の専門家が、高度経済成長期に付加価値税から多くの歳入を得ることができるのに気づき、福祉国家における逆進的課税の必要性を支持者や有権者に説得し、それを高い総課税

負担を支える重要な税収源としました。

間接税主義の強いフランスは,古いタイプの一般消費税を近代的課税とするために,付加価値税を考案し,最も早く1954年に導入しました。しかしながら,フランスの左翼政党は,スウェーデンの社会民主主義政党とは異なり逆進的な付加価値税に批判的で,付加価値税の考案と導入は保守政権下で行われました。高度経済成長期の間に総課税負担を高めるのに貢献し,フランスの保守主義レジームの重要な財源となっています。

それに対し,自由主義レジームのイギリスは,EUの前身である欧州共同体（EC）に参加するために,付加価値税を1973年に導入しました。福祉国家の財源として導入した,スウェーデンを典型例とするスカンディナヴィア諸国や,間接税主義のフランスとは全く異なり,ヨーロッパ共同市場の恩恵をえるための導入で,付加価値税収も総課税負担も低くなっています。スウェーデンやフランスでは,高度経済成長下での順調な税収の増大に伴う福祉国家化と公共支出の伸びにより,有権者が課税負担の増大を受け入れる状況下で導入し,この政治的条件が高い総課税負担を支えているのに対し,国内政治過程とは全く無関係に導入したイギリスには,負担増を受け入れる政治的条件がなく,対照的な結果となっているわけです。

■1980年代以降の導入の事例——北米・オセアニアと日本

北米・オセアニア諸国は,日本と同様,高度経済成長が終わった時点で付加価値税を導入しておらず,総課税負担の低い国ですが,両者の事情は異なります。オセアニアで最初に導入したニュージーランドは,反対も少なく,単一税率で例外が少ない理想的な付加価値税制を導入し効率的に税収を得るようになりました。これには,付加価値税導入が,労働党政権による経済危機下の規制緩和改革の一環であったことが大きく影響しています。規制緩和や経済改革に

第13講 租税政策をめぐる福祉国家の政治

資するものとして提案されたため、高度経済成長の終焉後の導入にもかかわらず、遅い導入に特徴的な負担の増大への反対が生じなかったのです。オーストラリアは、1980年代に労働党政権で、1991年には自由・国民党連合政権で、と導入に二度失敗しますが、順調に税収を伸ばした隣国ニュージーランドの経験に学び、2000年には導入に至ります。低い総課税負担ながら、付加価値税からも税収を上げるようになったオセアニアに対し、北米は大きく異なります。カナダは、ヨーロッパ諸国同様、付加価値税以前から一般消費税が存在（州レベル）していたにもかかわらず、1991年の付加価値税導入は強い反対に遭遇し、導入翌年の選挙での与党革新保守党の惨敗の原因となります。アメリカでは、リベラルな立場からは逆進性を、保守の立場からは大きな政府につながる歳入創出力を問題とされ、二大政党のいずれも付加価値税を支持しない結果、付加価値税は未導入のままです[8]。

日本は、付加価値税の導入に、自由民主党政権下、二度失敗し、成功まで10年を要し、遅い導入国の典型的事例となっています。高度経済成長終焉直後の1979年、赤字財政への対応としての増税として、大平正芳首相自ら「一般消費税」の呼称で提案し、世論の強い反発を受けました。1979年総選挙の選挙戦の最中に撤回されただけでなく、党内の大平首相に対する反発もあり、翌1980年の反主流派自民党議員欠席による内閣不信任案の成立と衆議院解散につながりました。予定されていた、参議院議員選挙と同日選になった2年続きの衆議院議員選挙の選挙戦の最中に、導入の提案者であった大平首相が急逝しました。予想外の出来事で、自民党は派閥抗争を休止し両院で勝利しますが、安定を取り戻した自民党政権内では、付加価値税に対しより慎重な姿勢が強まることになります。

1980年代前半の鈴木善幸内閣では、「増税なき財政再建」、すなわち歳出削減による赤字財政への対応を優先する行政改革が進めら

れ，それを引き継いだ中曽根康弘内閣下の 1980 年代半ば，二度目の付加価値税導入が提案されます。政府の財政赤字の慢性化は明らかでしたが，それには触れず，同時期のアメリカのロナルド・レーガン政権の税制改革に倣い，累進税率構造を簡素化することによる所得税減税と「売上税」と呼ばれる付加価値税による増税を組み合わせました。しかし，1986 年の衆参同日選挙で，中曽根首相が，増税への反対への対応として所得税減税を強調するため「大型間接税」を導入しないと公約します。自民党は両院で大勝しますが，売上税・付加価値税は大型間接税ですので，もしそれを導入すれば公約違反ということになってしまい，翌 1987 年には，税制改革法案は廃案となると同時に，二度目の導入も失敗に終わります。

負担増が政治問題化することで，提案が二度頓挫したことから，三度目の提案は「不公平税制の是正と高齢化社会に備えて」というスローガンで，税制の一貫性を高め高齢化に備えた福祉財源を得ることを強調し，「消費税」の 1989 年 4 月からの施行につながりましたが，その過程で反対が起きます。竹下登首相・宮沢喜一大蔵大臣ら自民党有力政治家が，リクルート社の未公開株を取得し利益を得た，いわゆるリクルート事件が，法案の国会審議中に発覚します。キャピタルゲイン課税の不備が不公平税制の象徴と受け止められ，消費税の負担増と合わせ，世論で問題視され，消費税は予定通り導入されたものの，竹下内閣の支持率は急落，6 月には退陣，宇野宗佑内閣下での参院選（7 月）で自民党は惨敗します。

導入時の 3%という税率を 5%に引き上げるのはその 8 年後の 1997 年の橋本龍太郎内閣の時です。その後同年中に，山一證券の破綻などに端を発する金融危機，アジア通貨危機などが起こり，大幅な景気後退が起こり，橋本内閣退陣の遠因となりました。景気後退が消費税率引き上げと関係があるのか，或いは無関係に経済危機により起こったのかに関しては，専門家の間でも意見が分かれましたが，

この経緯は，消費税増税をさらに難しくし，2014年まで税率の引き上げが行われない理由となりました。このように，日本の事例は，高度経済成長終焉後の導入が反対により難しいだけでなく，導入されたとしても，付加価値税から税収を得て総課税負担を増やすことを容易にする政治的条件が欠けていることを示しています。

[4] 結びに代えて

　消費税増税への反対という，日本では当たり前と思われる現象でも，他の国と比較したり，その事情を知ったりすると，違って見えてきます。他の国と比較した場合，日本は総課税負担が低いにもかかわらず増税が難しいこと，そして，同じような租税政策の選択肢を与えられた国の中でも，増税の難しさや総課税負担の高低の違いが生じるのは，それ以前の政治過程が異なっているからであることを説明してきました。このように政治学から学べる知識は，現実の説明に関わるもので，今後何をすべきかを直接示唆するものではありません。ここで紹介した研究を例にすれば，総課税負担や所得分配の平等を高めた方が良いか否かを判断するためではなく，なぜ日本では増税が難しいのか，総課税負担を高めるのが難しいのか，その結果として所得の再分配の平等度も低いのか，を理解するための知識です。現実の社会では，政治は政策をどう変えるかの決定に関わるわけですが，決定を行うのに際し，現在の状況を理解し，変えるのが容易であるか難しいか，変えた結果どうなるか或いはなったか，などを国際比較や統計分析など様々な方法を用い学ぶのが政治学ということになります。

　また，ここで紹介した逆進的課税と福祉国家の関係も，既に説明したように，欧米諸国や日本を含むOECD 18か国に限られるもので，1970年代以降に民主化・産業化を進めた国――たとえば韓国――に

は必ずしもあてはまりません（Kato 2003, 160-170）。これらの国では，経済発展や国家財政の安定のために，まず付加価値税を国際機関の助言により導入しました（Kato and Tanaka 2019）。また，欧米諸国の政府の財政赤字の問題を前もって知っていることもあり，（多くの場合植民地時代に導入している）所得税制を整備してさらなる税収を確保しようとはしません（Kato and Toyofuku 2022）。そのため，包括的所得課税制度を整備した後に付加価値税という追加的な選択肢が与えられた OECD 18 か国とは異なり，総課税負担も所得分配の平等度も，平均的により低いレベルにとどまります。これは，OECD 18 か国における所得課税の重要性を逆説的に示しています。OECD 18 か国では，包括的所得課税は前提であり，逆進的課税からも税収を得て総課税負担を高め，所得分配のために使うことが可能になったのです。このように，所得分配の平等度の高い福祉国家ほど逆進的課税に税収を依存するといった知識が，どこまでの範囲であてはまるのか理解することで，また新しい学びが生まれることになります。

[注]
1) 2023 年 1 月時点。財務省資料（https://www.mof.go.jp/tax_policy/summary/consumption/102.pdf）
2) 社会保障制度を支える社会保険料の割合も高いですが，保険料であり税金ではないことに注意してください。社会保険料は歳入源として重要であるためにデータに含まれている一方，デンマークのように社会保険料がない国もあり，その分，所得税収の割合が高くなっています。
3) Tax Introduction Data（TID）（https://cadmus.eui.eu/handle/1814/65326）
4) 付加価値税以前の一般消費にかかる税金としては，製造，卸売，小売の各段階にかかる単段階の売上税と取引の全段階にかかり税額を累積していく取引高税がありました。どれも単段階にしか課税されない，税額を累積するなどの理由で，経済活動や資源配分を歪めるという欠点がありました。

5) 1970年代以降に民主化した国では，植民地時代に宗主国により税制が導入された場合もあります。この点については後述します。
6) 対象とした1965年から92年の間に，以前の一般消費税を転化することで付加価値税を導入した国が複数あり，その場合，以前の一般消費税収と付加価値税収の両者を継続して独立変数としました。
7) 1972年に付加価値税を導入したEU加盟国のアイルランドは，2020年時点で，総課税負担が最も低く，重要な例外となっていますが，これは，総課税負担がGDP比で表されることに起因する可能性があります。アイルランドは，1990年代後半からの生産性の向上や外国資本誘致政策により，アイルランドの奇跡と呼ばれる高度経済成長を達成しました（Klein and Ventura 2021）。
8) 消費にかかる課税は，州レベルの，付加価値税以外の一般消費税です。

[参考文献]

加藤淳子『税制改革と官僚制』（東京大学出版会，1997年）

加藤淳子「福祉国家の税収構造の比較研究」武智秀之編『福祉国家のガヴァナンス』（ミネルヴァ書房，2003年）

加藤淳子「福祉国家は逆進的課税に依存するか」北岡伸一・田中愛治編『年金改革の政治経済学——世代間格差を超えて』（東洋経済新報社，2005年）

加藤淳子「日本における財政・租税政策の比較分析と通時分析——連立政治は増税をめぐる日本の政治の何を変えたのか」佐々木毅編『比較議院内閣制論——政府立法・予算から見た先進民主国と日本』（岩波書店，2019年）

加藤淳子「巻頭言 政治と政策知識——付加価値税の軽減税率をめぐる国際比較と政策知識」『公共政策研究』22（2022年）

マリー・パロット「欧州の失敗に学び経済財政の安定を図る」『NIRA わたしの構想——今なぜ軽減税率なのか？』No. 26（2016年）NIRA 総合研究開発機構

マルコ・ファンティーニ「欧州で軽減税率が引き起こす問題」『NIRA わたしの構想——今なぜ軽減税率なのか？』No. 26（2016年）NIRA 総合研究開発機構

Peter Baldwin, *The Politics of Social Solidarity: Class Bases of the European Wel-*

fare State 1875-1975 (Cambridge University Press, 1990).

Pablo Beramendi and David Rueda, "Social Democracy Constrained: Indirect Taxation in Industrialized Democracies," *British Journal of Political Science*, vol. 37, no. 4 (2007).

Gøsta Esping-Andersen, *Politics against Markets: The Social Democratic Road to Power* (Princeton University Press, 1985).

Gøsta Esping-Andersen, *The Three Worlds of Welfare Capitalism* (Polity Press, 1990).［岡沢憲芙・宮本太郎監訳『福祉資本主義の三つの世界——比較福祉国家の理論と動態』ミネルヴァ書房，2001 年］

Gøsta Esping-Andersen, *Social Foundations of Postindustrial Economies* (Oxford University Press, 1999).［渡辺雅男・渡辺景子訳『ポスト工業経済の社会的基礎——市場・福祉国家・家族の政治経済学』桜井書店，2000 年］

Junko Kato, *The Problem of Bureaucratic Rationality: Tax Politics in Japan* (Princeton University Press, 1994).

Junko Kato, *Regressive Taxation and the Welfare State: Path Dependence and Policy Diffusion* (Cambridge University Press, 2003).

Junko Kato and Seiki Tanaka, "Human Development without Democratic Accountability: How Regressive Taxation Contributes to Human Development through State Capacity," *Japanese Journal of Political Science*, vol. 19, no. 3 (2018).

Junko Kato and Seiki Tanaka, "Does Taxation Lose Its Role in Contemporary Democratisation?: State Revenue Production Revisited in the Third Wave of Democratisation," *European Journal of Political Research*, vol. 58, no. 1 (2019).

Junko Kato and Miki Toyofuku, "The Divergent Paths of Tax Development during Different Waves of Democratization," *Japanese Journal of Political Science*, vol. 19, no. 3 (2018).

Junko Kato and Miki Toyofuku, "Democratization and Tax Innovation," in Philipp Genschel and Laura Seelkopf, eds., *Global Taxation: How Modern Taxes Conquered the World* (Oxford University Press, 2022).

Paul Klein and Gustavo Ventura, "Taxation, Expenditures and the Irish Miracle," *Journal of Monetary Economics*, vol. 117 (2021).

OECD, Consumption Tax Trends (https://www.oecd-ilibrary.org/taxation/consum

ption-tax-trends_19990979)(2012, 2014, 2016, 2018, 2020)
Monica Prasad and Yingying Deng, "Taxation and the Worlds of Welfare," *Socio-Economic Review*, vol. 7, no. 3 (2009).
Alastair Thomas, "Reassessing the Regressivity of the VAT," *Fiscal Studies*, vol. 43, no. 1 (2022).
Jeffrey F. Timmons, "Taxation and Representation in Recent History," *The Journal of Politics*, vol. 72, no. 1 (2010).

●● 学びを進めていくために ●●

　日本に消費税が導入されてまもない1990年代初頭，イェール大学に留学していた私は，海外の租税の専門家と話をする機会に恵まれました。日本での消費税への強い反対について紹介したところ，逆に「なんで，3％や5％といった低い税率にそんなに強い反対が起こるのか」と質問攻めにあいました。日本の事情しか知らず，強い反対を当たり前のように考えていた私にとっては新鮮な驚きでした。他の国はどうなっているのだろう，日本とどう違うのだろうと思いを巡らし，私が，租税政策をめぐる政治過程の比較研究を始める重要なきっかけとなりました。

　今ではインターネットには情報が溢れ，データベースや論文・書籍も電子化され簡単に検索もできるため，情報は容易に得られます。私が学生時代に経験したようなことは現代ではないと思われる方もいるかもしれませんが，必ずしもそうではありません。例えば，この章でも扱った，標準税率の10％への引き上げ時に，低所得層の負担を減らすという名目で導入された，8％の軽減税率です。他の多くの国でも，食品への軽減税率は用いているので，日本でも導入すると説明されました。しかし，軽減税率は，食品のような生活必需品に適用された場合でも，逆進性緩和の効果が殆どないことは，OECDの付加価値税についての報告書で何度も報告され（OECD 2012, 2014, 2016, 2018, 2020），OECDの軽減税率に対する否定的立場の根拠となって

います（加藤 2022）。それにもかかわらず，なぜ多くの国で使われ続けているのかというと，一旦導入された軽減税率が適用される業界にとっての既得権益となり，廃止には業界の強い抵抗があるからです。

政治的妥協として軽減税率を使うことはもちろん考えられます。しかし，軽減税率は，逆進性緩和の効果がないだけでなく，単一税率であれば最小に留められる徴税や納税に関わる手間や事務を想定以上に増大させます。そのため，軽減税率は，そうでなければ社会保障に回るかもしれない，付加価値税の逆進性緩和や再分配のための予算も使うことになり（Thomas 2022），政治的妥協の手段として用いるにしてはコストが高すぎるというのが，国際機関の見解です。OECD 同様，EU も否定的立場で，加盟国に軽減税率の使用の制限を設けています。新興国の付加価値税の導入に大きな影響を及ぼす IMF も，OECD や EU と立場を同じくし，軽減税率を認めるのは社会保障制度の整っていない途上国の場合のみです。

日本で軽減税率の導入が検討された時，賛否は分かれたものの，OECD，EU，IMF といった国際機関が，既に導入した国のデータや事情に基づき，軽減税率に対して否定的立場をとっていることは，殆ど議題に上がりませんでした。国際機関の専門家に直接意見を聞かないまでも，ネット上から簡単にダウンロードできる OECD の報告書には平易でわかりやすい英語で書かれているにもかかわらず，です。当たり前のように言われていることを鵜呑みにしている間は，情報を得る機会が満ち溢れていても，それは役に立ちません。皆が言っているから，どこにでもそう書いてあるからで終わらせずに，当たり前を疑ってみることが，学ぶことの面白さです。学びを進めるためには，情報や知識を得る方法や手段だけでなく，そうした態度を身につけることも重要です。

あとがき

　2022年8月31日の昼前，大学院法学政治学研究科総合法政専攻長という当番役を務めていた筆者（谷口）に，研究科長（＝法学部長）からメールが届きました。教養学部前期課程で法学部が開講している総合科目「現代と法」と対をなす政治学の授業を，本研究科の政治系教員の皆さんで新設してもらいたい，という内容でした。

　某ドラマの世界とは違い，東京大学法学部長は「やりたい人」が手を挙げるのではなく，勝手に周囲が「やってもらいたい人」を選び，押し付けてしまう激務です。こうして推戴した学部長から頼まれた仕事は断ってはいけない，というのが古き良き伝統。とりあえず筆者が幹事を務めることにして，あれこれ奔走の末，1年後の総合科目「現代と政治」の設置に至った次第です。この間，山本隆司研究科長からは，終始きめ細やかなご配慮をいただきました。また，「現代と法」の創設に尽力された白石忠志先生は，同科目の運営ノウハウを全てご提供いただくなど強力にご支援くださいました。

　そして，法学部の政治系教員の皆さんは，一言も異議を唱えることなく「現代と政治」の開講に賛同され，中には予定を変えてまで出講日を確保していただいた方もありました。本書の出版企画や書名の決定も満場一致でした（装丁のデザインは多数決になりましたが）。2024年度の「現代と政治」開講に間に合わせるという計画どおりに上梓できたのは，執筆者全員の協力と東京大学出版会の奥田修一さんの日程管理の賜物です。

　第1講で筆者は「東大政治学」を星団に例えました。われわれ東京大学の政治学者は，一つの恒星を共有する惑星系を成してはいなくても，一人ひとりが独自の色，明るさ，重力をもって相互作用を及ぼしています。本書は，いささか僭越にも「東大政治学」を名のりますが，執筆者

あとがき

は 2023 年度に出講した大学院法学政治学研究科・法学部や公共政策大学院の教員に限られます。本来の東大政治学は，大学院総合文化研究科・教養学部，社会科学研究所，東洋文化研究所，先端科学技術研究センター，未来ビジョン研究センターなど各部局に所属している，本書よりもさらに豊かな広がりを持った政治学者の総称です。本書をきっかけに政治学の世界に関心をもっていただけたならば嬉しいです。

 2024 年 7 月

幹事教員記す

●人名索引

[あ行]

安倍晋三 ……………7-9, 12, 215, 219, 223, 231
イーストン（David Easton）……………201
市川房枝 ……………………………………203
犬養毅 ……………………………162, 163, 167
上野千鶴子 …………………………………206
ウェーバー（Max Weber）…………199-202
内村鑑三 ……………………………………28
エスピン‐アンデルセン（Gøsta Esping-Andersen）……………………244, 245
大平正芳 ……………………………………254
オバマ（Barack Obama）…………91, 96, 98

[か行]

カー（E. H. Carr）…………………………36
カーター（James Carter）…………………91
加藤高明 …………………159, 160, 162, 164
ガンジー（Mohandas Karamchand Gandhi）…28
カント（Immanuel Kant）……………31, 130
清浦奎吾 ……………………………………159
クリントン（Bill Clinton）………………91
ゲンシャー（Hans-Dietrich Genscher）…40-42, 45, 46, 50-52
小泉純一郎 ……………………………56, 58
コール（Helmut Kohl）……39-42, 45, 46, 51, 52
ゴルバチョフ（Mikhail Gorbachev）…44, 48, 51

[さ行]

西園寺公望 …………………………160, 162
斎藤隆夫 ……………………………165, 166
サッチャー（Margaret Thatcher）…………43
サルトーリ（Giovanni Sartori）……………68
サン＝ピエール（L'abbé de Saint-Pierre）…31
ジェイ（John Jay）………………………145
幣原喜重郎 …………………………162, 163
習近平 ……………………………105, 110-117
ショルツ（Olaf Scholz）…………………37
ジョンソン（Lyndon B. Johnson）………90, 92
鈴木善幸 ……………………………………254

[た行]

高橋是清 ……………………………………159
竹下登 ………………………………………255
田中角栄 ……………………………58, 64, 68
田中義一 ………159, 162, 163, 165, 166, 169, 171, 172
チェンバレン（Neville Chamberlain）………25
チトー（Josip Broz Tito）…………………106
トクヴィル（Alexis de Tocqueville）………101
床次竹二郎 …………………………………165
トランプ（Donald Trump）…………91, 97, 98

[な行]

中江兆民 ……………………………………69
中曽根康弘 …………………………………255
ニクソン（Richard Nixon）……………90-92
西周 …………………………………………154

[は行]

バイデン（Joe Biden）……………………91
橋本龍太郎 …………………………………255
ハーバーマス（Jürgen Habermas）…………13
浜口雄幸 …………………162, 164, 166, 167, 171
ハミルトン（Alexander Hamilton）………145
原敬 ……………………………………58, 161
バーリン（Isaiah Berlin）………129-133, 137
ヒットラー（Adolf Hitler）…………………25
プーチン（Vladimir Putin）……………26, 47-49
ブッシュ、ジョージ・H・W（George H. W. Bush）……………………………38, 45, 50, 51
ブッシュ、ジョージ・W（George W. Bush）…91
ブルム（Léon Blum）……………59-67, 71, 76, 77
ベーカー（James Baker）………………48, 50
ペリー（Matthew C. Perry）…………151, 153
ベンサム（Jeremy Bentham）……………130
ボッビオ（Norberto Bobbio）……………133

[ま行]

マキャヴェッリ（Niccolò Machiavelli）……21
マディソン（James Madison）……85, 145, 146
ミッテラン（François Mitterrand）………43, 44
宮沢喜一 ……………………………………255

265

索引

ミル（John Stuart Mill）……125, 126, 128-131, 135, 137
毛沢東……………………………………105, 108
モンテスキュー（Charles-Louis de Montesquieu）……………123-125, 129, 130

[や行]

由利公正…………………………………………155
横井小楠……………………………………151-155
吉野作造…………………………………………170

[ら行]

ルソー（Jean-Jacques Rousseau）…120, 121, 130, 132, 146
レーガン（Ronald Reagan）…………91, 97, 255
ロック（John Locke）……………………………130

[わ行]

若槻礼次郎…159, 160, 162, 164-167, 169, 171
渡辺浩……………………………………………217

●事項索引

[あ行]

愛国主義教育……………………………108, 117
アイデンティティ……………………22, 23, 27, 78
アジア通貨危機…………………………………255
新しい公共経営（NPM）………………………179
アナーキー……………………………………21, 27
アベノミクス………………………………………12
アメリカ合衆国憲法……81-85, 96, 97, 99, 101, 145, 220
アメリカ独立革命………………………………202
安心供与……………………………………………52
一帯一路……………………………………107, 110
イデオロギー……7-13, 35, 65, 70, 71, 76, 78, 93, 95, 117, 133, 172, 173, 252
イデオロギーの分極化……………92, 93, 95, 96, 99
ウェストファリア条約……………………………22, 141
ウクライナ……9, 26, 31, 32, 35-37, 39, 47, 49, 53, 55, 102, 103
欧州安全保障協力会議（CSCE）…………50, 52

欧州共同体（EC）………………………………39, 253
欧州連合（EU）……31, 32, 35, 36, 39, 110, 242, 247, 248, 252, 253, 258, 261
王政復古……………………………………142, 143, 154
大きな政府……………………………………12, 88, 254

[か行]

開国………………………………………………154
『海国図志』……………………………………153
格差………………………………25, 113, 134, 136, 163
革新倶楽部………………………………………159
ガザ…………………………………………………31, 55
家父長制……………………………………208, 209
カリスマの支配…………………………………201
官邸主導…………………………………………188, 192
関東大震災…………………………………161, 167, 172
官僚支配…………………………………………183, 184
議院内閣制…………………………………2, 82, 149, 190
危害原理…………………………………………126-128
擬似相関…………………………………………248
規制緩和…………………………………………179, 253
北大西洋条約機構（NATO）……32, 39, 47-53
逆進的課税（逆進性）…241, 242, 245, 247, 248, 252, 254, 256, 257, 260, 261
共産主義……………………………………35, 148, 150, 167
行政改革…………………………………………254
行政国家…………………………………………179
行政裁量…………………………………182, 183, 188, 189
行政責任…………………………………………183
共和主義……………………………………60, 65, 66, 76, 137
緊縮……………………………………72, 160-162, 164, 168
金本位制……………………………………………163, 166
金融恐慌………………………………………166, 171
クライエンティリズム…57, 66-70, 72, 74, 75, 78-80
グローバル化……………………………………29, 72, 78
軍縮…………………………………………50, 162, 166, 167
軽減税率…………………………………………260, 261
経済協力開発機構（OECD）………242, 243, 246-249, 256, 257, 260, 261
経路依存性…………………………………250, 251
決定の分岐点……………………………………251
権威主義…………………………………108, 132, 189, 190
研究会……………………………………………159

266

索引

減税 ……………………………… 255
憲政会 ……… 159, 160, 162-166, 168, 171, 172
権力分立 ……………………… 82, 87, 190-192
言論の自由 …………………………… 137, 138
公職選挙法 …………………………………… 230
高度（経済）成長 ………… 77, 249-254, 256
合法的支配 ………………………… 177, 202
公民権運動 …………………………………… 92
公民権法 ……………………………………… 92
交絡要因 …………………………………… 248
功利主義 …………………………………… 130
高齢化 ……………………………………… 255
五箇条誓文 ………………………… 154, 155
国際刑事裁判所（ICC）…………… 26, 31
国際通貨基金（IMF）…………… 247, 261
『国是三論』………………………………… 154
国民投票 ………………… 71, 147, 150, 226
護憲三派 ………………… 159, 160, 162, 165
コロナ →新型コロナウイルス

[さ行]

財政赤字 …………………… 58, 251, 255, 257
再分配 ………………… 134, 251, 256, 261
『ザ・フェデラリスト』………… 85, 101, 145
三権分立（三権分立制）……… 82, 84-86, 99, 115, 190
山東出兵 …………………………………… 171
ジェンダー ……… 198, 199, 201, 202, 204, 205, 209-211, 214-217
ジェンダー規範 ………… 206-215, 217, 218
ジェンダー・クオータ ……………………… 214
市場 ………………… 32, 78, 179, 200, 209
実業同志会 ………………………………… 171
幣原外交 …………………………… 162, 171
資本主義 …………………………… 106, 148
自民党 →自由民主党
『社会契約論』…………………… 120, 132, 146
社会主義 ………… 36, 60, 66, 106, 107, 115, 167
社会民主主義 …………………… 12, 245, 252
社会民主主義（福祉）レジーム …… 245, 252
自由化 ……………………………… 106, 108
宗教（宗派）…… 23, 78, 108, 113, 114, 127, 128, 135, 177
集権（集権化）………………… 186, 187, 193

自由主義 …… 66, 104, 106, 130, 135, 136, 150
自由主義（福祉）レジーム ………… 244, 253
集団的自衛権 ………………… 12, 231, 233
自由民権運動 ……………………………… 155
自由民主党（自民党）… 8-13, 56-58, 66, 68-72, 77, 223, 225, 232, 254, 255
住民投票 …………………………………… 147
『自由論』…………………………… 125, 137
儒学 ……………………… 152-154, 207, 217
熟議 ………………………………… 13, 147
熟議デモクラシー ………………………… 152
主権国家 ……… 22, 27, 29, 31, 116, 141-143
消極的自由 …………………………… 129-133
小選挙区制 ………… 8, 66, 70, 71, 192
小選挙区比例代表並立制 ………………… 230
消費税 ……………… 241, 242, 255, 256, 260
女性 ……… 134, 135, 160, 196-199, 202-218
所得税 ……………… 241, 242, 245-247, 249, 255
事例研究 …………………………………… 252
新型コロナウイルス（コロナ）… 107, 115, 116
新疆ウイグル自治区 ……… 109, 112-114, 116
人権宣言 …………………………… 135, 202
新自由主義 ………………………………… 12
政権交代 ………… 13, 88, 160, 190, 192, 232
政治改革 …………………………… 70, 192
政治家調査 ………………………………… 5-7
政治行政分断論 …………………… 181, 183
政治行政融合論 …………………………… 184
政治参加 …………………… 137, 151, 211
政治とカネ（政治資金問題）………… 6, 70
政治不信 ………………… 58, 150, 156, 173
政党再編成 ………………………………… 88
政友会 →立憲政友会
政友本党 ………………… 159, 165, 166, 168
勢力均衡 …………………………………… 28
世界恐慌（⇒大恐慌）…………… 166, 173
世界人権宣言 ……………………………… 135
石油危機 …………………………… 77, 249
積極的自由 ………………… 129, 131, 133
絶対的平等 ………………………………… 133
尖閣諸島 …………………………… 107, 110
選挙制度 ……………… 8, 70, 71, 192, 229, 230
全体主義 …………………………………… 133
選択の夫婦別姓 …………………… 128, 213

267

索引

相互依存 …………………………… 29, 109
増税 ………………… 241, 242, 251, 255, 256
忖度 ………………………………… 184, 192

[た行]

第一次世界大戦 … 22, 28, 30, 72, 147, 148, 163, 167, 172
大恐慌（⇒世界恐慌）………………… 76
大正デモクラシー ………………………… 148
大政奉還 ………………………………… 154
大統領制 ………………………………… 82
第二次護憲運動 ………………………… 159
第二次世界大戦 ……… 28, 65, 155, 203, 211
大日本帝国憲法 …………………… 155, 202
代表（代表制）……… 2-4, 12, 13, 145-147, 149
男女共同参画社会基本法 …………… 215
小さな政府 ……………………………… 12
チベット ……………………… 106, 109, 113
地方分権 …………………… 56, 167, 192
中央集権 ……………………… 61, 79, 82, 188
中国の夢 ……………………… 111, 112, 116
中選挙区制 ……………………… 70-72, 230
張作霖爆殺事件 ………………………… 172
デカップリング ………………………… 115
デモクラシー　→民主主義
デリスキング …………………………… 115
伝統的支配 ……………………………… 201
統計分析 ……… 7, 219, 222, 226, 229, 248, 256
同性婚 …………………………………… 135
東南アジア諸国連合（ASEAN）………… 242
逃亡犯条例 ……………………………… 115
討論型世論調査 ………………………… 147
独裁 ………… 25, 125, 132, 147, 148, 150, 189

[な行]

内政不干渉 …………… 22, 103, 162, 163
ナショナリズム ……… 27, 29, 104, 132, 172
ナチス ………………………… 25, 147, 148
難民 ……………………………………… 24, 36
ニクソン・ショック …………………… 249
二元代表制 ……………………………… 86
二大政党制 ……………………………… 88, 94
日本維新の会 ……………………………… 9, 10
日本国憲法 …… 12, 125, 141, 149, 196, 219-237

日本社会党 ……………………………… 223

[は行]

派閥 …………………………… 58, 68, 171
比較 ……… 56, 72, 73, 75, 78, 80, 226, 241-243, 246, 247, 256, 260
比例代表制 ……………………………… 71
ファシズム ……………………… 147-149
フェミニズム …………………… 203, 204, 208
付加価値税 ………………… 242, 243, 245-258, 261
福祉国家 …… 79, 241, 244, 245, 247, 248, 251-253, 256, 257
「二つの自由概念」…………………… 129
普通選挙 ……………………… 159, 160, 203
フランス革命 ……… 121, 132, 135, 202
分権（分権化）……………… 61, 186, 193
分離 …………………………… 185, 188
平和安全法制 …………………… 233, 234
ベルリンの壁 ……… 36, 39, 47, 50, 51
変動相場制 ……………………………… 249
法の支配 ……… 119, 125, 131, 137, 204
『法の精神』…………………………… 123, 130
保守主義（福祉）レジーム …… 245, 253
補助金 ……… 57, 59, 61, 62, 73-75, 79, 187
ポピュリズム …………………… 36, 78, 164
香港 ……………………… 104, 112, 114-116
香港国家安全維持法 …………………… 115
本人・代理人関係 ……………… 3, 4, 182

[ま行]

マイナンバー …………………………… 242
マルクス主義 ……… 60, 111, 132, 149
マルクス・レーニン主義 ……… 104, 105
満洲事変 ………………………………… 167
マンスプレイニング ………………… 213
マンタラプション ……………………… 214
ミソジニー ……………………………… 207
民営化 …………………………… 179, 180
民主化 …… 37, 104-106, 108, 115, 167, 204, 246, 247, 256, 258
民主主義（デモクラシー，民主国家，民主制，民主政治）…… 2, 12, 13, 35, 58, 60, 68, 69, 82, 123, 144-151, 155, 156, 188-192, 196, 197, 204, 211, 213, 240, 242, 246

民主党 …………………………………… 9, 10
民政党 →立憲民政党
民撰議院設立建白書 …………………… 155
明治維新 ……………………… 142, 202, 203
名誉革命 ………………………………… 202

[や行]

融合 ……………………………… 185, 189
ユーロ危機 ……………………………… 36, 39
抑止 ……………………………………… 28
世論調査 …………… 4, 212, 213, 223, 224, 233

[ら行]

利益誘導 ……… 56-59, 64, 66, 68-72, 77-79, 181, 201
リクルート事件 …………………………… 58, 255
立憲主義 ……………………… 231, 233-236
立憲政友会（政友会）…… 58, 159-169, 171, 172
立憲民政党（民政党）… 160, 162, 163, 166, 167, 171, 172
リーマン・ショック …………… 107, 109, 110
累進（的）課税（累進性）…… 134, 241, 242, 245, 252
ルネサンス ……………………………… 120
冷戦 ………………… 32, 35-38, 50-53, 150
連邦制 …………………………… 82, 84
『老子』 ………………………………… 124
六四天安門事件 ………………………… 106
ロシア革命 ……………………………… 129

[わ行]

和平演変 …………………………… 106, 108

ASEAN →東南アジア諸国連合
CSCE →欧州安全保障協力会議
EC →欧州共同体
EU →欧州連合
ICC →国際刑事裁判所
IMF →国際通貨基金
LGBTQ ………………………………… 4, 215
NATO →北大西洋条約機構
NPM →新しい公共経営
OECD →経済協力開発機構

執筆者一覧（執筆順）

谷口将紀（たにぐち・まさき）［第1講］
　専門分野：現代日本政治

遠藤乾（えんどう・けん）［第2講］
　専門分野：国際政治

板橋拓己（いたばし・たくみ）［第3講］
　専門分野：国際政治史

中山洋平（なかやま・ようへい）［第4講］
　専門分野：ヨーロッパ政治史

梅川健（うめかわ・たけし）［第5講］
　専門分野：アメリカ政治外交史・アメリカ政治

平野聡（ひらの・さとし）［第6講］
　専門分野：アジア政治外交史

川出良枝（かわで・よしえ）［第7講］
　専門分野：政治学史・現代政治理論

苅部直（かるべ・ただし）［第8講］
　専門分野：日本政治思想史

五百旗頭薫（いおきべ・かおる）［第9講］
　専門分野：日本政治外交史

金井利之（かない・としゆき）［第10講］
　専門分野：自治体行政学・都市行政学・行政学

前田健太郎（まえだ・けんたろう）［第11講］
　専門分野：行政学

境家史郎（さかいや・しろう）［第12講］
　専門分野：日本政治

加藤淳子（かとう・じゅんこ）［第13講］
　専門分野：政治学

東大政治学

2024 年 9 月 20 日　初　版

［検印廃止］

編　者　東 京 大 学 法 学 部
　　　　「現代と政治」委員会

発行所　一般財団法人　東京大学出版会

代表者　吉見　俊哉
　　　　153-0041 東京都目黒区駒場 4-5-29
　　　　https://www.utp.or.jp/
　　　　電話 03-6407-1069　Fax 03-6407-1991
　　　　振替 00160-6-59964

組　版　有限会社プログレス
印刷所　株式会社ヒライ
製本所　誠製本株式会社

Ⓒ 2024 Politics and Today's World Project of the
　University of Tokyo Faculty of Law
ISBN 978-4-13-033111-1　Printed in Japan

JCOPY〈出版者著作権管理機構　委託出版物〉
本書の無断複写は著作権法上での例外を除き禁じられています．複写される場合は，そのつど事前に，出版者著作権管理機構（電話 03-5244-5088，FAX 03-5244-5089，e-mail: info@jcopy.or.jp）の許諾を得てください．

川出 良枝 編 谷口 将紀	政　治　学 [第2版]	A5・2200円
佐々木 毅 著	政 治 学 講 義 [第2版]	A5・2800円
渡辺 浩 著	日 本 政 治 思 想 史 十七〜十九世紀	46・3600円
蒲島 郁夫 著 境家 史郎	政　治　参　加　論	A5・2900円
谷口 将紀 著	現代日本の代表制民主政治 有権者と政治家	A5・5800円
加藤 淳子 著	税 制 改 革 と 官 僚 制	A5・6000円
前田 健太郎 著	市 民 を 雇 わ な い 国 家 日本が公務員の少ない国へと至った道	A5・5800円
梅川 健 著	大統領が変えるアメリカの三権分立制 署名時声明をめぐる議会との攻防	A5・5200円
中山 洋平 著	戦後フランス中央集権国家の変容 下からの分権化への道	A5・7800円
川出 良枝 著	平　和　の　追　求 18世紀フランスのコスモポリタニズム	A5・5800円

ここに表示された価格は本体価格です．ご購入の
際には消費税が加算されますのでご了承ください．